小学数学结构化进阶式
教学实践研究

黄伟红 著

浙江工商大学出版社
ZHEJIANG GONGSHANG UNIVERSITY PRESS
·杭州·

图书在版编目（CIP）数据

小学数学结构化进阶式教学实践研究 / 黄伟红著.
杭州 ：浙江工商大学出版社，2024.10. -- ISBN 978-7-
5178-6223-9

Ⅰ. G623.502

中国国家版本馆 CIP 数据核字第 2024T2E630 号

小学数学结构化进阶式教学实践研究

XIAOXUE SHUXUE JIEGOUHUA JINJIESHI JIAOXUE SHIJIAN YANJIU

责任编辑	杨凌灵
责任校对	都青青
封面设计	朱嘉怡
责任印制	祝希茜
出版发行	浙江工商大学出版社
	（杭州市教工路 198 号　邮政编码 310012）
	（E-mail：zjgsupress@163.com）
	（网址：http://www.zjgsupress.com）
	电话：0571 - 81902049，88831806（传真）
排　　版	杭州朝曦图文设计有限公司
印　　刷	杭州高腾印务有限公司
开　　本	787 mm×1092 mm　1/16
印　　张	17.5
字　　数	300 千
版 印 次	2024 年 10 月第 1 版　2024 年 10 月第 1 次印刷
书　　号	ISBN 978-7-5178-6223-9
定　　价	50.00 元

让学习有结构地在进阶中不断发生

这是一部基于义务教育课程方案和课程标准(2022 年版)的专著,关注两个核心词,即"结构化"和"进阶"。"结构化"一词是首次被写进义务教育数学课程标准,在《义务教育数学课程标准(2022 年版)》中共提到 6 次,主要是关于课程内容的,比如:课程内容组织,重点是对内容进行结构化整合,探索发展学生核心素养的路径;以结构化数学知识主题为载体;帮助学生建立能体现数学学科本质、对未来学习有支撑意义的结构化的数学知识体系;整体把握结构化课程内容体系、单元整体教学、跨学科主题学习、基于核心素养的学业质量标准与考试评价等关键问题专题研修;等等。在《义务教育课程方案(2022 年版)》中明确提出"进阶"的要求,比如:合理安排不同学段内容,体现学习目标的连续性和进阶性;建立有序进阶、可测可评的学业质量标准。各学习领域课程标准以"学段"为划分进阶的标准,对核心素养与课程目标、课程内容及学业要求、学业质量标准与课程评价均基于"学习进阶"理念和原则而设计,旨在让课程更好地适应学生发展需要,让学生的概念性理解及核心素养能够持续且螺旋式上升。本书中的结构化进阶式教学,与 SOLO 分类评价理论一致。SOLO 分类评价理论划分为前结构、单点结构、多点结构、关联结构、抽象拓展结构这五个层次,基本描述了学生从具体到抽象的认知发展的自然过程,这是认知水平进阶的过程,从中也体现出当学生具有认知结构后学习所能达到的良好效果。本书中的教学实践,建立在数学知识系统和学生已有的认知基础之上,以整体关联为抓手,明确学习内容,以任务驱动为主线,设计进阶任务,以发展结构化思维为导向,由低级到高级逐步推进,实现从知识向认识思路、核心观念的转变,最终发展为学科核心素养。

全书分四个章节展开,有理论阐述,有实践案例,旨在理论引领下,形成立体关联结构,确立学习进阶理念,整体规划进阶层级。本书关注知识关联、认知思维、核心观念的结构化建构,从学生学习进阶的角度出发,创建具有整体性、系统性、结构化的知识体系,促进学生深度学习、思维进阶、素养提升。

第一章为理论篇,分结构化和进阶两块内容展开。第一块内容阐述结构化教学内涵、价值与意义等，指出小学数学教学中存在着五个结构，分别是数学知识结构、教师教学结构、学生学习结构、认知结构和思维结构，每一种结构又结合实践来阐述理论意义。明确结构化教学强调全面把握教材的整体结构，关注教材的横向关联、纵向关联、跨学科关联，力求在宽广的背景中把握知识的本质。这块内容强调网状的知识结构，追求知识的意义建构，倡导学习的深度发生，促进知识与方法的迁移。第二块内容阐述了学习进阶的内涵、实践意义等，指出学习进阶不仅指学习目标，还指学习样态。它不仅是一种学习工具，还是一种学习内容，它的本质在于呈现学生通过较长的时间跨度学习某一核心概念时所遵循的连贯的、逐步深入的学习路径。

第二章为数与代数领域，阐述在《义务教育数学课程标准（2022 年版）》中将小学阶段数与代数领域的内容划分为"数与运算"与"数量关系"两个主题，其中将"数与运算"整合成一个主题，为学生从整体上把握和理解数学知识与方法，形成数感、符号意识、运算能力、推理意识等核心素养提供基础。在教学概述及教学实践中对结构化进阶式的要求又有很多探索。

第三章为图形与几何领域，阐述在《义务教育数学课程标准（2022 年版）》中，把小学三个学段的图形与几何领域的内容划分为"图形的认识与测量"和"图形的位置与运动"两个主题，内容结构以"立体—平面—立体"为主线，将学段之间的内容相互关联，螺旋上升，逐段递进。在教学实践中，情境串联、整体构建、对比联系，层层推进，引学、研学、深学、固学、拓学等凸显结构化进阶式的要求，通过这样的教学促进学生思维不断进阶，提升核心素养。

第四章为统计与概率领域，阐述《义务教育数学课程标准（2022 年版）》把小学阶段统计与概率领域的内容划分成三个学习主题："数据分类""数据的收集、整理与表达""随机现象发生的可能性"。这些内容分布在三个学段，由浅入深、相互联系。而教学实践又在结构化视域下聚焦统计意义，培养学生的数据意识，通过数据分析促进学生思维进阶。

随着新课标的颁布、新教材的实施，素养导向、深度学习等越来越受到广大教师的高度重视，学生通过数学学习要看到的是结构而非表象，他们需要学会联结、生成和迁移。联结指把新知识与已有的日常生活、学习经验相联系，把学习从陌生场景转化为熟悉场景，联结越多，理解就越深入；生成指把原有的认知结构与新的知识相互作用，主动选择信息、建构信息，促进对新信息的理解和记忆的深层加工，从而能够准确使用相关概念来解释和说明相关原理及思路等；迁移是众多学习理论提倡的理解性学习的核心要素,也是结构化课程教学理念下引导学生真正自主学习的要义,迁移能力是对理解能力的深化与拓展,能帮助学生将一种情境下的知识或技能应用于另一种情境,实现知识的灵活运用,促进深度学习的发生。

本书从实际中来,希望回到一线教师的实践中去,期待对一线教师的教与学生的学有良好的借鉴与参考意义。

钱金铎

2024 年 8 月于舟山

目 录
CONTENTS

第一章　小学数学结构化进阶式教学概述

第一节　结构化教学概述

《义务教育数学课程标准(2022 年版)》以核心概念的进阶和学段为经线,以学科核心概念、学习内容和内容要求为纬线,构成了一个纵横交会的内容框架,建构了完整的课程内容体系,同时强调课程内容的组织重点是"对内容进行结构化整合,探索发展学生核心素养的路径"。课程内容结构化是深化基础教育课程改革的重要内容,也是本次课程标准修订的重要理念,围绕课程内容结构化的理解及其引起的深化教学改革的探索将成为重要的研究课题,这也反映了当前教改"从零散走向整合,从浅表走向深度"的发展方向。

心理学研究表明,所有的知识内部都存在一种具有层次的结构,只有结构化的知识才有助于形成整体性的知识,才能将新知识纳入学习者的认知结构,促进学习者将知识融会贯通,从而对能力的形成起促进作用。这就需要在素养导向的目标下,对学科内容进行结构化重整,透过表面知识点寻找知识内在的本质联系,通过提炼、组织,形成知识结构体和认知结构体。基于此,在教学中,教师应把碎片化的知识进行结构化教学,引导学生在概念、原理及法则之间组织起有效的认知结构,让学生体会不同学习内容之间方法的一致性和可迁移性,帮助学生形成结构化思维,实现知识与方法的迁移,会用整体的、联系的、发展的眼光看问题,形成科学的思维习惯,让学生的学习从低阶水平不断迈向高阶水平,从而有效促进思维进阶,发展核心素养。

结构化教学内涵

一、结构化

"结构"的英文单词是"Structure",源于拉丁语"Struere",其含义既包括建造的过程,也包括建造的结果;"化"是指"生成"与"变化"。"结构化"就是结构不断生成的过程,是一个事物由混沌、散乱和无序状态转变为某种结构形态的动态过程,如图 1-1 所示。

图 1-1　结构化动态生成的过程

数学知识是有结构的。从列维的结构主义到皮亚杰的认知结构理论、布鲁纳的"学科基本结构"思想,以及奥苏贝尔提出的"新知识的学习必须以已有的认知结构为基础"这些观点,无一不与"结构"相关。布鲁纳认为,结构是指学科的基本概念、基本原理以及它们之间的联系,是指知识的整体和事物的普遍联系,即规律……基本结构即基本概念、原理或规则,它有助于学生对知识的理解、记忆和迁移。数学是一门结构化、系统化的学科,数学学习应该从把握知识本质、理解知识内涵、促成意义建构、学会方法迁移、获得情感体验等几个维度入手。皮亚杰认为,全部的数学知识都可以从结构的建构来考虑,而且这种结构始终是完全开放的……这种结构或正在形成更强的结构,或由更强的结构来予以结构化。小学数学的知识结构可以理解为小学数学各知识点通过一定的方式,按照一定的原理组织在一起而形成的关系或结果。义务教育数学课程的结构化特征,在内容设计上体现了整体性、一致性和阶段性的特点。

二、结构化教学

结构化教学是基于吉登斯的社会结构化理论派生出来的一种教学方法。它是指教师在考虑知识结构和学生已有的认知结构的前提下,通过整合丰富的教学资源、选择合适的教学方法、组织多元的学习活动,将结构化思维贯穿教学全过程,帮助学生通过思维活动把知识结构转化为认知结构,培养学生结构化思维,进而提升学生的学习能力,发展学生的学科核心素养。但是结构化教学绝不是以教师的结构化替代学生的结构化,而是需要从教与学两个角度去实现学生的结构化学习。教师以整体、联系的思维把握课程内容的知识结构,从单元整体的视角对教材内容进行统整与梳理,促进学生迁移学科知识与方法,构建结构化的、完整的认知系统,清晰地理解数学各个不同类型知识点之间的关系,并将各个"点"系统地组建为"结构",从而建立起自己的数学系统。华东师范大学的叶澜教授在《重建课堂教学价值观》中指出,在教学与一个知识结构相关的内容时,先将其分成两个教学阶段。第一阶段是教学以知识为载体的某一结构的阶段;第二阶段是学生运用这一结构,学习和拓展结构类似的相关知识的阶段。在教学中,以结构化教学串联、整合教材及课堂教学,通过新知的建构和迁移运用促进学生思维不断进阶,培养学生核心素养,体现为"两段三步"的教学模型,见图1-2。"两段"指的是"结构化教学"分为"教学结构"和"应用结构"两大阶段。在"教学结构"阶段,通过问题驱动、活动建构,让学生自主学习、理解内化,其间师生共同进行评价反馈,学生生成学习成果;而"应用结构"阶段则是学生在新的情境、新的问题中主动迁移、灵活运用知识,最终促进学生的思维进阶、转识为智。其间学生"获取信息、理解学习"使新旧知识产生联结,再对所学知识"加工处理"生成新知,最终又通过"呈现结果、迁移创新"进一步迁移与运用所学知识。"三步"指的是在整个学习过程中学生的思维呈现"联结—生成—迁移"三步,这个过程也是学生思维不断进阶、从知识走向素养的过程。

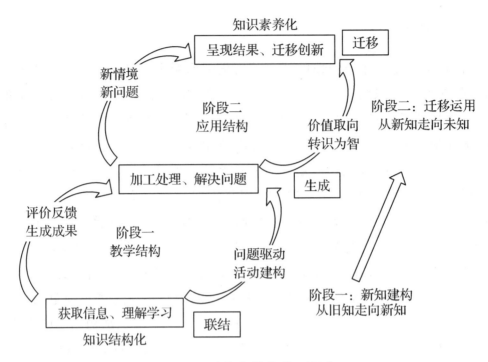

图 1-2 结构化教学学习模型

结构化教学观认为,小学数学教学中存在着五个结构,分别是数学知识结构、教师教学结构、学生学习结构、认知结构和思维结构。

1. 数学知识结构

数学知识结构是指一个人经过专门学习培训后所拥有的知识体系的构成情况与结合方式。每一门学科都是有结构的,重视学科结构,是以学科逻辑为主线,以有助于学生理解和促进学生发展为目标的理念而设计教学。布鲁纳认为:任何学科都拥有一个基本结构,掌握学科的结构就是允许许多事物有意义且以相互关联的方式来理解该学科,习得结构就是学习理解事物是如何相互关联的。数学知识之间的联系灵活多样,在不同的结构中可能有不同的归类方法,随着学习内容的丰富,数学知识结构的容量也在逐步扩展,学生的认知结构始终处于动态的建构过程之中。而建立数学知识结构是一个循序渐进的过程,在实际教学中,教师应对学习内容做全面的分析,既要在纵横关联中确立核心概念,又要明晰课程内容所承载的核心素养的具体表现,既要设计好学生素养水平的进阶路径,也要从整体观念出发,建构主题,统整下一类课程的基本范式。小学数学教材的编排结构具有较强的系统性和逻辑性,基于学生的年龄特征和学习循序渐进的需要,将各学习主题以螺旋式上升的方式安排在 3 个学段中。这些教材知识主要分为"数与代数""图形与几何""统计与概率""综合与实践"四大领域,并且它们的结构化特点比较明显,每一个领域既有知识结构的内在关系,又有与其他领域的相互关系,具体见表1-1。

表1-1 2022年人教版小学数学教材各学段、各领域内容知识结构

领域	学段		
	第一学段 (1—2年级)	第二学段 (3—4年级)	第三学段 (5—6年级)
数与代数	1.数与运算 2.数量关系	1.数与运算 2.数量关系	1.数与运算 2.数量关系
图形与几何	1.图形的认识与测量	1.图形的认识与测量 2.图形的位置与运动	1.图形的认识与测量 2.图形的位置与运动
统计与概率	1.数据分类	1.数据的收集、整理 与表达	1.数据的收集、整理与表达 2.随机现象发生的可能性
综合与实践	以现实问题和跨学科实践为主,第一、第二、第三学段主要采用主题式学习,将知识内容融入主题活动中		

在《义务教育数学课程标准(2022年版)》中,将数与代数领域小学3个学段的主题,由原来的"数的认识、数的运算、常见的量、探索规律、式与方程、正比例和反比例"6个内容整合为"数与运算"和"数量关系"2个主题,这不只是形式上的变化,更是从学科本质和学生学习的视角对相关内容的统整,更好地体现了学科内容的本质特征,更符合学生学习的需要。虽然各领域知识结构清晰,但是教师仍需要在此基础上基于学生学情,对教材知识进行重构,有机融合内在结构与外在结构,并基于教材结构、知识结构和学生的认知结构,通过归纳梳理、承上启下、拓展延伸,准确把握教材的整体结构,着力在关联、迁移、重组、凝聚中实施结构化教学,帮助学生形成结构化思维,促进学生深度学习的发生。

2.教师教学结构

教师教学结构是指知识结构与相应学习结构之间的适配方式,需要教师以结构化的方式表达自己对教学的思考,建构"从一节课到一类课"的整体教学框架,引导学生结构化思考。何克抗教授指出:所谓教学结构是指在一定教育思想、教学理论、学习理论指导下,在某种环境中展开的,由教师、学生、教材和教学

媒体这4个要素相互联系、相互作用而形成的进程稳定的教学活动的结构形式。要建立良好的教学结构,需要教师注重引导学生深刻理解数学概念、算理算法及原理法则之间的内在联系,通过形式多样的活动从多种角度启发学生不断丰富概念的外延,建立起数学内容间的深度关联,形成有意义的、能扩张的知识结构。如在学习多边形内角和的知识后,学生知道多边形的内角和=$(n-2)\times 180°(n$为边数),教师可以引导学生进一步思考,知道了多边形的内角和的求法,学生还想研究什么?多边形的外角和的学习由此展开,具体如下:

师:学习了三角形的内角和,由内及外你想到了什么?

生:三角形外角和是几度?

师:三角形有3个内角,自然就有3个外角,一般我们把三角形三边的延长线与三边分别组成的角叫作三角形的外角。

出示:

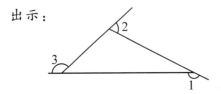

师:4人小组合作,算算这个三角形的外角和是几度。

反馈:3个外角加3个内角可以组成3个平角,再从3个平角中减去三角形的内角和,就能得到三角形的外角和:$180°\times 3=540°,540°-180°=360°$。

师:三角形外角和的求法我们研究好了,你还想研究什么?

生1:四边形的外角和是几度?

生2:我们先来算算长方形的外角和。

出示:

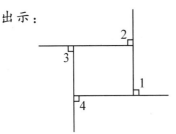

师:这4个角的和是多少?你能直接看出来吗?

生:$90°\times 4=360°$。

师:难道所有的四边形外角和都是$360°$吗?怎么计算?

生:研究一个一般的四边形,看看它的外角和是多少。

师:大家自己试试。

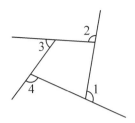

反馈：$180°×4-360°=360°$。

师：你们还想研究什么？

生：我想研究五边形的外角和，我觉得可以从正五边形开始研究。

师：那大家算算它的外角和吧。

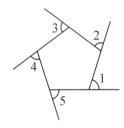

生1：$180°×5-540°=360°$。

生2：奇怪了，怎么这些图形的外角和都是$360°$？

师：大家有什么想法吗？

生1：我觉得任意五边形的外角和也是$360°$。

生2：我觉得任意多边形的外角和都是$360°$。

师：大家讨论一下。

生1：从上面的计算中我们可以发现，多边形的外角和都可以用"$180°×n-n$边形的内角和"来解决。

生2：是的，比如六边形的外角和是$180°×6-720°=360°$。

师：这么巧，这里面有什么道理？ 这些问题就留给同学们课后去探究、去发现吧。

在上述案例中，由多边形内角和的教学结构类推到多边形外角和的教学结构，实现"从一节课到一类课"的学习。学生学习三角形内角和后自然提出三角形外角和这一问题，整个学习过程按照"提出问题—建立模型—求解模型—检验结果—完善模型"的建构过程展开，随着思维的不断深入，学生逐渐识别问题情境，并将情境结构化，在第一部分内容的学习后，学生提出合理的假设，并自主探索出多边形外角和的求解公式是"$180°×n-n$边形的内角和"。学生之所以有这样的建模，是因为他们亲历了整个建模的学习过程，在思维的层层推进中，他们寻找到了比较隐蔽的模型,并借助它去解决多边形外角和问题。最后教师又抛出一个核心问题"这里面有什么道理",让学生在课后进一步思考所有的多边形的外角和都可以这样计算的原因,进一步引导学生寻找模型背后的原理,促进学生进一步去研究与发现。在这样的学习过程中,学生的逻辑思维能力、推理意识不断得到强化,结构化思维、模型意识得到培养,"学一道题通一类题"的能力也逐渐提升。

3.学生学习结构

学生学习结构是构成学生学习活动的基本要素以及各要素之间的关系,是知识结构尤其是其层次或主题甚至"单元"知识结构的学习轨迹。西方许多心理学家倾向于从控制论、信息论与系统论观点来探讨学习结构,认为学习是一种信息的传递过程,包括信息的输入、加工、输出及反馈等环节。布鲁纳指出,掌握事物的结构,就是以允许许多别的东西与它有意义地联系起来的方式去理解它,简单地说,学习结构就是学习事物是怎样相互关联的。美国认知心理学家奥苏贝尔认为,所谓学习,就是将符号所代表的新知识与学习者认知结构中已有的适当观念建立非人为的实质性的联系。认知建构主义心理学家乔纳森提出的知识获得的三阶段理论分为初级知识获得阶段、高级知识获得阶段和专家知识学习阶段,其中专家知识学习阶段依赖精细的结构和图式化的模式,并能通过同化、顺应和重组产生更加精细的结构和图式化的模式。确实,学习是学生建立"自己的逻辑"的过程,目的是创建自己的认知结构,有意义的学习是用结构化的、体系的、逻辑的方式,去理解、记忆、总结和提炼知识,而把学习方法结构化更有利于学生有目的、有计划、有条理地进行学习,能够把新知识有效纳入已有知识结构,实现学习能力的提升。

比如在平面图形面积计算的复习中,可以把长方形、平行四边形、三角形与梯形的面积计算有效关联,帮助学生建立学习结构,可出示习题(图1-3):在2条平行线之间的这4个图形,谁的面积最大?学生观察发现,这4个图形在2条平行线之间,它们的高相等,因此可以把长方形、平行四边形、三角形都看作梯形来研究,那么比较这4个图形面积的大小,就只要比较它们的"上底+下底"的和即可。通过计算发现,梯形的"上底+下底"的和是9.5厘米,大于其他3个图形,因此梯形的面积最大。

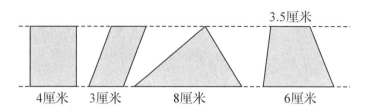

3.5厘米

4厘米　　　3厘米　　　8厘米　　　6厘米

图 1-3　平面图形面积复习

上述案例不仅呈现平面图形面积的知识结构,也体现学生学习的过程结构,而知识的结构和过程的结构是互为补充的共生结构,这样的结构也促进学生学习结构的形成,目的是使学生了解所学内容的关联,而不仅仅是对个别知识的掌握。学习结构会使学生的学习变得更轻松,更持久。

4.认知结构

认知结构,简单来说是学生头脑中的知识结构。广义上,认知结构是学生已有观念的全部内容及其组织形式;狭义上,它是学生在某一学科的特殊知识领域内观念的全部内容及其组织形式。原有认知结构的清晰性、稳定性、概括性、包容性、连贯性和可辨别性等特性都始终影响着新知识的获得。皮亚杰、布鲁纳和奥苏贝尔都强调认知结构的重要性,他们一致认为,含有使新材料或新经验结为一体的这样一个内部的知识组织结构,即认知结构,这个结构是以图式、同化、顺应和平衡的形式表现出来的。现代学习理论认为,学生数学学习过程就是认知结构形成、变化和完善的过程,数学教学必须遵循数学知识结构体系和学生的认知规律,优化、完善学生的认知结构。而要完善学生的认知结构,需要通过学生的主动发现、思考、探究、比较、辨析,亲身经历知识的形成、发展、运用,并将孤立的、离散的数学知识技能联结起来形成结构化的知识体系。

比如在人教版三年级上册第六单元"多位数乘一位数"的口算乘法教学中,呈现了如下的例题,见图 1-4。

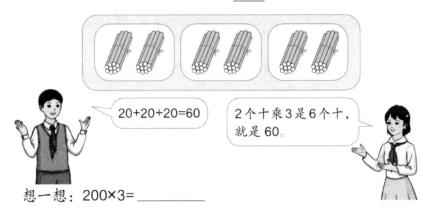

1 坐过山车每人20元，3人需要多少钱？

$$20×3=\underline{\quad}$$

20+20+20=60

2个十乘3是6个十，就是60。

想一想：200×3=＿＿＿＿＿＿

图 1-4　2022 年人教版教材三年级上册第 57 页例 1

教学中呈现下面一组题：20×3、200×3、2000×3 分别等于几，你是怎样想的？学生知道 2×3＝6，所以推理出 20×3＝60，200×3＝600，2000×3＝6000，但是其中的道理却不太清楚。基于学生已有的乘法口诀以及乘法意义的认知结构理解算理，可借助数形结合的方式帮助学生建立认知结构，即：4 个算式分别表示 3 个的 2 个一、3 个的 2 个十、3 个的 2 个百、3 个的 2 个千，最终落实在"3 个的 2 个几"上，具体见图 1-5。

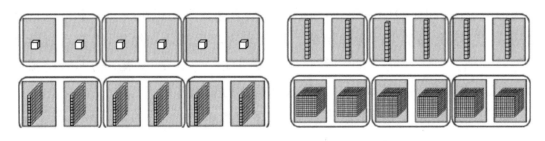

图 1-5　"3 个的 2 个几"图式结构

这样的教学，是从数学自身的内在联系去创设新知与旧知的联系，把口算教学纳入结构化的体系中，学生不仅理解一句乘法口诀可以计算"几个的几个计数单位"，同时能迁移算理，使得新知得到同化与顺应，有效建立口算乘法的认知结构，培养了学生迁移能力、推理能力，促进结构化思维的形成。

5.思维结构

思维结构是主体能动认识世界时所建立的概念、判断、推理的框架及其相互联结、转换和互动的形式,是人凭借外部活动逐步建立起来的并不断完善的基本概念框架和概念网络。科学哲学家瓦托夫斯基认为:"我们的思维的成长和演化是一个形成概念的过程,是一个精心构制或多或少地系统化的结构(概念彼此联系)的过程。"数学知识本身具有严密的逻辑性,彼此之间可以形成联系紧密、纵横交错的知识网络,学生在学习和应用数学知识解决问题的过程中,需要记忆、调取大量的数学知识,如果这些知识以杂乱无章的状态存在于学生的大脑中,会不利于被他们记忆、灵活调用,更不利于他们探究知识、解决新问题,数学能力的培养也就无从谈起。如果能从培养学生的"结构化思维"入手,带领学生经历知识结构不断建构的过程,通过理解性学习使知识之间建立起逻辑关系,实现学习的迁移,就能很好地解决知识、方法散落无章的问题。在结构化教学中,学生的思维最理想的状态是达成结构化,即结构化思维,它是一种从无序到有序的思考过程,不是指某种单一固化的思维模型(思维方式),以学习材料的结构为思维对象,在思考、分析、解决问题时,以一定的范式、流程和顺序进行,将各个部分系统有序地搭配或者排列组合,以对学习材料结构的积极建构为思维过程,力求得出规律的一种思维方法。而要达成结构化思维,学生需要将碎片化的信息进行系统化的思考和处理,非结构化的思维是零散混乱无条理的想法集合,而结构化思维是一个有条理有层次,脉络清晰的思考路径,见图1-6。

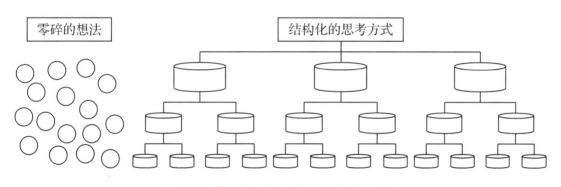

图1-6 零碎想法与结构化思考方式图式

比如在"认识小数"教学中,为让小数与十进分数建立联系,学生利用"米制系统和钱币系统"进行研究,在反馈中,学生呈现研究结果(见图1-7):

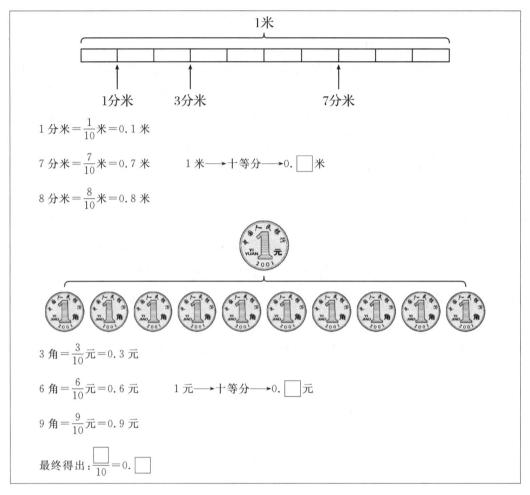

图 1-7　学生研究结果

　　哲学原理告诉我们,事物与事物之间是相互联系的,即知识与知识之间、学生的经验与经验之间,都是不能人为地将其分割开的,各种因素不是孤立地、简单地叠加,而是相互联系地对学习方法产生影响。上述学习方式,能有效帮助学生建立小数与分数之间的关联,通过知识的结构化和学生认知的结构化,最终实现学生思维的结构化,形成结构化思维。

结构化教学的价值与意义

　　结构化教学强调全面把握教材的整体结构,关注教材的横向关联、纵向关联、跨学科关联,力求在宽广的背景中把握知识的本质,强调网状的知识结构,追求知识的意义建构,倡导深度的学习发生。在教学设计之前,先通过结构分析明确单元教学的重难点与关键点,紧抓单元核心内容,从整体上厘清知识结构、内容主线,对知识的上下位关联及知识顺序进行梳理,明确教学总目标,并根据教材的内容及目标对现实学情进行评估,了解学生真正的学习起点、疑难困惑和发展需求。在此基础上,对单元目标及内容进行调适,进而重构单元课时框架,重点设计关键课例,并进行课堂实践,从碎片化课时设计走向大概念统整的、系统化的单元教学设计,见表1-2。有关学科的大概念、大观念,以及学习进阶等研究都与学科结构的理念一脉相承。在具体操作中思考4个问题:一是为什么学,即学习目标如何体现思维进阶;二是学什么,即要达到学习目标需要学习什么课程内容;三是怎么学,也就是通过怎样的策略和方法达成目标;四是学得怎么样,也就是对学习的评价。

表 1-2　结构化教学单元整体教学设计表

整合主题	以学科立场走向教育立场,突出素养立意、育人导向
解读教材	明晰单元内容的前期知识与后续知识,分析单元知识结构,特别是课时之间、知识点之间、概念之间的关系,并通过单元思维导图及素养达成细目表进行梳理
提炼目标	根据单元主题、大概念、核心问题,先确定进阶式素养导向的学习目标,再确定达成判断指标依据,落实过程性目标及素养达成目标
分析学情	明确学生已有的认知结构、思维起点与教学内容逻辑起点之间的关系;分析学生的前理解(从哪里开始)、触发点(如何开始)、困难处(学习障碍)、关键点(突破障碍)和发展区(思维进阶)
评估学业质量	主要基于课标、教材和学情分析,通过改题、创题进行符合学业质量标准的个性化评价
安排课时	单元新授、练习、复习、拓展课时
设计结构化活动	在大概念、大主题、大情境引领下,进行"问题(任务)、活动(学程)、评价(表现)"设计,回答学生"学什么、怎么学、学到什么程度"的问题

一、结构化教学凸显内容的关联

1. 横向关联

当单元的知识结构、教学结构及学习方式等成并列关系时,可采用"横向关联"的策略进行重构。横向关联就是利用不同知识之间的内在联系,用联系的眼光多维度地审视、建构,从而形成网状的知识结构。用"横向关联"的策略进行重构,就是以"大观念"为主线,把具体知识内容横向融合,让知识结构化呈现,帮助学生理解。例如:在教学"角的度量"时,将量角器与刻度尺、时间尺进行横向"求同"对比关联,发现它们都有刻度起点、刻度,都要确定标准刻度,都是用于计量标准刻度数量的工具;在教学"体积单位"时,将体积单位与长度单位、面积单位等进行横向对比关联,挖掘出它们共同的深层结构,即都要先确定标准单位,都是求所包含的标准单位的个数;在教学"小数的加减法计算"时,与整数计算、分数计算进行一致性关联,即都是计数单位的累加或递减。除对不同内容进行横向关联外,还可以对同一知识序列的内容进行横向关联,这时更多的是以单元整合的方式进行大单元教学,以 2022 年人教版教材二年级上册"乘法口诀"的教学为例,介绍具体操作思路,见图1-8。

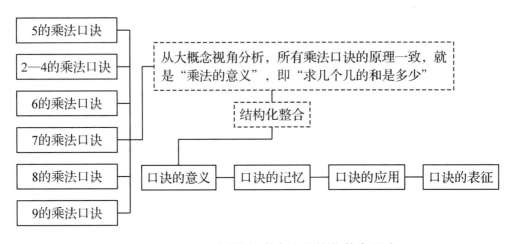

图 1-8 "乘法口诀"的教学内容结构化整合图式

在教材中"乘法口诀"安排了 6 课时内容,但学生学习口诀的机制是一致的,并且很多学生已经能够背诵 1—9 的乘法口诀,重复式的教学对学生学习意义不大。因此从"乘法的意义"即"求几个相同加数和的简便运算"这个大概念出发,对单元内容进行重组。其中"口诀的意义"主要任务是以 5 的乘法口诀为突破点,教学 1—9 全部 45 句口诀的意义;"口诀的记忆"主要任务是用活动的方式进一步熟练口诀;"口诀的应用"是联系具体情境进一步体验口诀的价值;"口诀的表征"则是突出用数形结合的方式来强化对口诀的理解。这样的整合基于学生已有水平,避免了相同学习经验积累重复、思维处于同一水平的尴尬,重组后的内容突出了"乘法的意义"这一大概念,但在之后还需要跟进拓展性的综合学习,如"乘法口诀"的综合练习与拓展练习等。

2.纵向关联

当单元的知识结构、教学结构及学习方式等模型相同且成前后递进关系时，可采用"纵向关联"的策略进行重构，也就是以单元大观念为主线，把具体知识概念纵向贯通。数学教材是根据学生的年龄特征及认知规律呈螺旋式上升的特征编排的，即将同一知识点的内容安排在不同的学段进行学习。教师在教学中要把握教材的整体脉络及内在逻辑，既要把握住不同学段对教学内容的不同要求，更要捕捉到不同学段教学内容的内在关联，将知识进行纵向对比关联，在整体把握中建构知识的联系，形成结构化的知识网络。"纵向关联"的方式是单元重构的主要策略，适用于很多内容：同一单元，如2022年人教版教材四年级下册"运算律"中加法与乘法有关的运算律，减法和除法有关的运算律；不同单元，如2022年人教版教材三年级上册第二单元"万以内的加法和减法（一）"和第四单元"万以内的加法和减法（二）"；不同分册，如2022年人教版教材三年级上册"周长"和三年级下册"面积"；等等。下面以"运算律"为例介绍具体操作思路，见图1-9。

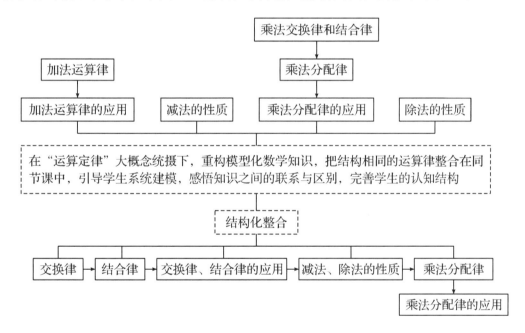

图1-9 "运算律"单元内容结构化整合图式

在"运算律"中，将内容相似、结构相同的内容整合在一起，有利于学生建构"模型化"的数学知识，形成结构化思维。比如：把加法交换律 $a+b=b+a$ 和乘法交换律 $a\times b=b\times a$ 整合成交换律一节课；把加法结合律 $(a+b)+c=a+(b+c)$ 和乘法结合律 $(a\times b)\times c=a\times(b\times c)$ 整合成结合律一节课；把交换律和结合律的应用安排为一节课;把减法的性质 $a-b-c=a-(b+c)$ 与除法的性质 $a\div b\div c=a\div(b\times c)$ 整合成减法和除法的性质一节课;乘法分配律由于抽象程度高、变式多,且学生容易将它与乘法结合律混淆,因此安排两节课加以突破,一节课是乘法分配律意义的理解,另一节课是乘法分配律的拓展应用。通过这样的单元整合学习,为学生建构了一个个运算律模型,深度学习在探究验证、重构建模中真实地发生着,促使学生的思维从低阶不断向高阶发展。

3.跨学科关联

在单元教学中,单元内容有数学史或者优秀传统文化的教育点,可采用"跨学科关联"的策略进行重构。在重构过程中,把原先的内容进行适当整合,再把与数学史或优秀传统文化相关的内容进行拓展,帮助学生开阔学习视野,用联系的、发展的眼光学习数学,同时渗透优秀传统文化教育。这一策略适用于很多单元内容的学习,如2022年人教版教材三年级的"年、月、日"、三年级的"两位数乘两位数"、六年级的"圆"等。下面以"年、月、日"为例介绍具体操作思路,见图1-10。

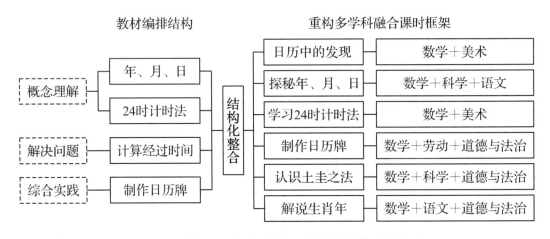

图 1-10 "时间里的奥秘"单元内容结构化整合图式

在三年级下册"年、月、日"的教学中,学生已经掌握了"时、分、秒",对"年、月、日"也有一定了解,但对从历法角度研究年、月、日以及二十四节气、农历等知识都不清晰,并且课程学习中缺少调查研究、合作学习、问题解决、跨学科意识、应用意识、创新意识等。基于此,将这单元主题确定为"时间里的奥秘",通过跨学科的结构化整合,采用"数学+科学+语文+美术+劳动+道德与法治"等多学科融合学习方式,引导学生在真实情境中利用观察、猜测、实验、计算、推理、验证、数据分析、直观想象等方法发现问题、提出问题、分析问题并解决问题。整合后的单元中,把"计算经过时间"整合在"学习 24 时计时法"中,再增加"认识土圭之法"和"解说生肖年"2节课。其中"认识土圭之法"需要学生课前自主查找资料,如了解土圭之法后,再结合科学实验"制造影子"的活动理解春分、夏至、秋分、冬至4个节气,并进行测影活动。在"解说生肖年"中,学生需结合农历了解十二生肖并探究推算"天干地支"农历年的方法。这6节课的设计本身就是一组进阶式的学习材料,板书也通过结构化来呈现,如"探秘年、月、日"的教学板书见图1-11。这样的教学既有数学学科内的纵向研究,又有多学科的扩展延伸,培养了学生的爱国情怀、创新精神和实践能力,提升了综合素养。

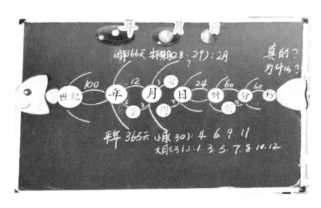

图1-11 "探秘年、月、日"结构化教学板书

二、结构化教学有助于知识与方法的迁移

在结构化教学中,内容的结构化使得零散的内容通过核心概念建立联系,实现用对少量主题的深度覆盖替换学科领域中对所有主题的表面覆盖,这些少量主题使得学科中的关键概念得以被学生理解,促进知识与方法的迁移。

1. 运算一致性的迁移

以数与代数领域为例,像"数与运算"主题,"数的意义与表达""运算律"等都是核心概念(大概念、大观念或关键概念),其中最重要的概念是"数的意义与表达"。整数、小数、分数的认识与运算都与相应数的意义与表达密切相关,而理解数的运算方法,主要基于计数单位。如在简单分数加减法教学前,设计一组包括"同分母分数加法""同分母分数减法""1减几分之几"3种类型的前测题,形式有纯计算,也有解决问题,要求写一写算式,画一画或写一写想法。分析前测发现:将3类题型错误率横向比较,无论纯计算还是解决问题,都呈现"1减几分之几>同分母分数加法>同分母分数减法(不包括1减几分之几)"的分布,且"1减几分之几"题型的错误率远高于其他2类题型,而分数加法及减法计算的错误基本集中在分子、分母分别相加减,可见这部分学生受整数加减法的负迁移影响比较明显,缺失对运算是相同运算单位累积或者递减的意义的建构。因此在进行运算教学时,要带领学生体会、感悟所有运算的算法均基于计数单位这一大概念,帮助学生理解对于加减运算而言,只有相同计数单位上的数字才能进行运算,对于乘除运算而言(整数除法除外),计数单位与计数单位运算,计数单位上的数字与计数单位上的数字进行运算。在具体教学中可有针对性呈现 3 组题:

第一组:

$1+2=3$　　　　　1 个(一)加 2 个(一)是 3 个(一)

$10+20=30$　　　　1 个(十)加 2 个(十)是 3 个(十)

$100+200=300$　　　1 个(百)加 2 个(百)是 3 个(百)

$\dfrac{1}{8}+\dfrac{2}{8}=(\quad)$　　　1 个(　)加 2 个(　)是 3 个(　)

第二组:

$5-2=3$　　　　　5 个(一)减 2 个(一)是 3 个(一)

$50-20=30$　　　　5 个(十)减 2 个(十)是 3 个(十)

$500-200=300$　　　5 个(百)减 2 个(百)是 3 个(百)

$\dfrac{5}{8}-\dfrac{2}{8}=(\quad)$　　　5 个(　)减 2 个(　)是 3 个(　)

第三组:

$100-70=30$　　　　10 个(十)减 7 个(十)是 3 个(十)

$1-\dfrac{3}{8}=(\quad)$　　　8 个(　)减 3 个(　)是 5 个(　)

这样借助题组,溯本求源,在沟通、对比中,学生感悟到简单分数加减法计算的本质与整数计算一致,都是相同计数单位的个数相加减,同时也凸显了分数的本质内涵,比如在计算 $1-\dfrac{3}{8}$ 时,1 可以用 $\dfrac{9}{9}$、$\dfrac{8}{8}$、$\dfrac{7}{7}$ 等表示,这里为什么要看成 $\dfrac{8}{8}$?这与 $100-70$ 的思考方式一致,因为 70 表示 7 个十,所以需要把 100 看成 10 个十,而不是看成 100 个一,这样它们的计数单位一致就可以直接相减。同样道理,$\dfrac{3}{8}$ 的计数单位是 $\dfrac{1}{8}$,因此必须把 1 看作 $\dfrac{8}{8}$,这样就能保证它们的计数单位一致,从而可以直接相减。

有了对"计算单位"这一核心概念的理解,学生在做小数加减法时,也能自主迁移,就很少会出现"$3.1-2=2.9$、$1.6+4=2$"这种不是相同计算单位上的数相加减而造成的计算错误,为学生理解算理的本质(计数单位个数的累加或递减)提供了可能,促进了方法的迁移和学习的发生。

2.度量一致性的迁移

以前人们一直认为度量只是一个几何概念,只涉及长度、面积、体积等,随着对度量的拓展性理解,大家逐渐意识到度量可以计量容积、质量、时间等。张奠宙教授认为,度量的本质是给度量对象一个合适的数,即看度量的对象包含了多少个度量单位。对不同维度下度量单位的认识是学习度量的起点,指向对学生的量感和空间观念的培养,度量单位的累加过程则指向对学生的推理意识的培养。不论对哪种对象的度量,它们的过程和本质都具有一致性,而度量的本质属性与数数是一致的,都是基于计数单位(度量单位)个数的计算,如同数数一样,几何对象、时间、质量等在度量时也是数出来的,但数的不是计数单位,而是度量单位。人们用"1"来表示一个度量单位,认识度量单位相当于找到了几何图形、时间、质量等的单位中的"1",有了这个"1"之后,才能以此为起点给相应的度量对象赋予一个合适的数。从图形与几何领域看:线段是一维的,因此一维上的"1"只有长度这1个方向上的单位量,即一条长度为"1"的线段;面是二维的,因此二维上的"1"同时具有长度和宽度2个方向上的单位量,即一个长和宽都是"1"的正方形;体是三维的,因此三维上的"1"同时具备长度、宽度、高度3个方向上的单位量,即一个长、宽、高都是"1"的正方体,见图1-12。

1厘米　　1平方厘米　　1立方厘米

图1-12　长度、周长和面积度量单位

一维的线、二维的面和三维的体都具有可测量的属性,需要对其进行数学的量化,并依托这个数量表述物体的大小。周长、面积、体积是图形与几何领域一维、二维、三维学习的重要内容,它们之间具有共性,在学习中都要经历概念的建立、比较方法的运用、测量工具的选择、测量单位的产生等。在结构化教学理念下,强调变知识的散点状学习为系统认识,因此深入理解周长这一概念及学习测量周长的方法,有利于学生整体把握长度、面积和体积三者之间的内在结构关系,为后续学生自主迁移度量面积和体积打下基础。学生对对象进行度量时,需要了解度量工具的原理,比如为什么测量长度的工具是尺,测量角度的工具是量角器,测量面积的工具是小正方形,测量体积的工具是小正方体。特别对于尺和量角器,还需要进一步研究这些工具上的刻度是如何标定的,通过理解这些原理,学生可以更好地使用这些工具进行度量,并理解度量结果的含义。例如,在测量身高时常用到米和厘米,在超市称重时常常用到千克和克,在计算经过时间时可以化曲为直,呈现时间尺让学生理解经过时间的度量意义。此外在度量时,还可以结合学生自身的身体尺以及动手操作,理解度量单位之间的联系。比如在学习"面积"后,可以布置如下作业,见表1-3。

表1-3　认识面积综合与实践作业设计表

1.用你的脚印测量你睡的床的面积吧。
我的床有我的（　　　　　）个脚印那么大。
想一想,床的面积除了可以用你的脚印测量外,还可以用什么来测量?
它有（　　　　　）个（　　　　　）那么大。

2.用旧报纸制作一个面积为1平方米的正方形,用这个面积工具测量客厅地面的面积。客厅的面积大约有（　　　　　）平方米。
①把这个正方形剪成面积为1平方分米的小正方形,可以剪（　　　　　）个,然后用剪出的1平方分米的小正方形测量电视机屏幕的面积。电视机屏幕的面积大约有（　　　　　）平方分米。
②把面积为1平方分米的小纸片剪成面积为1平方厘米的小纸片,可以剪（　　　　　）个,你觉得用剪出的1平方厘米的小纸片作为测量工具可以测量什么物体的表面积?

　　基于度量单位这一核心概念进行分析和关联,学生可以感悟不同维度中度量过程的内在一致性,促进自主迁移。在教学过程中,教师应注重实现"教—学—评"一致性,确保教学目标、教学内容和教学评价之间的协调统一。同时,教师还应注重培养学生的核心素养,包括量感和推理意识等,以帮助他们更好地理解和掌握度量知识。

　　3.思想方法一致性的迁移

　　在数学学习中,思维方式非常重要。教育专家李玫瑾曾说过:"人与人的差别,骨子里是思维模式的差别。"现代的数学教学思想把思维教育作为数学教学的潜在目的,数学教学,不仅要使学生掌握基本的数学知识,还要训练学生的思维,增强他们发现问题、提出问题、分析问题和解决问题的能力,这不仅包括解决数学问题和将实际问题转化为数学问题进行处理的能力,还应该包括善于运用数学思维方式去思考问题、处理问题的能力。对学生来说,具备后者往往比前者更重要。而要使学生有良好的思维能力,让他们掌握一定的数学思想方法就显得尤为重要。数学思想是对数学概念、方法和理论的本质认识,是数学知识的精髓,是解决数学问题和理解数学知识的重要工具。运用数学思想方法简化问题,使复杂的问题变得简单易懂,是数学应用的关键。比如,转化法是小学数学中常用的一种思想方法,它是指在遇到陌生的、复杂的问题时,利用已有的知识和经验,灵活地将原来陌生的、复杂的问题通过换角度、换方式等办法进行变化,使陌生问题熟悉化、复杂问题简单化、多元问题一元化。转化思想是一个人综合素质的一部分,数学中对转化思想的培养和训练,是完善一个人思想体系的重要手段,要想建立并熟练地运用这一核心数学思想,在面对问题时,首先要让学生刻意地、主动地进行观察、分析、联想等一系列思维活动,其次要让他们持之以恒地去探索和挖掘蕴含在事物当中的类比关系,并学会善于归纳和总结自己的实践结论。久而久之,学生便能做到轻车熟路,触类旁通,转化思想也会在不断地举一反三中得到提高和完善。比如在学习三角形面积的计算时,学生已经学习了长方形面积的计算、平行四边形面积的计算,而在学习平行四边形面积的计算时,是通过割补法,借助"剪、拼"把平行四边形转化成长方形。由此得出:长方形的长相当于平行四边形的底,长方形的宽相当于平行四边形的高,这 2 个图形的面积相等,平行四边形的面积＝底×高,如图 1-13 所示。

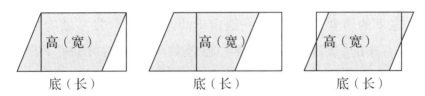

图 1-13 将平行四边形转化成长方形

有了平行四边形面积的学习经验,在进行三角形面积公式推导时,学生就能自主迁移,把求三角形面积(新知)转化为求长方形或平行四边形面积(旧知),即用 2 个完全一样的锐角三角形拼成 1 个平行四边形,用 2 个完全一样的直角三角形拼成 1 个平行四边形或长方形,用 2 个完全一样的钝角三角形拼成 1 个平行四边形,可以得出三角形的面积＝底×高÷2,见图 1-14。此外,只要运用相应的方法把 1 个三角形"剪、拼"后,就能把它们转化成 1 个平行四边形或长方形,充分论证了三角形的面积＝底×高÷2,见图 1-15。通过学生自主探究、合作学习,分析三角形与平行四边形、长方形这些数学元素之间的关系,找出隐含的问题解决模式,把推导三角形面积公式转化为数学模型进行求解,并对结果进行解释和验证,既有效解决新知问题,又从中体会转化方法的一致性,为后续进一步学习探究平面图形的面积建立方法模型。

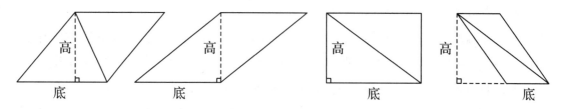

图 1-14　把 2 个完全相等的三角形拼成平行四边形探究三角形面积的计算方法

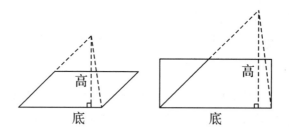

图 1-15　把三角形"剪、拼"成平行四边形或长方形探究三角形面积的计算方法

结构化教学促进核心素养形成

素养立意下的课堂教学，要依托结构化的课程内容，将零散的数学知识进行整合，设计成有序的"知识块"，引导学生触摸数学知识的"内核"，获得数学素养的提升。而结构化学习主题的核心概念在不同阶段的不同水平，体现为学生的学习进阶，随着学习进程的递进，学习内容不断扩展，学生核心素养逐步形成。

一、明确指向学科核心素养的教学目标

要实现素养导向的目标，需要在教学之前就设计循序渐进的阶梯发展目标，且阶梯的设定需要面向未来，更要落在学生的"最近发展区"内，促进学习目标有效达成。教师要从单元整体的视角对教材内容进行统整与梳理，厘清课程内容的知识结构，并结合评价建构体现学科逻辑和思维进阶的结构化进阶式整体设计。《追求理解的教学设计》一书中提出了逆向设计的 3 个阶段，其中第一个阶段就提出"确定预期结果"，也就是学生应该知道什么？理解什么？能够做什么？什么内容值得理解？什么是期望的持久理解？旨在素养导向的目标下以终为始，从学习结果开始逆向思考，这就需要教师从结构化角度出发，思考教学目标，并以核心概念为统领，基于系统的视角进行比较与突破，基于单元的视角进行联

结与拓展,基于课时的视角进行理解与建构,知道学生将学习什么,帮助学生明确学习目标和评估自己的学习进展,这有助于学生更好地理解学习内容,并激发他们的学习动力,促进目标结构化的实现,促进学生核心素养的形成。教师还要在整体分析单元内容的基础上,制定指向核心素养的教学目标,从知识技能、核心概念与方法、情感态度价值观等方面表述教学目标,最终促进核心素养形成。如 2022 年人教版教材五年级上册"多边形的面积"单元涉及图形与几何的基础知识和计算,与图形度量、转换等基本思想和方法相关,学生可以在实际的操作活动中积累活动经验,学习过程中需要学生保持认真严谨的态度和求真求实的精神等,这单元的目标可这样确定:(1)能运用面积公式或转化的方法探索平行四边形、三角形、梯形面积的计算方法,并计算它们的面积;(2)能运用平面图形面积公式解决问题;(3)形成量感、空间观念和几何直观。其中,用转化的方法自主探索面积的计算方法能从思想方法层面提升学生的素养,并且这一方法与初中数学学习中研究"图形问题"时用到的"割补法、运动变换思想"是一致的,而"量感、空间观念和几何直观"是义务教育阶段图形几何类核心素养的具体表现,体现了从小学学习到初中学习的一致性。结构化教学既是一种教学行为,也是一种教育思想,是一种回归数学知识本质的教学,需要教师把它变为一种自觉行为,帮助学生建构整体的认知体系,从数学识记走向数学探究,从浅层学习走向深度建构,从方法习得走向素养提升,为学生的终身发展奠定基础。从知识到素养的思维进阶,其基本内涵及内在逻辑见图 1-16。

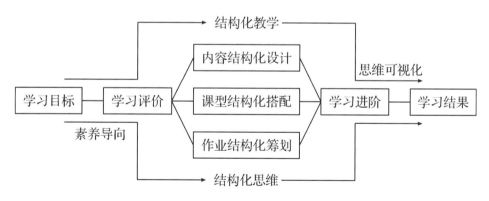

图 1-16　指向学习进阶的结构化教学基本内涵及内在逻辑

二、有效促进学生结构化思维的发展

小学数学教材的内容编排强调基础性和普适性,主要按知识和技能维度切分课时,日常教学中,如果过分依赖教材的课时安排,对知识点平均用力,不从单元视角整体审视教材的意识和动力,那么学生所获得的知识、技能和思考是机械的、静态的、孤立的,缺乏结构性和深刻性。这在客观上会弱化知识间的内在联系,进而影响学生对数学知识的整体性理解和结构化知识的建立,他们无法形成结构化认知,无法形成结构化思维。在小学数学结构化教学中,促进学生结构化思维的发展是教学的目标和价值取向,也是教学最终的"落脚点"。它以结构化整合为抓手,以课程为结构化教学的内容载体,最终通过结构化教学的实施来完成,厘清这三者之间的逻辑关联,在一定程度上有助于改变当前小学数学教学中部分教师整体意识淡薄,缺乏从学生立场去思考问题的现状。结构化教学从"结构"视角出发,全面地把握事物之间的整体性、层次性、关联性,注重学生认知水平的结构化,让学生在掌握数学知识、解决数学问题、提升数学思维的过程中,不断增强对结构的敏感性,不断提升思维的品质,提高联结、生成和迁移能力,促进基本思想方法的形成,这样的教学可以培养批判性思维、创造性思维和解决问题的能力,提高学生的思维水平和学力能力。教师要通过结构化的内容材料,推进结构化的教学进程,实现结构化的评价输出。在这个完整的学习过程中,学生经历"理解—重构—呈现"的过程,实现数学思维从零散状向结构化的转变。比如面积单位,2022年人教版教材在三年级下册编排了平方米、平方分米、平方厘米这3个面积单位的学习内容,又在四年级上册编排了公顷和平方千米这2个面积单位的学习内容,但是学生在学习公顷和平方千米这2个面积单位时往往理解得不透彻,特别是总会弄错公顷和平方米之间的进率。基于这样的学情,教师需要根据知识结构在教学中进行整体建构,帮助学生形成知识结构。在教学中可在回顾"长度单位"的基础上,引出"面积单位",将公顷和平方千米纳入面积单位系统中进行解读、考量,构建整体性的知识关联,并将"平方十米"放置其中,将"公顷"解释为"平方百米",从而构建了"平方千米、平方百米(公顷)、平方十米、平方米、平方分米、平方厘米"的序列,具体,见图1-17。

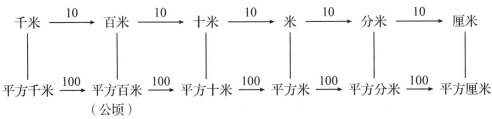

图 1-17 面积单位的转化

这样从一维的长度单位过渡到二维的面积单位,又顺应学生原有的对面积单位进率的认知,在质疑、思考、交流中明晰公顷和平方米之间的进率,帮助学生把所学知识连点成线、连线成面,从而打通面积单位知识之间的关系,有效建立认知结构,让教材编排的知识结构在重构后,结构序列更加清晰、明了,利于学生整体建构面积单位知识网络,有效培养结构化思维。

三、有效落实"教—学—评"一致性

在结构化教学中,聚焦学生已有的数学知识经验,关注教师对单元教学内容的整体理解与适当的课程开发,指导学生经历个性化的联结、生成、迁移后的认知转化,促进学生形成结构化思维,并实现心智转换与数学素养的发展,主要从评价内容(知识维度)、评价标准(表现性评价)和评价结构(认知维度)3 个方面来建构教学评价框架,见图 1-18。

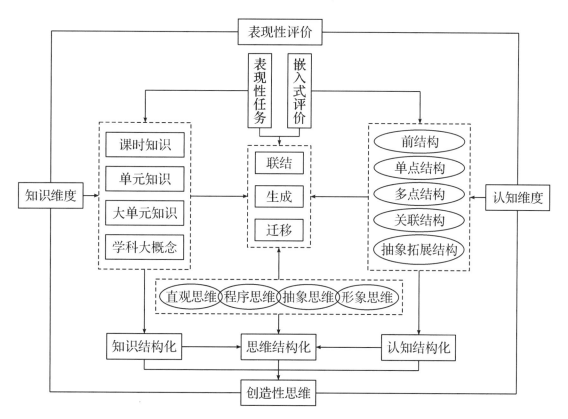

图 1-18 结构化教学评价框架

在具体教学实施中思考"为什么教、教什么、怎么教、教到什么程度"的问题,也就是目标、教学、评价一致性原则,充分体现"教—学—评"一致性,为学生搭建三大学习支架,即"问题(任务)、活动(学程)、评价(表现)",突出"联结、生成、迁移"三大学习要素,具体见表1-4。

表 1-4   结构化进阶式课时教学设计表

课题			课时	
学习目标: 根据课标、教材及学情,从知识、能力及素养进阶式达成角度进行设计			达成评价: 从知识、能力及素养进阶式达成角度进行评价	
学生表现				
4个发展层级: 层级1:初级探究 层级2:中级探究 层级3:高级探究 层级4:拓展探究			5个发展水平: 水平1:前结构 水平2:单点结构 水平3:多点结构 水平4:关联结构 水平5:抽象拓展结构	
问题(任务)、学习活动			嵌入评价	
一、引学:联结(新旧知识)			学生已有认知被唤醒,有效连通新旧知识	
二、研学 三、深学 }生成(思维成果)			积极主动进行自主探究、合作学习,充分体验,会提问、敢质疑	
四、固学 五、拓学 }迁移(由此及彼)			有效建构知识,能够由表及里,把所学知识举一反三,迁移应用	
作业设计:结构(系统设计)、进阶(思维迁移)				

例如,在教学2022年人教版教材三年级下册"面积"单元内容之前笔者调查了学校138名三年级学生,发现有45%的学生已经知道长方形面积的计算公式,但是并不清楚这样计算的原因。这就意味着学生没有形成"面积单位的个数就是面积"的结构化思维。面对这样的学情,应基于结构化教学视角,以度量为主线,帮助学生系统理解面积计算方法的意义,具体见表1-5。

表 1-5 "长方形、正方形面积的计算"结构化课时设计

课题	长方形和正方形面积	课时	1

学习目标:	达成评价:
1.理解并掌握长方形、正方形面积计算公式的意义,能运用长方形和正方形的面积计算公式解决简单的实际问题。 2.经历长方形、正方形面积公式的推导过程,获得从度量视角到计算视角研究长方形、正方形面积的方法。 3.体会度量方法的一致性,培养学生量感	1.进一步理解面积是由面积单位累加而成的。 2.掌握长方形和正方形面积计算的方法并能解决实际问题。 3.能迁移运用,体会度量方法的一致性

学生表现	
4 个发展层级: 层级 1:通过观察感知面积大小 层级 2:通过推理了解面积大小 层级 3:通过抽象提炼面积的计算方法 层级 4:灵活选择恰当的策略和方法解决面积问题,形成度量意识	5 个水平: 水平 1:仅会直观数 水平 2:从直观数到半抽象数 水平 3:从半抽象数到度量数 水平 4:从度量数到用公式计算 水平 5:从用公式计算到灵活运用多种方法和策略解决问题

问题(任务)、学习活动	嵌入评价
一、引学板块:激活经验,感悟面积 1.仔细观察你发现了什么? 第一组　　　第二组　　　第三组	1.发现第一组长不变,宽变,面积变;第二组长变,宽不变,面积变;第三组长变,宽变,面积变。 2.初步感知面积大小与长宽有关。 评价标准: ①猜想合理正确(+1) ②结论正确(+1) ③语言表达准确精练(+1)
二、研学板块:改造经验,理解算法 1.每个小正方形的面积是 1 平方厘米。 (　)平方厘米　(　)平方厘米　(　)平方厘米 2.□面积是 1 平方分米。 (　)平方分米　(　)平方分米　(　)平方分米	1.通过数或算,理解面积单位的个数就是面积的大小。 2.在合作探究中得出长方形、正方形的面积与小正方体总个数的关系。即: 小正方形的总个数＝每行个数×行数 长方形的面积＝长×宽 正方形的面积＝边长×边长 评价标准: ①探究过程积极、方法合理(+1) ②结论正确(+1) ③验证合理(+1) ④语言表达准确精练(+1)

课题	长方形和正方形面积	课时	1

三、深学板块:合理猜想,提炼算法 	1. 用 $5 \times 4 = 20$(平方厘米)计算长方形的面积,用 $5 \times 5 = 25$(平方厘米)计算正方形的面积。 2. 抽象出长方形的面积$= a \times b$,正方形的面积$= a \times a$。 评价标准: ①猜想合理,计算正确(+1) ②语言表达准确精练(+1) ③有理有据得出正确公式(+1)
四、固学板块:学以致用,巩固方法 先计算面积,再计算周长,你有什么发现? 	1. 正确计算周长和面积。 2. 发现面积相同时,长和宽相差越大,周长越长;长和宽越接近,周长越短。 评价标准: ①面积计算正确(+1) ②周长计算正确(+1) ③有效表达自己的发现(+1) ④发现面积相同时,不同长、宽与周长之间的关系(+1)
五、拓学板块:沟通联系,提升思维 在下面方格纸中画 3 个周长为 12 厘米的长方形。如果有面积单位分别为 1 平方厘米、2 平方厘米、3 平方厘米的长方形,这 3 个图形可以用哪些面积单位测量? 	1. 正确画出 3 个图形。 2. 知道用面积为 1 平方厘米的正方形能测量这 3 个图形;面积为 2 平方厘米和 3 平方厘米的长方形分别只能测量其中 2 个图形。 评价标准: ①能正确画出 3 个图形(+1) ②知道不同图形可以选择多种不同的面积进行单位测量(+1) ③能有效表达自己的发现(+1) ④知道用不同单位测量同一图形,得到的面积相同(+1)

上述案例,五大板块最终指向进阶式目标达成,即感知面积大小与长和宽有

关,理解面积是由面积单位累积而成的,厘清长方形和正方形面积的计算方法,迁移运用解决问题。其间主要采用"直观数、半抽象数、度量数、用公式计算"等驱动性任务,设置挑战性学习活动,不断拓展学生的思维,如用小正方形的个数计算长方形面积,用 $a \times b$ 计算长方形面积,用 $a \times a$ 计算正方形面积,知道当面积相等时,周长不一定相等。其间持续跟进嵌入式评价,了解学生的学习状况,并在认知障碍处给予点拨、指导。在这个过程中,始终以"度量"为主线,不断推进"数学眼光、数学思维、数学表达"的渐进式培养过程,学生思维不断进阶,理解"一维线段的长度相乘等于二维图形的面积"所蕴含的意义,学生的度量意识及结构化思维得到培养,逐步实现素养导向下育人方式的变革。

第二节　学习进阶概述

《义务教育数学课程标准(2022年版)》提出,要"充分发挥核心素养导向的教学目标对教学过程的指导作用,在实现知识进阶的同时,体现核心素养的进阶",这是"进阶"这一概念首次出现在我国义务教育数学课程标准中。

学习进阶(英文简称LPS)又称学习进程,是美国国家研究理事会在2005年K-12年级科学成就测验政府工作报告中提出的,报告将"学习进阶"界定为"对学生在一定时间跨度内学习和探究某一主题时依次进阶、逐级深化的思维方式的描述"。通俗来说,"学习进阶"是在教学情境下描述学生能力从简单到复杂发展路径的认知模型,可以将之理解为一种学习序列,一种描述学生在各个阶段所遵循的连贯的、具有代表性的、由简单到复杂、由单一到综合的学习路径,能让学生的数学学习过程循序渐进、螺旋上升,并能优化学生的思维品质和认知品质。学生的学习进阶过程就像爬楼梯的过程,起点是学生在未接受教育之前的原有经验,终点是接受教育后所要达到的水平,中间过程类似于逐级上升的台阶,各个台阶象征着学生在不同的年龄阶段所能达到的不同水平。当前,通过学习进阶促进学生对核心概念的深度理解,帮助学生形成良好的知识结构,实现学以致用,提高学生解决问题的能力,已经成为课程改革的重要理念。

学习进阶的内涵

在学习进阶视角下思考"教什么、如何教"是落实"教学内容的结构化、单元整体教学设计"等课程实施要求的有效方式和路径,在教学时需要厘清教学内容的进阶关系,找到学生知识经验与核心素养方面的关键"升阶点",有依据地将学习内容进行整体设计,实现结构化教学,促进学生的发展。郭玉英等人认为,学生在学习和研究某一课题时,学习进阶可以用来描述学生的思维、理解和实践是怎样由简至繁、从低级到高级逐步进行的,这是一系列的能力发展过程。对于课程与教学而言,学习进阶的意义延续了对"应为学生设定怎样的学习路径"这一核心问题的探索,其中"进"描述的是学生的认知发展方向,"阶"指出了发展过程中的关键点,并提供了对应的解决方案。学习进阶,不仅指学习目标,还指学习样态,不仅是一种学习工具,还是一种学习内容,它的本质在于呈现学生通过较长的时间跨度,学习某一核心概念时所遵循的连贯的、逐步深入的学习路径。

一、学习进阶的组成要素

学习进阶一般包含 5 个组成要素:学习目标、进阶变量、成就水平、学习表现和评测工具。

1.学习目标

是学生学习一个阶段后想要达到的标准。比如"平均数"一课,学习起点为"平均数的计算水平",学习终点也就是学习目标为"平均数的统计意义理解水平",即培养学生数据分析观念这一核心素养。

2.进阶变量

是指核心概念以及基于核心概念的关键实践,通过追踪学生在这些维度上的发展可以了解其整体学习进程。

3.成就水平

在学习进阶所追踪的发展路径上存在多个相互关联的中间步骤或成就水平,它们反映了学生思维发展过程的普遍阶段。

4.学习表现

是处于不同发展层级的学生完成相应任务时的表现,要通过研制测量问卷和对学生进行访谈,明确处于特定理解水平的学生在完成某类任务时应有的表现。

5.评测工具

用于测评学生在预期进阶路径上的发展情况,是测评学生发展情况的工具。

二、学习进阶的特征

1.围绕核心概念建构知识体系

学习进阶的核心在于建构一个系统的核心概念体系。学习进阶也是某一知识点的知识结构由简到繁循序渐进的思维构建过程。学习进阶所研究的核心概念并不是一般的概念,而是指关键性的、重要的概念,随着学习的深入,学生能将这些概念整合、串联,形成一套完整、连贯的知识网络。

比如十进制计数法,它是日常使用最多的计数方法,在十进制中,相邻的计数单位之间的进率是10,它基于10个数字0—9,并采用了位值记数法,其中每个位值上的数字的权值是10的 n 次幂。对于整数部分,我们很容易理解它的十进制表示方式,每当数到9,再增加1就会变成10,就进到更高的计数单位。再看小数部分,它也可以看作是整数部分的延伸,只不过它的位值变成了10的负 n 次幂。例如,小数0.123,十分位上的1表示1个0.1(也就是 $\frac{1}{10}$),百分位上的2表示2个0.01(也就是 $\frac{2}{100}$),千分位上的3表示3个0.001(也就是 $\frac{3}{1000}$),加起来就是0.123。在小数学习中,虽然学生的现实起点已经远远超出教材的逻辑起点,但对小数意义的理解偏向于对数量的直观感受,尤其是对人民币的认识度很高,但对小数与十进制的关系理解有一定困难,比如画一条长0.7分米的线段,很多学生就难以理解、无法操作,究其原因:一方面学生还没有学习小数乘法,无法用 $0.7 \times 10 = 7$(厘米)来解答;另一方面学生对小数是十进分数的另一种表达方式不太清楚,也就没想到 0.7 分米 $= \frac{7}{10}$ 分米,即把1分米平均分成10份,取其中的7份就是7厘米。其实,小数的本质是分数的另一种表示形式,又是整数十进计数规则的反向迁移,但是学生对于从整数到小数的十进制计数法的衔接有一定难度,这就需要围绕"十进制计数法"这个核心概念,从数的整体性、一致性角度打通小数与整数的关系,由累积成10到细分成10份,帮助学生理解"十进"与"十分",着力支持学生充分感受十进制在另一个方向上的应用。在具体教学中可以借助2个计数器,通过学生熟悉的人民币单位来研究。让学生在计数器上拨出 3.86 元,当在个位上拨出 3 元后,学生发现 8 角和 6 分无法拨,这时就自然想到需要有比个位更小的数位,也就还需要一个计数器。接着再呈现另一个计数器,并贴上小数点以区分整数部分和小数部分,学生理解 8 角不到 1 元,就拨在小数点右面第一位即十分位,6 分又不到 1 角,就拨在小数点右面第二位即百分位,这样的教学为十进制计数法与小数衔接串联成一条线做准备,也让学生感悟到当整数无法准确表达一个数的时候,需要用小数,体现小数学习的必要性。然后再出示数位顺序表,把 3.86 元写在数位顺序表下面,学生很容易就理解元(个位)与角(十分位)之间的关系,因为 1 元=10 角,所以 1 就是 10 个十分之一,1 角=10 分,那么 1 个十分之一就是 10 个百分之一。同样道理,部分相邻长度单位间的进率是 10,1 米=10 分米,1 分米=10 厘米,也可以把米、分米、厘米分别对应在个位、十分位和百分位中,帮助学生理解 0.7 分米这一长度。引导学生思考 0.7 分米不到 1 分米,需要把 1 分米平均分成 10 份,取其中的 7 份,就是 7 厘米。这样借助学生熟悉的人民币单位和米制系统,学生很自然就能建立整数和小数之间的十进关系,理解把 1 平均分成 10 份,每份就是十分之一,把十分之一平均分成 10 份,每份就是百分之一,把百分之一平均分成 10 份,每份就是千分之一……反之,10 个千分之一是百分之一,10 个百分之一是十分之一,10 个十分之一就是 1。这样通过正反 2 个方面,帮助学生理解十进制计数法,既可以满十进一(十进),也可以把计数单位依次细分(十分),从而把十进制计数法从整数扩充到小数,促进学生对十进制计数法的认识与理解,达成对十进制计数法的学习进阶。板书见图 1-19。

数位顺序表

		整数部分				小数点	小数部分				
数位	……	万位	千位	百位	十位	个位		十分位	百分位	千分位	万分位	……
计数单位	……	万	千	百	十	一	·	十分之一	百分之一	千分之一	万分之一	……
						元 3 米	角 8 分米	分 6 厘米				

图 1-19 板书

2.以清晰的进阶目标串联学与教的路径

目标是学生数学学习的动力,是教学的原点和归宿。一般来说,目标的进阶是进阶式教学的主要方式,进阶式目标不仅能引导学生的数学学习不断进阶,也能为教师对学生进行进阶评价提供依据、条件和抓手。这里的目标进阶,不仅仅是指"此一课目标"与"彼一课目标"之间的学习进阶,更是指在同一课堂中,"目标"达成的进阶过程。《义务教育数学课程标准(2022年版)》明晰了学业质量标准,要根据核心素养发展水平,结合课程内容,整体刻画不同学段学生学业成就的具体表现特征,呈现学习进阶的各项标准。为达到这些要求,教师需要在单元学习、课时学习的过程中,设计拾级而上的进阶式学习任务,循着进阶式的学习目标设计递进式的问题并组织教学,引领学生进行挑战性学习,帮助学生搭建数学思考、探究的"脚手架",让学生始终带着问题进行积极自主的思考,由表及里,由浅入深。这样的学习能促进学生不断分析、理解数学问题,从而自我建构知识框架,形成逐步演进的思维序列、探究序列,促进学生数学探索的梯度发展,从而实现思维由低阶向高阶发展。

比如在"认识周长"一课中,教师明确"周"是测量对象,"长"是测量结果,它是图形与几何领域的一项重要学习内容。学生在学习周长之前已经认识了毫米、厘米、分米、米、千米这些长度单位,会测量线段的长,后续学生将进一步学习体积和面积。而周长、面积、体积的学习具有共性,它们都要经历概念的建立、比较方法的运用、测量工具的选择、测量单位的产生等。那么学生学习周长概念的困难在哪里呢?那就是容易混淆周长和面积。原因在于"面"长在周的里面,"周"长在面的外面,也就是说"面"和"周"是有机糅合在一起的,它们手拉手一同走进学生的数学世界,并且"面"是以绝对的优势影响了学生对"周"的认识。面对这样的困难,教学的对策是先引导学生从"面"中找到"周",感受周的存在,再帮助学生从平面图形中抽象出图形的"周",将处于弱势的、对学生学习有阻碍的"周"剥离出来。具体课时目标设计如下:(1)通过多种学习材料,借助找周长活动,感受"面"和"周"的区别,初步认识周长;(2)经历剥离围绕在平面图形一周的边线,探索图形的周长,积累测量周长的活动经验,直观感受一周的长度,建立周长概念;(3)感受化曲为直的数学思想方法,培养学生的量感和推理能力,发展空间观念。根据这3个目标,设计4大板块的学习。

第一,引学板块:激活经验,初识周长

1.说一说周长是什么,了解学生起点。

2.找一找周长在哪里,区分"面"和"周"。

(1)出示:书本封面、长方形、正方形、叶子、三角形、角。

提问:它们都有周长吗? 如果有,请画下来。

(2)找一找生活中物体或者图形的一周,相互说一说。

设计意图:在生活中,大多数学生对"一圈"与"一周"的概念还是比较容易找到和理解的。但是学生往往将"长度"与"面"混淆。所以,教学一开始就让学生在物体或图形中"画一周",目的是引导学生由实物表面周长的含义向平面图形扩展,特别是"角"图形的出现加深了学生对封闭图形的认识。整个环节在"找一周""辨周长"等多种数学学习活动中,努力将数学概念的"周长"与学生生活经验进行对接,让学生感受数学知识的应用价值,初步感知封闭图形一周的长度是周长。

第二,研学板块:改造经验,再识周长

1.剥一剥图形边线,建立"一周"的表象。

挑战:只用圆规你能把三角形三条边取下来吗?

(1)先独立思考,再和同桌交流,然后一位学生上讲台操作,全班观察。

(2)动手实践:选一个长方形或者正方形,把它的周长取下来画成线段。

要求先估计一下这个图形周长会有几厘米,再用圆规截取。

(3)同桌合作:测量叶子的周长。

2.量一量,线段叠加,验证猜想。

设计意图:引导学生剥离围绕在长方形、正方形、三角形、叶子等一周的边线,学生充分想象、估计、测量,直观感受一周的长度,打通"一周"和"周长"的关系,让看不见的"周"变得清晰可见,凸显概念的本质。并且通过用绳子围出边线,再将绳子拉直,直观看到叶子的周长剥离后就是一条线段,感悟化曲为直的方法,感受周长是由边线累加而成的,培养学生的度量意识,发展量感。

第三,固学板块:动手操作,计算周长

完成2022年人教版教材三年级上册第83页中的做一做。(见图1-20)

先量一量,再算出下面每个图形的周长各是多少。

图1-20 2022年人教版教材三年级上册第83页做一做

设计意图:再次感悟周长的概念,内化周长的本质就是长度单位的累加。

第四,拓学板块:对比联系,内化周长

2 只小蚂蚁从起点出发分别沿着①号和②号图形的边线跑,最后又回到起点,谁跑的路线长?(见图 1-21)

先独立思考想象,再和同桌交流,最后借助课件验证。

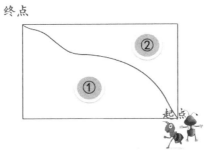

图 1-21　蚂蚁路线图

设计意图:通过创设情境,将数学概念与生活实际对接,感受数学知识在生活中的应用。同时,再次让学生直面"面"和"周",让学生在独立思考的过程中发展空间观念,在验证时再次借助课件让学生清晰看到边线剥离面的过程,同时感悟周长和面积的区别,培养学生的应用意识,发展他们的量感。

本节课通过 4 大板块的教学体现了以下 3 点:

一是充分尊重学生的认知结构。直面学生的学习困扰,通过多种学习活动,让"周"从"面"上剥离出来,帮助学生感悟周长是一维的线,周长的本质是单位的累加,并帮助学生认识周长,理解周长,内化周长概念。

二是充分把握教材的知识结构。把周长概念这节课作为面积和体积的种子课,深耕细作,帮助学生积累学习活动经验,为后续进一步学习面积和体积打下扎实的基础。

三是有效落实核心素养。在充分感悟、体验、猜想、验证中,发展学生的空间观念和推理意识,培养学生的量感和应用意识。

3.具有层级性并逐渐深化丰富

学习是一个由浅入深、由易到难的过程,学习进阶则体现为这个过程中的层级递进。随着学生对核心概念的深入理解和应用,他们的思维能力和解决问题的能力也在不断提高。当然,学生在学习过程中所处的认知发展水平的不同也导致了进阶的不同层次,也可以说这是学习进阶的脚踏点,学生在学习时每一阶段都形成了自身的认知体系,前一阶段的认知体系是后一阶段的基础,前一个阶段的终点也是后一个阶段的起点,各个阶段的学习都是循序渐进的,每个阶段都代表着一个新的认知水平,而在进阶阶段的起点和终点之间存在着若干个中间层次,主要取决于学生对基本概念的理解和应用水平的发展。学习进阶的初始点就是学生学习之前对知识经验的理解和掌握状态;学习进阶的最终点是期望所有学生在学习后都能达到学科课程标准的要求,甚至达到毕业的要求;学习进阶的评价基于学生的认知和思维发展,既注重终结性评价,也强调过程性评价。学习就像"爬楼梯",台阶与台阶之间都有一定的高度差,在这些高度差中会有一些学习上的迷失点,这就需要教师在教学中帮助学生将迷失点不断去除,帮助他们踩稳一级级脚踏点,最终在一个个连续的"阶"中将学习的起点和终点连接起来,达成学习进阶,见图1-22。学习进阶强调对思维路径的实证研究,教学中可通过记录和分析学生在学习过程中的思维活动,了解他们的学习方式和策略,揭示他们解决问题的思维过程和路径。这种实证研究不仅有助于教师更精准地把握学生的学习状态,更有助于为教学改进提供有力的证据支持。

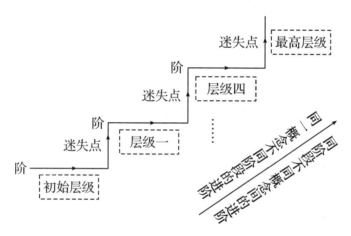

图1-22　学习进阶图式

比如估算,通俗地说就是"先估再算",是经过心算,以合理的猜测与估计代替精确的计算结果,是粗略得到问题合理答案的过程。估算教学的重要目标是培养学生在具体情境中运用估算解决问题的意识,从而引导学生主动根据情境进行直觉判断,自觉地运用估算解决无须精算或无法精算的问题。估算是一种高于精算的计算,相比精算更有思维含量。从表面上看,估算应当比准确计算简便、快捷,但在日常教学中,老师们明显感到估算教学比较费力,学生宁可准确计算也不愿意估算。原因在于用估算解决问题,往往需要根据实际情境,通过大估、小估把准确数看作接近的整十、整百、整千数等,然后再根据这些近似数进行计算,也就是先估后算,这里的近似数往往不是用四舍五入法、进一法和去尾法得到的,它们的获得没有具体可以操作的程序,而是需要根据实际问题情境具体分析,也就是说估算策略的选择与确定是受问题情境和问题目标制约的,同样的数据在不同的问题中,对其进行数据重塑的方式是不一样的,这就使学生在用估算解决问题时出现了"把握不准"的感觉,正因为这种"把握不准"的感觉,使得许多学生宁愿准确计算也不愿意估算。因为在计算的依据上,准确计算主要是依靠数字与数学运算符号,遵循一定的运算规则,按照一定的演算步骤进行计算,强调运算结果的唯一性、精确性;而估算却要根据实际情境体现计算策略的灵活性与创造性,解题过程中的思维含量远远高于准确计算。以 2022 年人教版小学教材为例,估算分别出现在下列内容中,见表 1-6。教材的安排就体现了学生对估算学习进阶的过程,从二年级第一次接触估算,到三年级的教材中比较多地编排了估算,到五年级小数乘法中出现的"妈妈带 100 元购买商品后,剩下的钱够买鸡蛋吗?"这一问题,估算教学已经到达了小学阶段的最高要求。五年级上册的教材中编排了 2 个问题"剩下的钱还够买一盒 10 元的鸡蛋吗? 还够买一盒 20 元的鸡蛋吗?"。前一个问题是估计所剩钱的下界,采用的是大估的方法,如果下界还能买就自然可以买;后一个问题是估计所剩钱的上界,采用的是小估的方法,如果上界不够买就自然不能买。我们知道估计下界,凑整的数不能高于原来的数,合适的用语是"不低于"或"至少";估计上界,凑整的数不能低于原来的数,合适的用语是"不超过"或"至多"。但是对学生来说,他们就拿捏不准,为什么同样的情境、同样的数据,一会儿要大估、一会儿要小估,在他们看来两者仅仅只是问题不同而已,为什么采用的估算策略会不同? 这就让学生感到很困惑,也就是在学习中出现了迷失点。五年级的估算还体现了估算多样化的应用,也就是在图形与几何领域的学习中也可以用估算解决问题。基于此,对估算,教师需要从实现估算育人的角度思考教学,不能将估算仅作为一种计算方法教授,其教学内涵还应包括培养估算意识、估算技能、估算能力、估算习惯,具体可以从 4 个方面入手:一是教师自身要深入理解、掌握估算本体论知识,掌握估算策略的多样性,明确估算手段和方法;二是要重视估算教学,不是把估算仅仅作为考试内容,而是想方设法创设估算情境,让学生产生估算需求,帮助学生理解"估算是什么、为什么学估算、如何使用估算"等;三是要建立估算与其他知识的联系,使学生能全方位地感受到估算的意义和作用;四是要把估算内化成算法策略,在教学中,要不断鼓励学生表述自己的思路和想法,优化估算方法,总结估算策略,使学生准确掌握并能合理运用。最终要让学生感悟到估算在学习和生活中的现实意义和内在价值,体会到估算的必要性和优越性,通过这样循序渐进、潜移默化的学习过程,不断培养学生的估算意识,提高学生的估算能力,达到估算学习的不断进阶。

表1-6　2022年版人教版教材估算例题教学内容整理表

分册	单元	页码	素材选择	特色方法
二年级下册	万以内数的认识	第94页	生活情境 (买炒锅和电吹风,500元够吗?)	把2种单价都往小估得到近似数,再与准确数比较
三年级上册	万以内的加法和减法(一)	第15页	生活情境 (学生同时看电影,坐得下吗?)	把学生数往小估得到近似数,再与准确数比较
	万以内的加法和减法(二)	第43页	生活情境 (妈妈买3样商品应准备多少钱?)	与收银员应收钱比较,体会灵活选择合适计算策略解决问题
	多位数乘一位数	第70页	生活情境 (学生买门票的钱够吗?)	把因数看成和它接近的整十数,得到近似数进行计算;第一次引入"≈"
三年级下册	除数是一位数的除法	第13页	生活情境 (李叔叔平均每天大约骑行多少米?)	明确"大约"不需要准确计算,可以估算
		第30页	生活情境 (20个纸箱够装吗?)	把数据看成和它接近的整十数,得到近似数再进行计算
	两位数乘两位数	第43页	生活情境 (一共需要多少盒酸奶?)	在笔算得出准确结果前先估算,得到近似数,再判断准确结果比估算结果大还是小
四年级上册	三位数乘两位数	第47页	生活情境 (李叔叔从某城市乘火车到北京经过了多少千米?)	在笔算得出准确结果前先估算,得到近似数,再笔算
五年级上册	小数乘法	第15页	生活情境 (妈妈带100元购买商品后,剩下的钱够买鸡蛋吗?)	通过2个小朋友估算得到的结果,明确这样的问题可以用估算解决
	多边形的面积	第98页	借助方格图估算叶子的面积	估算不规则图形的面积

学习进阶对课堂教学的实践意义

　　教育专家季清华教授提出的 ICAP 深度学习框架,主要内容是:学生在思维层级上普遍有从低阶向高阶逐步发展的特征。在思维结构上,表现为从单点向多点、由多点再向关联、由关联再向拓展抽象的进阶;在思维方式上,表现为由形象到抽象、由线性到非线性的转变。其思维进阶的过程表现为迁移应用、要素转换、时空转换的发展过程。在思维品质上,需要学生的思维在深刻性、广阔性、敏捷性、灵活性、批判性和创新性上不断进阶,表现出思维的速度和质量上的不断变化。明确了这样的理念,同时也清楚学生已有的认知水平对新知识的学习有非常重要的作用,因此教学设计时,在针对某一核心概念进行教学前,如果能够做适当的学情调查,制作出进阶水平量表,然后依此进行更加合理的教学设计,不仅能够避免前概念带来的问题,还能针对错误的前概念设计相应的教学内容,并根据进阶层次,逐层设计教学内容,而非单一地按照教材上的知识点顺序安排教学,这样更符合学生的认知发展规律。

一、有助于进行单元整体教学设计

　　2022 年人教版教材四年级上册第三单元编排了"角的度量",这单元的中心词是"角",学生要理解的概念是"线段、直线、射线以及各类角",掌握的技能是"量角和画角",辅助工具是"量角器"。在教学后发现,同样是借助量角器辅助学习,学生很容易掌握画角,但是量角的错误率却非常高。原因何在?虽说教材把画角放在量角之后,画角会相对容易,但是更主要的原因还在于画角操作起来相对容易,通过"定线、定点、连线"3 个步骤,就能完成。而量角错误率为什么会高?一是学生第一次接触量角器,在 40 分钟的一节课上,教师往往简单告诉学生量角器的结构,然后重点教学用量角器量角,学生被动接受量角器,对量角器的结构理解不清,导致在使用量角器量角时出现错误;二是在具体测量时对于内圈和外圈刻度的数据读取容易出错[见图 1-23(a)],即使量角器位置摆放准确,有一些学生还是不清楚到底是读 50°,还是读 130°;三是在具体测量中对于平面图形中的一部分角,量角器摆放位置不准[见图 1-23(b)],明明要测量的角在下方,而学生摆放后量角器的刻度却在上方,并且不知道该怎样调整量角器进行准确测量。基于以上分析发现,要突破这一难点,认识量角器、准确使用量角器是关键,那么在学习量角之前,用整整一课时的时间让教师组织学生探究认识量角器,理解量角器设计的原理就很有必要。

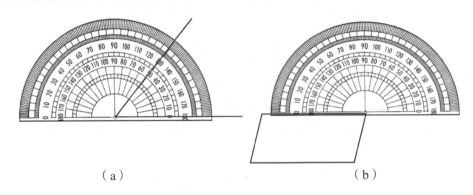

（a）   （b）

图 1-23　用量角器测量角的错误操作方法

因此,把"角的度量"单元的教学进行如下整合:线段、直线、射线—探秘量角器—画角、量角—角的分类—探究三角板中的角。整合后的教学与原先的课时数相同,并且第一节课和第四节课保持不变。调整的内容是:用第二节课整整一课时的时间来让学生探究认识量角器,并且采用问题驱动的方式,通过自主探究和合作学习,让学生完全掌握量角器的结构。有了对量角器的深入理解,第三节课先学习相对容易掌握的画角,并且在画角时让学生从多角度先画一条射线,再画出指定度数的角,帮助学生理解外圈和内圈刻度各自的适用场景,体会量角器的摆放不同,画出来的角朝向也会不同。然后再学习量角。这样的安排有利于学生在量角时面对不同的角可以更加精准地摆放量角器,准确读出角的度数。第五节课探究三角板中的角,包括三角板各个角的度数以及 2 块三角板可以组合成哪些度数的角。见表 1-7。

表 1-7　"角的度量"教材内容优化前后对比

课时	教材内容安排	优化后教学内容安排
1	线段、直线、射线、角	线段、直线、射线、角
2	量角	认识量角器
3	画角	画角、量角
4	角的分类	角的分类
5	单元练习	探究三角板中的角

对"角的度量"单元内容进行整合后,设计素养导向下的单元整体设计表,采

用顾泠沅教授提出的 4 个水平层次架构体现学生的思维进阶要求,即:水平 1,计算——操作性记忆水平;水平 2,概念——概念性记忆水平;水平 3,领会——说明性理解水平;水平 4,分析——探究性理解水平。其中,水平 1、2 为记忆水平,属于较低的认知水平;水平 3、4 为理解水平,属于较高的认知水平,水平 4(探究性理解水平)通常被称作高认知水平。在教学中,要让学生不断经历观察、猜想、推理、交流、反思等数学活动,促进学生思维不断进阶,逐渐实现从知识学习转向素养提升的目标,具体进阶层级的设置按照学习内容具体设定,每课时的素养导向的目标、结构化教学以及思维进阶具体内容见表 1-8。

表 1-8 "角的度量"优化后素养导向下的单元整体设计表

教学内容	素养导向的目标	结构化教学	思维进阶
线段、直线、射线、角	1.进一步认识线段,认识直线和射线,知道三者各自的特点,以及联系与区别。 2.认识角和角的表示方法,知道角的各部分名称。 3.培养学生的空间观念、结构化思维能力、抽象能力、有序思考及表达能力	1.小组合作:认识线段、直线、射线,知道它们的区别。(教学结构) | 名称	形状	端点	测量	延伸 | |---|---|---|---|---| | 线段 | 直的 | 2 | 可以 | 不能 | | 直线 | 直的 | 0 | 不能 | 两端 | | 射线 | 直的 | 1 | 不能 | 一端 | 2.独立思考:找一找图中有哪些线。(教学结构) A————————B 3.认识角,理解角的含义。(教学结构) 4.自主尝试:画一画、数一数线段、直线、射线。(运用结构) (1)过一点能画几条直线、射线? (2)过两点能画几条直线? (3)数一数: ( )条线段 ( )条直线 ( )条射线	进阶 1:认识线段、直线、射线,并知道它们各自的特点,处于概念性记忆水平。 进阶 2:在图中找到线段、直线和射线,并且理解线段是直线的一部分,理解射线 AB 和射线 BA 的不同,处于说明性理解水平。 进阶 3:能运用所学知识解决问题,达到探究性理解水平

教学内容	素养导向的目标	结构化教学	思维进阶
探秘量角器	1. 通过质疑、观察、思考、交流等活动，创造量角工具，并探究量角器的结构。 2. 在探究量角器的过程中，培养学生发现问题、提出问题、分析问题、解决问题的能力。 3. 培养学生的观察、质疑及思辨能力，提升结构化思维能力，发展量感及推理意识	1. 质疑：要知道一个角的度数，能用尺子来测量吗？引出创造量角工具的必要性。（教学结构） 2. 小组合作，探究创造量角的工具。（教学结构） 3. 独立学习： (1)观察量角器，你知道了什么？ (2)你不明白什么？把你的问题记录下来。（教学结构） 4. 合作学习： 小组内分享自己学习结果，交流各自的问题，并收集整理小组共性问题。（教学结构） 5. 全班交流：量角器大揭秘（教学结构）	进阶1:通过自主学习、合作学习，达到概念性记忆水平。 进阶2:在全班交流的过程中认识并理解量角器的构造特点，以及尝试用量角器解决问题，处于说明性理解水平
画角、量角	1. 掌握画角及量角的方法，能正确画角、量角，同时提升学生的操作能力及读图能力。 2. 明确画角与量角的关系，培养学生的结构化思维。 3. 发展学生的空间观念、数感、量感及推理意识	1. 自主尝试：分别画出 75°、100° 和 165° 的角。（运用结构） 2. 归纳画角的方法。 3. 量出下面角的度数。（运用结构） 4. 归纳量角的方法。 5. 量一量下面的角各是多少度。（运用结构） ∠1=＿＿ ∠2=＿＿ ∠3=＿＿ ∠4=＿＿ ∠5=＿＿ 6. 交流讨论：比较画角和量角的异同	进阶1:通过自主探究尝试画角，归纳出"定线、定点、连线"三个步骤，处于操作性记忆水平。 进阶2:根据不同位置的角，正确摆放量角器并读出内圈或外圈的度数，处于概念性记忆水平。 进阶3:量出六边形或五角星中的角，角的测量难度增加，需要学生灵活摆放量角器的位置以及正确读出度数，处于说明性理解水平

续　表

教学内容	素养导向的目标	结构化教学	思维进阶
角的分类	1.知道直角、平角和周角的度数,以及锐角和钝角的范围,能区分并理解各类角的关系。 2.经历认识角的形成的动态过程,观察各类角的具体表现,发展抽象能力。 3.培养学生的探究能力、推理意识,发展量感,提升结构化思维能力	1.小组合作:借助活动角找一找有哪些角,并说一说角是怎样形成的。(教学结构) 2.想一想:锐角、直角、钝角、平角、周角分别是几度?(教学结构) 3.说一说:锐角、直角、钝角、平角、周角的关系。(运用结构) 4.小组合作:研究钟面上的角。(运用结构)	进阶1:借助活动角找角,处于操作性记忆水平。 进阶2:理解5种角的度数以及它们之间的关系,处于概念性记忆水平。 进阶3:根据已有角的认识经验,研究钟面上的角,处于说明性理解水平
探究三角板中的角	1.通过测量,知道三角板中各个角的度数。 2.能利用一副三角板,采用相加或相减的方式画出不同角度的角。 3.在探究画角的过程中培养学生的操作能力、有序思考能力、量感、推理意识及结构化思维能力,提升学生思维品质	1.自主尝试:量一量三角板中各个角的度数。(教学结构) 2.小组合作:用一副三角板能拼出哪些度数的角?要求有序思考。(运用结构) 3.独立探究:用一副三角板画出下面度数的角。(保留画图痕迹) 15°、105°、165° (运用结构) 4.合作学习:选择合适的方式画角。(思考:除量角器外,是否可以用三角板或折纸来画?) 10°、45°、105°、120°、180° (运用结构)	进阶1:量三角板中各个角的度数,处于操作性记忆水平。 进阶2:通过有序思考,用一副三角板拼出不同度数的角,处于概念性记忆水平。 进阶3:用一副三角板画指定度数的角,处于说明性理解水平。 进阶4:选择合适的方式画角,特别是通过折纸画角,处于探究性理解水平

对单元内容进行整合后,以"探秘量角器"这节课为例,又该作怎样的思考与分析呢?可以从以下六方面思考,便于更好地展开教学设计。

1.对应的核心素养及具体表现

量角器是"度量角度"的工具。"角的度量"属于图形与几何领域"图形的认识与测量"中的内容,是学生在初步认识角的基础上进行学习的,是学生后续学习"画角""角的分类"等内容的基础。"角的度量"的核心内容是用量角器度量角的度数,它所对应的核心素养是"量感"。《义务教育数学课程标准(2022 年版)》中指出:量感主要是指对事物的可测量属性及大小关系的直观感知。量感可分为感性的量感、理性的量感与辨析的量感这 3 个依次递进的水平。"角的度量"的重点是确定角的大小,在"角的度量"教学中,学生需要在实际情境中感悟角的可测量属性,经历统一角的度量单位(1°角)的过程,理解统一角的度量单位的必要性,明确测量工具(量角器)的作用与意义,初步感悟直观经验的局限性和测量工具的重要性。具体表现为:(1)看到一个角能够自主想到用直尺无法度量,而需要用新的度量工具,并能够思考度量工具形态;(2)能够对一个角的度数具有直观感觉,并能进行对角度的大致推断;(3)能够识别出测量角的本质属性,并"创造"或选择合适的单位和工具进行计量;(4)初步感知量角引起的误差,能合理得到或估计度量的结果。

2.核心素养的水平层次框架

看到一个角,学生会思考用先前已经知道的测量工具,如尺、小正方形等能测量出角的大小吗?进一步思考后学生发现必须用新的工具来测量角,并且角是有弧度的,难以用方方的或者长长的工具测量。基于此,探秘量角器的量感水平层次就分为以下 4 个层次,见表1-9。

表 1-9 探秘量角器的量感水平层次

水平层次	包含的内容要素	具体描述
水平 1	产生新的测量工具的需要	初步感知笔直的尺子没法量出各种弧度的角,体会创造量角工具的必要性
水平 2	创造量角工具	回忆长度测量工具尺子、面积度量工具方格纸的产生,初步体会度量的本质"包含多少个计量单位",小组合作、交流讨论,初步研究出测量角的工具的形态
水平 3	观察量角器	把看明白的和不理解的部分记录下来
水平 4	揭秘量角器	交流分享观察到的量角器的结构,对看不懂的内容请他人帮助解答,完全理解量角器的构造以及量角原理

3."量感"在"探秘量角器"中的具体表现

(1)知道度量的意义,能够理解统一度量单位的必要性。

受长度和面积学习经验的影响,学生初步具有度量概念,也知道统一度量单位的必要性。由此推断,要测量角的大小,必须有统一的角的度量单位,而先前的尺和方格不适合度量角,因此理解了创造量角工具的必要性。

(2)创造量角工具,体会角的大小就是包含了多少个度量单位。

角的度量不仅仅让学生能够利用量角器正确测量出角的度数,更重要的在于体会与理解"角的大小就是包含了多少个度量单位",从而与长度就是"长度单位的总和",面积的大小就是"面积单位的总和"保持一致,这也为后续研究体积的计算打下基础。基于此,学生识别度量的本质属性,并"创造"或选择合适的单位和工具,再进行测量。他们在创造量角工具的过程中,能够与同伴交流、合作,不断明确角的最基本的单位为1°角,这些1°角的不断累积就能形成一个大角。

(3)感受不同度量工具和方法引起的误差,能合理得到或估计度量的结果。

建立角的度量是将一个待测量和一个标准量(单位)进行比较,标准量的个数就是度量的结果,度量单位是度量的核心,实际操作方法是测量。

4.前测设计、实施及评测分析

(1)前测设计

学生有了用尺测量长度以及用小正方形测量面积的学习经验,那么他们有怎样的测量角度的学习经验呢? 能否从先前的测量学习中迁移出新的学习经验? 探秘量角器的前测水平分为以下 4 个层次,见表 1-10。前测题见表 1-11。

表 1-10　探秘量角器前测水平层次

水平层次	包含的内容要素	具体描述
水平 1	比较两个角的大小	能用观察法或者重叠法比较 2 个角的大小
水平 2	区别角与线段	知道线段是直的,可以用尺量,而角是有弧度的,需要用小弧度(小角)累积
水平 3	选择测量工具	知道用直尺、小正方形、三角尺无法测量角,需要新的测量工具
水平 4	创造量角工具	知道工具是量角器,或者自己"创造"名称,并能简单画出

表 1-11 探秘量角器前测题

1. 想一想，填一填：

(1) 想知道这 2 个角谁大谁小，你准备怎么比较？

(2) 如果要准确知道这 2 个角相差多少度，你会用什么方法？

2. 写一写：

你觉得量一条线段的长度与量一个角的度数的区别在哪里？

3. 选一选：

要知道这个角的大小，你准备用什么工具测量？（   ）

A.

B. ▢

C.

D. 其他

4. 画一画或写一写：

(1) 如果让你创造一个量角工具，你会给它起什么名？（   ）。

(2) 请把你创造的量角工具画出来，或者用文字表述一下。

（2）前测实施

前测选了三年级 2 个班级 76 名学生，给定的时间是 15 分钟。

（3）前测分析

测试结束一共收回 76 份有效卷，统计结果见表 1-12。

表 1-12 探秘量角器前测题结果汇总

项目	第1题		第2题	第3题	第4题	
	(1)	(2)			(1)	(2)
正确人数	62	30	28	16	27	20
正确率	81.6%	39.5%	36.8%	21.1%	35.5%	26.3%

说明：第 4 题中的第(1)小题，正确率 35.5%是指准确写出"量角器"这个名称的学生的占比。

分析数据发现：

第 1 题：第(1)小题给出 2 个角，怎样比较它们的大小正确率最高，达到 81.6%，回答正确的学生普遍使用的方法是重叠法，或者观察 2 个角张开的大小就能比较出 2 个角的大小,说明学生先前的学习经验或者学习方法的掌握总体比较好。第(2)小题用什么方法准确知道这 2 个角相差多少度答对的学生使用的方法是用量角器分别测量出这 2 个角的度数,再相减,而大多数学生无法准确说明比较方法。

第 2 题:让学生说出量线段与量角度的区别,正确率是 36.8%,说明还是有大部分学生不理解线段与角的区别,他们没有一维的线和二维的面的概念,量感体验也不深刻。

第 3 题:让学生选择工具测量角的大小,这题正确率最低,只有 21.1%。在这 4 个选项中,认为可以用尺子测量的同学占 3.9%,认为可以用小正方形测量的同学占 2.6%,选择用三角尺测量的同学占 68%,选择其他的同学占 21.1%。从中可以得出以下结论:一是有 6.5% 的学生认为测量角,还可以用原先的直尺或者小正方形进行测量,说明这些学生对角的大小理解不够,错误地认为可以用原有的测量工具来测量角;二是有 93.5% 的学生能够意识到角的测量与线段和面积的测量不同,知道不能用直尺和小正方形来测量角,但是学生量感的建立依然不够,还是有 72.4% 的学生选择用三角尺来测量角的大小,通过访谈了解到,这些学生认为角是尖尖的,而三角板上也有尖尖的角,因此可以用三角板来测量角的大小;四是有 21.1% 的学生知道直尺、小正方形和三角尺都不能用来测量角的度数,因此他们选择了其他,访谈发现,这些学生基本通过自己学习、家长告知等方式看到过量角器,但是也有一些学生并不知道量角器,只是凭直觉知道前面的三样工具都无法测量这个角的角度,需要用新的测量工具。

第 4 题:第(1)小题有 35.5% 的学生知道量角的工具叫量角器,还有 23.7% 的同学虽然不是用"量角器"这个词来命名,但是起的名字也非常有道理,已经有量角器的味道,如"加强量角器 10.0""风火轮量角器""量角小能手""精准量角度""多功能量角器""专用量角器""测角器""高科技全自动量角器""量角神器""量角就选我"等,可见学生目标指向非常明确,他们所命名的测量工具就是用来准确测量角度的。第(2)小题让学生自主创造量角工具,学生的创作能力非常强,有 26.3% 的学生能感觉到测量各种弧度的角,测量工具也需要有各种弧度,因此就创造了非常有意思的各种量角工具,但是也有学生没有头绪,具体见图 1-24。

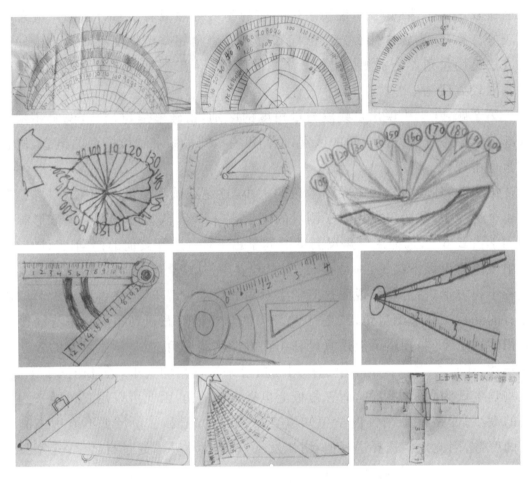

图 1-24　学生创造的量角器

观察图 1-24 发现:以第一行 3 幅图为代表,这类学生先前已经见到过量角器,或者已经自主学习研究过量角器,他们画的量角器非常接近学生使用的量角器;以第二行 3 幅图为代表,这些学生虽然没有见到过量角器,但是他们对角度的度量有自己的理解,想到需要用有弧度的刻度来测量角;画出第三、四行 6 幅图的学生,他们知道角是有弧度的,所以借助先前使用尺子的学习经验,去创造心中的量角器,并且创造的量角工具已接近量角器的样子,最后一幅图虽然学生画出来的是摆放成直角的 2 把尺子,但是他有旁注,即"上面的尺子可以 360°旋转",可见在学生朦胧的意识中,他们会观察角的样子,也知道量角是测量角两边张开的角度,需要用符合角的样子的工具来测量。

5.明确学习路径

角的度量不仅仅在于让学生能够利用量角器正确测量出角的度数,更重要的在于让学生体会与理解"角的大小就是包含了多少个度量单位",并"创造"或选择合适的单位和工具,再进行测量。设置的学习路径如下:创造量角工具—展示量角工具—研究量角器的结构—自主量角。

6.设计学习任务

(1)探究创造量角器。学生在创造量角工具的过程中,能够通过同伴间的交流、合作,厘清角度的概念,知道测量角需要一个个小角,也就是角的最本质的单位是1°角,多个1°角的不断累积就能量出一个大角,有了这个认识,再通过小组合作创造量角器。这个环节的设置既能培养、发展学生的量感,又能让学生体会与区别角的度量与长度和面积测量的区别。

(2)研究量角器的结构。各个小组会有不同的创造与表达,在多个小组呈现结果后,提出核心问题,即这些量角工具的共同点在哪里? 还可以怎样改进? 在小组不断补充、修正后,再出示量角器,然后4人小组观察量角器,研究量角器,同时思考2个问题:你们看懂了什么? 哪些看不懂? 带着这样的2个问题,全班再交流、质疑、辨析、补充,直至大家完全理解量角器的构造。

(3)自主尝试量角。在量角的过程中进一步理解量角器的设计原理,在遇到困难时,寻求同伴帮助。

"探秘量角器"的学习任务设计见图1-25。

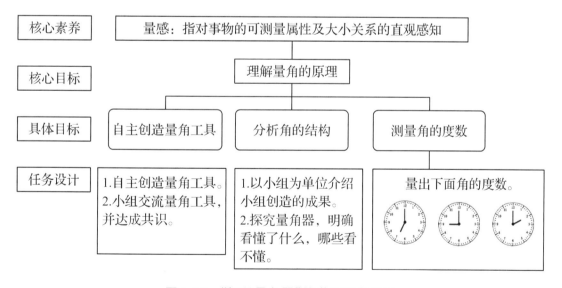

图1-25 "探秘量角器"的学习任务设计

二、有助于整体把握核心概念的迁移

小学数学教学中的核心概念是指能够实现知识连贯,并在知识结构中处于学科中心地位或关键节点的,能帮助学生理解和解释更复杂的数学知识的概念。小学数学中核心概念教学的目标是培养学生的数学思维能力和解决问题的能力,只有学生理解和掌握了核心概念,才能够建立起数学思维的框架,进而深入理解和应用数学知识。核心概念是学生学习数学的基础,对教师的教学设计和学生的知识内化都有十分重要的意义,通过核心概念的引导,学生能够理解不同概念之间的关系,形成知识网络,提高学习效率。小学数学核心概念有以下 3 个特征:一是具有基础性和成长性,学生在学好核心概念后,能够更好地了解其他概念,理解其他新知识,并逐渐形成更加完善的知识结构;二是具有本质性和联系性,通过与其他概念的关联,能促进学生形成网络化的知识结构,以降低学习难度;三是具有科学性和丰富性,核心概念本身反映的是学科知识体系中最本质的特征,学生只有在掌握核心概念多层含义的基础上,才能准确把握其内涵与外延,从而顺利迁移与应用。在小学数学教学中,应将核心概念贯穿于各个年级的相关知识点的教学中,引导学生实现知识的渗透、迁移。学生如若没能掌握核心概念,将会造成思维混乱,无法迁移学习经验。

如乘法分配律,2022 年人教版教材编排在四年级下册第三单元,后续在五年级小数的学习中,乘法分配律将作为学生自主迁移的一个内容进一步学习。但是在学生的学习中,乘法分配律始终是一个难点,学生掌握得不扎实。在教学中,教师往往通过具体生活情境引入,如"课桌每张 186 元,椅子每把 114 元,光明小学订购了 61 套这样的桌椅,一共要花多少钱?"。学生在解决问题时发现同一个问题 2 种解决方法的 2 种算式可以用等号连接,然后在观察、比较中发现等号左右两边算式的区别与联系,再通过举大量类似的例子,最后可以建模出 $(a+b)\times c=a\times c+b\times c$,从而得出乘法分配律,即两个数的和与一个数相乘,可以先把它们与这个数分别相乘,再相加。教师在教学中感觉学生都学得不错,但是习题一做,问题就来了,而且随着题型的变化,学生的错误越来越多,有些学生甚至做类似的题目也一错再错,怎么也纠正不过来。究其原因还是对乘法分配律这个核心概念没有理解,没能有效建模。那么教师该怎样帮助学生有效建立核心概念,促进学生顺利迁移呢?

1.厘清错误类型

(1)受数干扰,拆数错误。

$102×99$

$=(102-2)×(100-1)$

$=10200-2$

$=10198$

(2)拆数正确,但意义理解不清。

$45×99$

$=45×100-1$

$=4500-1$

$=4499$

(3)无法准确表达几个几,计算无从下手。

$887×25-87×25$

(4)与乘法结合律混淆。

$125×(8×4)$ $125×(8+5)$

$=(125×8)×(125×4)$ $=125×8+5$

$=1000×500$ $=1000+5$

$=500000$ $=1005$

以上这些题是乘法分配律公式运用的基本题,而变式题 $99×99+99$、$25×17+75$、$19×125-5×125-6×125$ 等,学生出错的概率更高,如计算 $333×774+113×666$,学生根本就无从下手。原因何在?

2.思考错误原因

(1)从学习内容本身思考。虽然利用乘法分配律进行简便运算,是小学阶段一个最常用的简算类型,但它既是简算的重点,也是简算的难点,在分数、小数、百分数甚至除法的运算中都会用到。四年级学生虽然仅仅用到最基本的内容,但由于它本身比较抽象,且变换的形式比较多,对抽象能力较弱、建模能力不强且对乘法分配律的意义没有真正内化的学生来说这就是一个很难理解的概念,学生容易混淆。

(2)从学生自身分析。四年级学生的思维已由形象思维过渡到抽象思维,但他们的抽象能力、推理意识与建模能力都还不强,面对乘法分配律的各种变化形式,数感弱的学生无法准确抓住各数的特点,去发现各数间内在的联系,并把这些联系与乘法分配律公式有效联结,无法找到其最本质的属性,也就无法顺利简算。

(3)从学习材料负迁移分析。在上面错误中,乘法分配律与乘法结合律混淆的错误较多。原因在于乘法分配律和结合律这 2 个公式有相似之处,学生并没有真正理解每个公式所表示的深刻内涵,又对乘法结合律的公式$(a×b)×c=a×(b×c)$先入为主,在运用乘法结合律进行简算时,比较多的会用到 $125×8=1000$ 和 $25×4=100$ 这 2 个算式,如下面 2 题,但是一旦学习了乘法分配律,那就容易出现乘法分配律与乘法结合律混淆的错误。

$125×(7×8)$

$=125×8×7$

$=1000×7$

$=7000$

$32×125×25$

$=(4×8)×125×25$

$=(125×8)×(25×4)$

$=1000×100$

$=100000$

3.改进教学措施

模型意识作为《义务教育数学课程标准(2022 年版)》中的一个核心素养,十分重要。在小学阶段,"模型意识"既要感悟"模型"的含义,又要知道"数学模型可以用来解决一类问题,是数学应用的基本途径"。一方面,需要强调"建模"的过程,让学生认识到现实生活中大量的问题都与数学有关,能有意识地用数学的概念与方法予以解释;另一方面也应引导学生利用模型解决生活中的实际问题。乘法分配律,顾名思义,"分"表示分别算,"配"表示配套(组)算,通过这样的解释先让学生从规律层面对乘法分配律的"形式"进行理解,再从具体层面对乘法分配律的"内涵"进行理解。

(1)借助乘法的意义理解核心概念。虽然从生活实例的研究中得出了乘法分配律的字母公式,在教学中老师感觉水到渠成,学生学起来也很容易,但是脱离了具体的语言环境,抽象的字母公式$(a+b)×c=a×c+b×c$并没有在学生脑中留下深刻印象。因此在例题教学,如上面的买桌椅的问题中,对于 $186×61$、$114×61$、$(186+114)×61$ 这 3 个算式,最终应让学生能说出"分别表示 186 个 61、114 个 61,把这两者加起来就是$(186+114)$个 61,即 300 个 61"。接着再出示相关习题,重点让学生辨别乘法算式的 2 种表示法,在理解乘法分配律时要把不同的数作为个数,相同的数作为 2 个算式的共同因数,如将 $57×99+57×1$ 理解成 99 个 57 加 1 个 57 是$(1+99)$个 57,将 $56×64+44×64$ 理解成 56 个 64 加 44 个 64 是$(56+44)$个 64。当学生对它的外形有深刻印象后,可以出一些题,让学生理解乘法分配律的变化形式,如 $99 \times 99 + 99$,观察这个算式,可以把 99 改成 99×1,即 $99 \times 99 + 99 \times 1$,那么 99 个 99 加上 1 个 99,自然变成 $(99+1) \times 99$,马上就算出 9900 了。同理,如 $887 \times 25 - 87 \times 25$,学生能说出 887 个 25 减去 87 个 25,就是 800 个 25,马上就能得出正确结果了。接着出示算式 $25 \times 17 + 75$,让学生寻找该算式与公式间的联系,学生就能发现 75 必须用一个算式来表示,但又不能用 75×1 来表示,在交流探讨中发现可以把 75 改写成 25×3 的形式,既没改变大小,又符合公式的外形,即 $25 \times 17 + 75 = 25 \times 17 + 25 \times 3$,表示 17 个 25 加 3 个 25,得到 20 个 25。

最后再出示 $25 \times (26 \times 4)$ 进行辨析,学生发现无法用几个几加(减)几个几的形式表达,从而通过乘法意义的核心概念帮助学生清晰形成乘法分配律的核心概念。

(2)利用数形结合加深概念理解。中国著名数学家华罗庚曾说过:"数形结合百般好,隔离分家万事休。"数形结合是数学中的一个基本且重要的思想方法,它涉及数与形之间的对应关系和相互转化。数和形是数学研究的 2 个主要对象,它们之间存在着密切的联系,数形结合的思想方法可以将抽象的数学语言和数量关系与直观的几何图形和位置关系结合起来,从而简化复杂问题,使抽象概念更加具体。作为一种数学思想方法,数形结合的应用大致又可分为 2 种情形,或者借助于数的精确性来阐明形的某些属性,或者借助形的几何直观性来阐明数之间某种关系。第一种情形是"以数解形",而第二种情形是"以形助数",即抽象思维与形象思维的结合,使复杂问题简单化,抽象问题具体化,从而实现优化解题途径的目的。对于抽象的乘法分配律的公式,数形结合也是一种好方法,能帮助学生真正理解它的内涵。如出示长方形(见图 1-26),请学生计算周长。板书呈现了 2 种方法。方法一:$21 \times 2 = 42$(厘米),$13 \times 2 = 26$(厘米),$42 + 26 = 68$(厘米)。方法二:$(21+13) \times 2 = 68$(厘米)。学生发现 $21 \times 2 + 13 \times 2 = (21+13) \times 2$,再从乘法的意义与周长的意义 2 个方面解释这个算式,即 21 个 2 加 13 个 2 $= (21+13)$ 个 2,或者说 2 条长边加 2 条宽边的和可以看作 2 组(长+宽)。

13厘米

21厘米

图 1-26 长方形

接着再出示图 1-27，要求学生计算大长方形的面积，板书呈现了 2 种方法。方法一：$8×6+15×6=138$（平方厘米）。方法二：$(8+15)×6=138$（平方厘米）。再次得出 $8×6+15×6=(8+15)×6$。同样道理，学生从乘法意义与面积意义 2 个方面解释算理，即 8 个 6 加 15 个 6＝(8＋15)个 6，或者说 2 个小长方形的面积之和就是大长方形的面积，在计算中可以分别算出 2 个小长方形的面积再相加，也可以用先算出大长方形的长再乘宽算出面积。

图 1-27 大长方形

最后请学生用字母公式表示，大长方形（见图 1-28）被分成了左右 2 个小长方形，左边小长方形的面积为 $a×c$，右边小长方形的面积为 $b×c$，大长方形的长为 $(a+b)$，宽为 c，所以，大长方形的面积为 $(a+b)×c$，即 $(a+b)×c=a×c+b×c$，与乘法分配律一致。

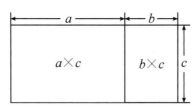

图 1-28 大长方形

通过这样与学生熟悉的周长与面积的联结，抽象的乘法分配律的意义在数形结合中变得生动，学生对其理解也更深入。

(3)通过归类比较深化练习。任何内容，要想使学生牢固掌握，必须配有一定量的练习，而且练习的设计要有针对性，特别是针对学生错误率较高的类型，要加强比较与练习。不妨出下面一些题目：

①$125×(80+8)$　　②$37×22-30×22$　　③$79×101$　　④$39×98$

⑤$84×31-84$　　⑥$125×32$　　⑦$32×125×25$　　⑧$125×88$

⑨$83×49+56×49-39×49$　　　　⑩$38×7+31×14$

其中第①、②两题是公式运用的基本题，一题是从公式的左边变到右边，另一题则反之；第③、④两题又是一类，在具体计算过程中，需要把其中一个因数拆成两数之和或两数之差的形式，便于计算；第⑤题把一个因数改写为"某数乘1"

的形式后,就符合公式右边的形式;第⑥、⑦两题又是同一类题,只要把其中一个因数拆成两数相乘的形式后,就变成了连乘的形式,符合乘法结合律;第⑧题可以让学生用不同的方法进行计算,反馈后发现学生用得比较多的是以下 2 种方法,对这 2 种方法,教师要花大力气进行比较数学,让学生在对比、联系中进一步理解乘法分配律和结合律所表示的真正含义,以便在碰到类似的简便计算时能正确计算。

$$
\begin{aligned}
& 125 \times 88 \\
& = 125 \times 8 \times 11 \\
& = 1000 \times 11 \\
& = 11000
\end{aligned}
$$

$$
\begin{aligned}
& 125 \times 88 \\
& = 125 \times (8 + 80) \\
& = 125 \times 8 + 125 \times 80 \\
& = 1000 + 10000 \\
& = 11000
\end{aligned}
$$

第⑨题,学生在仔细观察题目后发现最终是求 83 个 49 加 56 个 49 再减去 39 个 49,最终为 100 个 49;而第⑩题要求学生仔细观察这些数,发现可以把 14 拆成 2×7,最终变成 $38 \times 7 + 31 \times 2 \times 7 = 38 \times 7 + 62 \times 7$,即 100 个 7,这样的思考过程同时也是培养学生数感的过程。

通过以上教学,帮助学生真正建构起乘法分配律的概念,在小数计算教学中,学生能自主迁移乘法分配律去解决相应问题,这样的学习也体现了思维进阶的过程。

三、有助于改善学生学业水平评价

现阶段对学生知识掌握程度的测试一般都是采用直观的考试模式,但是受试卷的客观限制,不可能准确测试出每个学生的水平,只能够大致了解学生对这份试卷上知识点的掌握程度。而在学习进阶量表里,包含了对某个核心概念的完整进阶层级,即成就水平,成就水平描述了学生在某一概念或实践上的思维发展阶段,也就是学习进阶中不同的"阶",与传统的考试模式相比,量表更能准确反映学生对知识点的掌握情况,可以用于改善学生的学业水平评价。因为它包含了更细致的进阶层级,教师设计相应的简单问题,通过学生的回答,更全面了解学生的学习状况,以此来评估他们对某个知识点的掌握程度,知道学生处于哪个水平。这样,教师不仅能了解学生的当前水平,还能根据量表中的进阶层级来制订接下来的教学内容,为学生提供更有针对性的教学指导,以帮助学生逐步提升学习水平。

一线教师都知道"画数学"的重要性,"画数学"除在解决问题时能帮助学生理解题意外,还可以有效帮助学生理解抽象的概念、数学规律等。学生如何思考比思考什么更重要,面对不同内容、不同形式、不同叙述方式,有多余问题、容易混淆的各类问题,老师是出来一个问题教学一个问题,还是教给学生一个以不变应万变的方法? 显然我们更想让学生能够自主学习,主动解决问题。而对学生进行"画数学"能力的培养,让学生学会用画图来协助解决问题,让每一个孩子的思考跃然纸上、呈现画中,使思维可见,能充分暴露学生的思维和问题,老师能够顺着学生的思考去解决学生的困惑。也就是采用"画数学"进行教学,能促进教师把碎片化的教学知识点进行结构化教学,这样重视数学通性、通法的教学,渗透了解题技巧,从而促进了学生对数学的理解。而学生在解题过程中,把本来不可视的思考方法和路径呈现出来,实现了思维的可视化,他们逐渐学会把这样的方法运用到各类问题的解决中,学会用整体的、联系的、发展的眼光看问题,形成科学的思维习惯。

1. 从教材编排看"画数学"策略实施

在 2022 年人教版教材中,最早的"画数学"出现在一年级下册相差关系的问题解决中,在课后练习中可以要求学生根据题目试着画一画,但是真正让学生用"画数学"解决问题是从二年级上册开始的(见图 1-29),在呈现例题后要求学生列式计算,并用画图说理,目的是让学生结合画的图理解"求 4 个 5 的和"与"求 4 和 5 的和"的联系与区别,从而有效进行甄别并正确解答。一开始,学生不知道怎样画图,于是在例题教学中引导学生一步步跟着老师画,在练习中让学生自主画图,并把学生好的作品进行展示,让全体学生结合要解决的问题说说"你能看懂这幅图的意思吗? 这幅图好在哪里? 你知道这幅图最终求的是什么吗?",等等。学生逐渐理解怎样用"画数学"来分析问题、解决问题,知道数学的画图和美术的画图不同,它是要用最简洁的形状、符号、线段、数字等把复杂的文字简单化,从而透过实际情境抽象出解决方法,并解决问题。

7 比较下面两道题,选择合适的方法解答。
(1)有 4 排桌子,每排 5 张,一共有多少张?
(2)有 2 排桌子,一排 5 张,另一排 4 张,一共有多少张?

图 1-29　2022 年人教版教材二年级上册第 63 页例题

通过对"画数学"能力的培养,学生逐渐习惯在解决问题时,先画图,再列式解答,他们借助画图,真正理解题意,并且对于容易混淆或者稍有难度的问题,也能够在画图后自主解答(见图 1-30)。

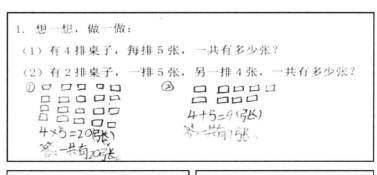

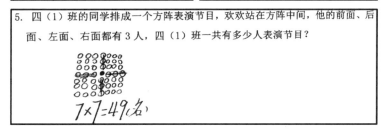

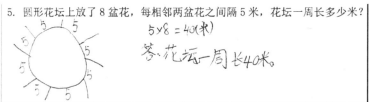

图 1-30 学生通过"画数学"解决问题

2.从习题解答中看学生"画数学"能力的习得

在这样的学习过程中,学生学会如何思考问题,即"认真审题—寻找信息—数形结合画图—思考解答—反思修正",这样的学习能真正提升学生自主解决问题的能力,而通过学习进阶层级分析可以了解学生利用"画数学"解决问题的不同水平层次。在培养学生用"画数学"解决问题一段时间后,出示问题:灰太狼想去喜羊羊家里,它先要从羊村入口进去,然后再去喜羊羊家。从灰太狼家到羊村入口有3条路,从羊村入口到喜羊羊家有2条路。现在灰太狼想去喜羊羊家一共有几条路可以走?

这是一道乘法原理题,查阅学生答卷,发现全班34名学生都会利用画图解决问题,但有5名学生画错图,有8名学生能够画抽象图进行建模,部分学生画的图见图1-31,具体解答情况见表1-13。

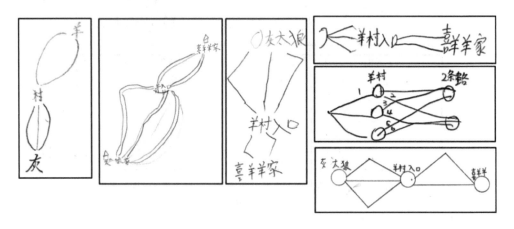

图 1-31 学生通过"画数学"呈现解决问题的思考方法

表 1-13 学生通过"画数学"解决问题的情境汇总

解答正确22人(5人无算式)			解答错误12人			
有算式			答案	人数	算式	备注
人数	具体算式	备注	5 条	6 人	2+3=5(条)	图正确
4 人	2+2+2=6(条)	图正确	10 条	1 人	4+3+2+1=10(条)	
11 人	2×3=6(条)		2 条	1 人	无	图错误
1 人	(1+1+1)×2=6(条)		8 条	1 人	无	
1 人	1+1+1+1+1+1=6(条)		1 条	1 人	无	
			无	2 人	无	

3. 运用 SOLO 分类评价理论进行评价

SOLO 分类评价理论是澳大利亚著名心理学家比格斯提出的一种学生学业评价方法,它是一种以等级描述为特征质性的评价方法。"SOLO"意为"可观察的学习结果的结构",即通过观察学生在解决某个具体问题时所表现出来的思维结构来间接评价学生的思维水平。比格斯把学生对某个问题的学习结果由低到高划分为 5 个层次:前结构、单点结构、多点结构、关联结构和抽象拓展结构,见图 1-32,采用 SOLO 层次进行评价的情况见表 1-14。

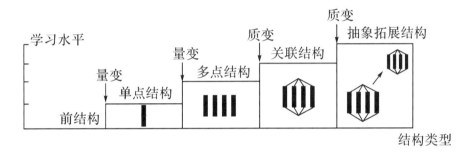

图 1-32　SOLO 分类评价理论的层级结构模型

表 1-14　用 SOLO 层次进行评价汇总表

SOLO 层次	规则描述	情况描述	人数
前结构	无法解决问题或只会重复问题,不能理解要点	画图错误,无法解答	2 人
单点结构	注意到了问题的一个相关特征,但事实或观点之间没有联系,理解是有名无实的	画图错误,解答错误	3 人
多点结构	找到了许多独立的相关特征,但还无法将它们有机联系起来	画图正确,答案错误	7 人
关联结构	能整合各部分内容使其成为一个有机整体	画图正确但没有抽象出模型,解答正确	14 人
抽象拓展结构	会归纳问题或重新概念化到更高的抽象层次	能抽象出模型且解答正确	8 人

4. 数据分析检验"画数学"效果

从上述 5 个层次看,处于思维前结构的学生,对这个问题的解决处于"不会"的状态,不理解题目意思,凭感觉画图出错,也无法列式解答;处于思维单点结构的学生,试着去解决这个问题,但是无法把相关信息有效联结,无法深入理解题意,最终画的图和解答也是错误的;处于思维多点结构的学生,他们学习的知识浮于表面,找不到知识间的联系,处于只见树木未见森林的状态,因此虽然画图正确,但还是无法正确解答问题;处于思维关联结构的学生,找到了问题解决的思路,并且能够把这些思路结合起来有效思考,知其然也知其所以然;处于思维抽象拓展结构的学生,他们能够对问题进行抽象概括,而且能够深化问题,使问题本身的意义得到有效拓展。

通过对以上 5 个层次水平的分析,可以清晰了解不同学生思考问题的路径,这样的方式有助于了解不同层次水平学生的思维方式,便于更有针对性地对学生进行学业述评,也促使教师以可持续发展的视角培养学生的思维能力,学生如要完成"画数学"的操作,会更加仔细读题,寻找相关信息,这无意中使学生分析问题、理解题意、解决问题的能力更强,久而久之,就形成良性循环,在遇到新问题时也能自己试着画图分析,既丰富了学习方法,又促进了理解表达,还提升了数学素养。在画图解题的过程中,学生化繁为简的能力、思维能力、透过现象看本质的能力也得到有效提升,这也使教师更加注重对学生的过程性评价,让评价更加丰富多元。

学习进阶促进核心素养的培养

——以第一学段"模型意识"培养为例

《义务教育数学课程标准(2022 年版)》确立了以核心素养为导向的课程目标,指出数学核心素养是通过数学活动逐步形成与发展的正确价值观、思维品质与关键能力,反映了数学学科的基本特征及其独特的育人价值,是现代社会公民素养系统的重要组成部分。数学课程要培养学生的核心素养,主要包括使学生"会用数学的眼光观察现实世界,会用数学的思维思考现实世界,会用数学的语言表达现实世界",核心素养具有整体性、一致性和阶段性,在不同阶段具有不同表现,小学阶段侧重对经验的感悟,初中阶段侧重对概念的理解,而高中阶段对核心素养的要求则更高,主要表现见表 1-15。

表 1-15   不同阶段核心素养主要表现

学段	小学	初中	小学与初中	高中
核心素养表现	数感、量感、符号意识、推理意识、数据意识、模型意识	抽象能力、推理能力、数据观念、模型观念	运算能力、几何直观、空间观念、应用意识、创新意识	数学抽象、逻辑推理、数学建模、直观想象、数学运算、数据分析

在教学活动中,教师要准确把握课程目标、课程内容、学业质量的要求,合理设计教学目标,并通过相应的教学实施,在保证学生掌握知识技能的同时,促进学生数学学科核心素养及水平的提升,并在教学与评价中,不仅关注学生对具体内容的掌握情况,更关注学生数学学科核心素养水平的表现,不仅关注数学学科核心素养各要素的不同特征及要求,更关注数学学科核心素养的综合性与整体性。以"数学语言"中的"数学模型"为例,遵循整体性、一致性和发展性原则,在小学阶段培养"模型意识",在初中阶段培养"模型思想",在高中阶段培养"数学建模"能力,通过加强学段衔接,促进核心素养培养有效落地,这样的过程也是体现学生核心素养进阶的过程,这就需要在小学阶段的"模型意识"的培养中,帮助学生对数学模型的普适性有初步感悟,知道用数学模型可以解决一类问题,是数学应用的基本途径。第一学段是学生进入小学学习的开始,这一学段的学生是否初步具备模型意识? 在教学中又该怎样培养他们的模型意识呢?

一、学生模型意识的原生态表现

1. 在规律寻找中建模

学生学习数学的过程是他们认识规律的过程,任何一个重要数学概念的形成,计算方法的习得,都是对有关具体对象中规律的理解和掌握。第一学段学生学习的内容相对简单,他们常常能在解决实际问题的过程中,发现隐含的规律并形成自己的数学模型。如在"表内乘法口诀复习"的教学中,有如下的片段:

(1)学生任意报两位数,教师由此组成数字列车,让学生观察从第一节数字车厢到第二节数字车厢有什么秘密,见图 1-33。

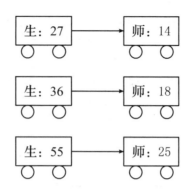

图 1-33 数字列车

通过对以上 3 组车厢中数与数之间关系的研究,学生找到规律,在头脑中建模出"把给定的两位数个位和十位上的数相乘,得到的结果就是下一节车厢中的数"。

(2)想一想:这些数字车厢还能继续开下去吗?学生能运用模型自主得出后续车厢中的数,见图 1-34。

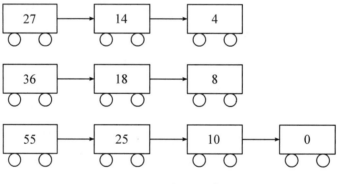

图 1-34 数字列车

(3)议一议:如果最后一节车厢的数字是 8,那么在它的前面可能会有哪些车厢呢? 见图 1-35。

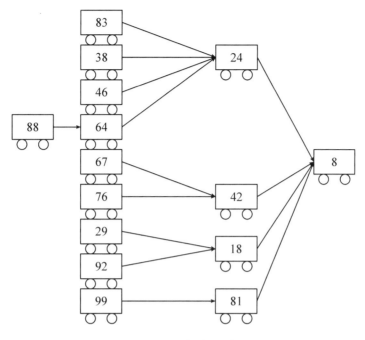

图 1-35　数字列车

找规律过程中建立的模型意识,是从某些具体数学认知过程中提炼的一些观点,在后续运用中,被反复证实其具有正确性,带有一般的意义和相对的稳定性。在这样有趣的教学活动中,学生的模型意识被激发并得到进一步发展。

2.在方法迁移中建模

数学知识联系性强,新知识的产生,往往是以已有的知识结构为基础的。学生在解决问题时,常常能通过知识迁移,自主进行数学建模,从而解决问题。如在解决服装的搭配问题时,先出示 3、5、8 这 3 个数,让学生从中任选 2 个数,写出数字不重复的两位数。学生根据已有的学习经验,很快写出 35、38、53、58、83、85 这 6 个两位数,并提炼出方法:先把每个数依次放在十位,剩下的数放在个位;或者先把每个数放在个位,剩下的数放在十位;又或者先选中 2 个数字,通过交换位置写出两位数。通过上面的分析与解答,再提出服装搭配问题,学生能自主迁移,顺利建模并解答。如小红有 3 件上衣,2 条裤子,她最多有几种不同的穿法?

学生在解决这个问题时,能在新旧知识间架设起桥梁,用这一桥梁自主得出解决这类问题的数学模型。即以 1 件衣服去配裤子有 3 种穿法,那么 2 件衣服就有 6 种穿法;或者以 1 条裤子去配衣服,每条裤子有 2 种配衣法,那么 3 条裤子和 2 件衣服就有 6 种穿法(见图 1-36)。这一建模方式使学生不仅能主动举一反三、触类旁通,还能形成数学能力,提高模型意识,发展数学素养。

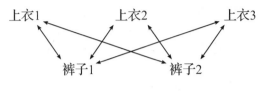

图 1-36 服装搭配

3. 在材料比较中建模

第一学段学生在学习中获得的知识常常是局部的、分散的,他们对数学知识的学习,更需要对学习材料进行比较、分析,形成结构化脉络,从而完成数学建模。如请每个同学观察自己的一只手,有什么发现?学生得出"指缝数比手指数少1"的模型。然后提出"把一根绳子锯成4段,需要锯几次",一开始有很多学生会认为是4次,但是经过画图分析知道锯3次就够了,初步体会到"锯的次数比段数少1"的模型,感知这一知识点跟手的特点具有相似性。继续提出"有一幢楼,每一层楼梯有20级,小明从一楼到五楼要走几级",有了先前锯木头的学习经验,有些学生能通过画图解决,但有些学生还是不会,通过同伴间的交流讨论,比较分析,学生再一次建模出"楼梯的级数比楼层数少1"的模型。最后提出"一条道路一旁挂了18盏红灯笼,每2盏红灯笼之间挂1盏黄灯笼,一共要挂多少盏黄灯笼"。经历了3次比较与建模,对于这一题,几乎所有的学生都会,并且能初步建立"黄灯笼数=红灯笼数-1"的模型。在解决这一系列问题的过程中,学生经过分析和比较,沟通了知识间的内在联系,自觉把知识串成线,结成网,建构起知识模块,使所学的知识趋向系统化,模糊的模型意识进一步得到培养与提高。

4. 在问题化归中建模

在数学学习中常常要用到化归的思想方法,它的基本内涵就是将未解决的问题转化为一个已解决的问题,从而使新问题得到解决。如在2022年人教版一年级上册的教材中,只学20以内的进位加法,不学20以内的退位减法,但是在很多配套练习中都有如"7+( )=15"这类题。对于优生,解决这类题没有任何困难,可对于学习能力弱的学生,这样的题目他们束手无策。有没有一种方法,能让所有的学生都能很快解决这类问题呢?经过学生的分析、讨论,有学生是这样回答的:"7加上3就是10了,可还没有到15,只要再加上5就到15了,所以括号里可以填8。"顺着学生的回答,写板书(见图1-37):

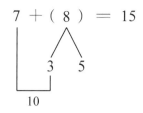

图 1-37　板书

　　学生明白 3 其实是 7 要再加的数,目的是凑成十位上的 1,也就是 10,而"和"的个位上还有 5,所以要把 3 和 5 加起来,填 8 后才能得到正确的"和",概括能力强的学生还能用儿歌的形式总结方法,"看到 7 想到 3,3+5=8",这个方法就是把新知识通过化归的方法转化为 10 以内的加法,体现了模型思想,也就是看到几,想到几(10 的补数),几(10 的补数)加"和"个位上的数就是括号中该填的数。

　　虽说,第一学段学生已初步具有模型意识,但是如果老师不正确地进行引导、培养,无法实现数学课程标准想要达到的整体性、一致性和发展性的要求。作为第一学段的数学老师,又该怎样进一步培养学生的模型意识呢?

二、模型意识培养途径

1.挖掘教材内容,感悟多样模型

　　在第一学段 2022 年人教版的数学教材中,数学模型的应用非常广泛。例如:20 以内进位加法和退位减法,都可以建立"凑十"与"破十"的模式,使口算既快又正确;100 以内两位数加减整十数,都可以建立"先把整十数相加减,再加个位上的数"的模式;在图形与几何中,通过建立平移与旋转的模型可以解决很多问题;在找规律、确定位置与方向、认识钟面、人民币之间互化、数的大小比较、解决问题、长方形和正方形周长公式、笔算加、减、乘、除法等的教学中都有数学模型。只要我们不失时机地引导学生,让学生感悟、体验、理解、内化这些知识的来龙去脉,帮助学生建立各种知识模型,学生就能自然而然地具备模型意识,在解决各类问题时,就能有意识地去再现、回顾、应用一些数学模型,从而顺利解决各类问题。

2.注重感悟体验,诱发无意建模

　　第一学段的学生对于知识的学习,都是建立在直观形象基础上的。在教学中,教师要注重让学生充分感悟、体验、探究、思考,让学生多多沉浸在模型意识培养的学习中,促进学生自主产生无意建模。比如,在 2022 年人教版二年级上册"认识半时"(如 10 时半)的教学中,课上老师用模型钟进行演示,学生能准确认读 10 时半,但是在画时针和分针表示 10:30 时,很多学生画的时针会正好指向"10",并且在画"几时多"的钟面时,一部分学生的时针永远指向整时。出现这样的问题是因为学生对"几时多"的钟面模型建立出现了偏差,不清楚在"几时多"时,时针要走过"几"。因此课上要创设形式多样的学习活动,让学生认真观察钟面,特别是观察分针和时针运动的方向,建立顺时针模型,再借助拨钟,让学生多次感悟、体验时针走过 3 就是 3 时多,走过 7 就是 7 时多,最终建立"时针走过几"就是"几时多"的模型,有了这一模型,后续在画 9:55 这类更难的钟面时,学生的正确率就会非常高。可见,让学生充分感悟、体验、自主累积学习经验,往往比老师单方面解释来得更有效,因为这样的学习模型的建立是深入学生内心的。

3.经历抽象归纳,培养建模能力

在第一学段的教学中,如果能在形象直观的背后抽象出事物本质,在学生生活的"具体、形象"与数学学习的"抽象、形象"之间找到一个恰当的平衡点,将会对学生模型意识的培养大有益处。比如,在解决加法与乘法关系的问题时有这样一类题(见图 1-38):

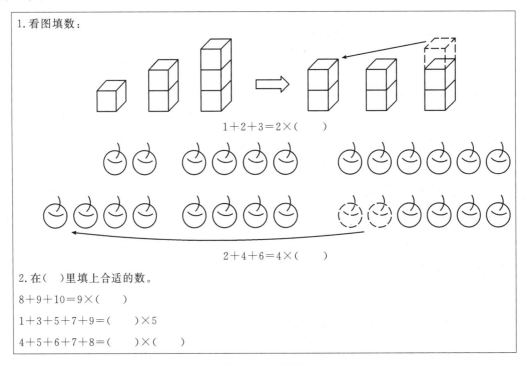

图 1-38 题目

学生从第一题中发现:从第三堆 3 个正方体中拿 1 个正方体放到第一堆,每堆正方体都是 2 个,很快得出 1+2+3=2×(3);又从第三堆 6 个苹果中拿 2 个苹果到第一堆,每堆的苹果数相同,很快得出 2+4+6=4×(3)。这里通过数形结合,兼顾了学生的形象思维,为过渡到抽象思维搭建桥梁,学生在具体情境中抽象出解决问题的模式,即"中间数×加数个数=和"。然后继续追问:如果加数的个数是双数,这个方法还可行吗? 请学生自己举例子验证,如:1+2+3+4=( )×( )。通过比较分析,学生发现用刚才的方法不行,最终提炼出用"大配小"的方式组成 2 组和都是 5 的算式,所以 1+2+3+4=(5)×(2)。通过这样分析、比较、抽象、归纳,学生对"求一组单数个数组成的等差数列和以及双数个数组成的等差数列和"的模型的掌握更加牢固,也使得学生的思维走向深刻。经常让学生有目的地进行观察、比较、归纳、抽象,对培养学生的数学建模能力、发展学生的模型意识十分有益。

4. 解决实际问题,加强应用意识

"学以致用"是学习数学的目的。当学生在头脑中有了模型意识,就能用自己建立模型去具体解决实际问题,体会学习数学的用处。比如,当学生建立 1 千克=1000 克的重量模型后,让学生到超市里去寻找一些 1 千克的物品,并细细观察,再用手掂一掂,学生会发现同样是 1 千克的物品,它们在种类、大小、颜色、材料等方面可以完全不同。这一做法使学生对 1 千克概念的理解更为深刻。比如,当学生在头脑中建立了东南西北方向的模型后,让学生走出教室,到空旷的场地去辨认东南西北,有利于培养学生的空间观念。又如,当学生在头脑中建立了长方形和正方形周长计算的模型后,让学生解决一些实际问题,体会数学与生活的紧密联系。在学生解决问题后,我们可以经常问问"你是怎样解决的? 用什么方法解决的?"。在这些方法的提炼中,学生能体会到数学模型所起的作用和学习数学的价值。因此,"问题情景—建立模型—解释与应用"的模式能为学生可持续发展奠定基础。

数学是关于模式的科学,它的生命力在于能有效地解决现实世界中的各种问题,而数学模型正是联系数学与现实世界的桥梁。因此,在第一学段的教学中,教师要引起足够的重视,在课堂内外增加一些有生活背景的实际问题,通过多样的学习活动,引导学生从实际背景中抽象出数学模型,通过做数学、交流数学、应用数学、感悟数学,真正提升学生核心素养。有了第一学段对学生模型意识的培养,在后续的教学中不断加大对学生模型意识的培养力度,随着学生学习的不断深入,学生的模型思想也会不断得到强化。

第二章　数与代数领域

第一节　数与代数教学概述

《义务教育数学课程标准(2022 年版)》将小学数与代数领域的内容整合为"数与运算"与"数量关系"2 个主题,其中"数与运算"为学生从整体上把握和理解数学知识与方法,形成数感、符号意识、运算能力、推理意识等核心素养提供基础。小学阶段数的学习其实就是十进制观念的建构,十进制观念的建构分为 5 个阶段:第一阶段是学生明白十进制里面有 10 个数字,表示 10 个数值,这个阶段对应的内容是"10 以内数的认识";第二阶段是学生要建构"满十进一"的概念,认识"位值",这个阶段对应的内容是"20 以内数的认识",这是一节非常重要的种子课,也是学生第一次认识"满十进一"的契机;第三阶段学生要理解不同的"位"都可以数,无论是个位还是十位都可以用 0—9 来数,并且相同的数字在不同的位上值是不同的,这个阶段对应的内容是"百以内数的认识",在这节课上理解数的意义和会用不同方法数数是关键,学生要学会用不同的方法数数,最终能够以"十"作为单位结构化地数数;第四阶段则是"满十进一"规则的延续,每一位都能向前一位进一,这一阶段对应的内容是"万以内数的认识",再学习分段计数,而分段计数对应的内容是"大数的认识";第五阶段是"满十进一"规则的反方向延伸,学生要建构好往左边是"满十进一",往右边是把"1"个单位平均分成 10 份得到更小的单位的认识,这一阶段对应的内容是"小数的认识"。通过以上 5 个阶段,对"数的认识"需要从单元整体教学的角度去研究,帮助学生建构好十进制的观念,通过对不同数的认识再学习相应的"数的运算"的内容。而在"数的运算"教学中,"计算能力"作为核心素养之一贯穿于小学和初中的教学,体现计算教学的一致性、阶段性和发展性,它承载着学生用数学的眼光观察现实世界的素养,促进学生数学推理能力的发展,形成规范化思考问题的品质,养成一丝不苟、严谨求实的科学态度。

借助认知发展理论　有效理解抽象算理
——由一年级上册计算中等式的意义建构说起

等式作为小学数学计算教学的基石,在学生小学、初中、高中、大学的数学学习中,一直占据着十分重要的地位,随着学段不断升高,计算教学的层次不断上升。小学中的计算既是后续所有学段计算教学的起阶,也是小学数学学习的根基,无论是教材编写者还是教学执行者,对此一直都非常重视。翻开各级各类小学数学教学期刊,关于计算教学的论文、案例每一期都会有好几篇,这样安排的目的是让一线教师可以借鉴、参考,更好地做好计算教学工作。2022 年人教版教材第一次出现计算是在一年级上册第 24 页的"加法"内容中,见图 2-1,这也是学生首次接触等式。

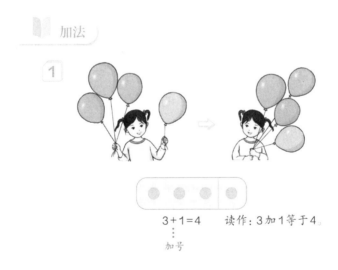

图 2-1　2022 年人教版教材一年级上册第 24 页例 1

【习题描述】

对于这样的内容,在教学时教师都会让学生理解把 2 部分合起来要用加法计算。而计算 3+1 等于几,学生无论是从数数的角度,还是从数的组成角度都能够很快算出 4,并且后续一般都是采用这样的方法计算,当然从数的组成角度进行计算的更多。这看似是行之有效的方法,但是如果遇到下面题目,很多学生都会出错。如：

题组一： 7－（　　　）＝4　　　　（　　　）－3＝3

题组二： 8＝3＋（　　　）　　　　2＝3－（　　　）

题组三： 2＋4＝（　　　）＋5　　　7－3＝（　　　）－2＝（　　　）＋1

【错误描述】

上面题组一中的算式要求填写减数或者被减数,经常会看到学生做成（0）－3＝3;题组二中的算式由于把结果移到等号左边,这与学生一般看到的结果写在等号右边的情况冲突,特别是第二题会出现2＝3－（5）的错误;题组三学生往往会做成2＋4＝（6）＋5,7－3＝（4）－2＝（2）＋1。

【错误归因】

为什么老师认为简单的题目,学生却会出现这样的错误? 究其原因,主要为:

1.思维的不可逆性

可逆性是指思维不只朝一个方向发展,还可以往反方向发展,也就是可以顺着思考,也可以倒着思考,但一年级学生还刚刚处于具体运算学习阶段的前期,抽象能力很弱,对如题组一中相减、相加的逆向思维题,尚不能很好理解。

2.学习定式干扰

在平时学习中,结果一般都出现在等号右边,学生读算式是从左往右读的,在他们头脑中认定要把等号左边算式的结果算出来写在等号右边。当算式在等号左边时,学生自然就认为等式应该从右往左读,如学生写的2＝2－（4）,通过交谈发现,他们读成了4减2等于2。

3.不具备对恒等式的认知

恒等式是指无论其变量如何取值,等式永远成立的算式,一般把相等的式子(至少2个)通过等号连接形成的新式子叫作等式,但是在一年级学生的头脑中几乎没有这一认知。

4.缺乏对守恒的理解

在平时学习中,学生感觉到等号的作用是能够连接算式和计算的结果,却很少从"量的守恒"这个角度理解等式的意义,且学生刚刚处于认知"量的守恒"前期阶段,还不能深入思考只有等号两边的结果相同时,才可以用等号连接的道理。

【概念解析】

什么是"量的守恒"? 它是指物体的数目不因物体外部特征(颜色、形状、大小等)和排列方式的改变而变化。皮亚杰把认知发展分为 4 个阶段,即感知运动阶段(0—2 岁),前运算阶段(2—7 岁),具体运算阶段(7—11 岁),形式运算阶段(11 岁以上)。其中,儿童从前运算阶段发展到具体运算阶段的过程中,守恒观念的建立具有十分重要的意义。儿童在 6—7 岁就初步具有理解数目守恒的能力,在守恒观念的发展中,有 3 个阶段:第一阶段是个体只能注意事物的某一方面特征,因而仅能以该特征作为标准进行判断;第二阶段是个体能注意到事物不同方面的特征,时而以此特征作为判断标准,时而以彼特征作为判断标准;第三阶段是个体能同时兼顾事物各方面的特征,综合各方面特征进行反应,此时则建立了守恒观念。

【错因追踪】

小学一年级刚入学的学生,他们刚刚具有"量的守恒"概念,但还是处于第一阶段,即"个体只能注意事物的某一方面特征,因而仅能以该特征作为标准进行判断",因此他们只能注意到要把算式的结果算出来这一任务,而并没有真正从"量的守恒"这一角度理解问题,但是像上述题目,就需要学生从"量的守恒"这一角度理解等式的意义,同时要求学生具有一定的抽象思维能力,要排除外部因素的干扰,从只考虑数目的多少来理解等式的意义。

【培养措施】

怎样借助"量的守恒",让学生理解等式的意义呢? 可以借助皮亚杰认知形成与发展的建构过程,即通过"图式、同化、顺应、平衡"4 个方面,逐步递进,帮助学生理解等式的意义,那么上述题目就能迎刃而解了。

1. 借助天平图式理解等式意义

图式是人脑中已有的知识经验的网络,是指认知或心理结构,个体正是通过这种结构对环境进行智力的适应和组织。皮亚杰把图式看作是包括动作结构和运算结构在内的从经验到概念的中介。比如( )－3＝3 这一题,如果仅仅让学生理解几减 3 等于 3,也就是从计算的角度求得结果,学生的理解是不到位的,但是如果能让学生从"几减 3 的结果是和 3 相同的"这样的角度去理解,也就是从"量的守恒角度",并借助天平图式,就可以更好地理解这一等式的意义。

先出示一个天平,见图 2-2(a),告诉学生天平两边是同一种盒子,盒子中装着同一种珠子,且右边盒子中装着 3 颗珠子,学生看到天平左边低、右边高,马上知道左边盒子里的珠子比 3 颗要多,但是不知道珠子的具体数量。接着出示第二个天平,见图 2-2(b),学生发现从左边的天平中拿掉 3 颗珠子,天平是平衡的,这说明现在左边的盒子里也有 3 颗珠子。最后出示第三个天平,见图 2-2(c),正因为拿掉了 3 颗珠子,盒子里还剩 3 颗珠子,那么原先盒子里就有 3+3=6 颗珠子。这一推算过程是利用天平原理,借助图片演示帮助学生理解,接着让学生进一步抽象:等号右边是 3,那么等号左边的一个数减 3 的结果也必须等于 3,只有这样这个等式才是成立的。这样通过天平图片,结合算式,学生就能有效理解等式的意义,他们能够把等号两边作为各自独立的部分,理解只有两边相等时才能用等号连接的道理。

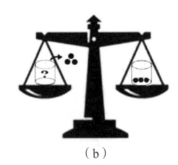

（a）　　　　　　　　（b）　　　　　　　　（c）

图 2-2　借助天平理解算式

2.通过合理同化理解等式意义

同化是指将外界元素整合到一个有机体正在形成或已经形成的认知结构之内,教师应该帮助学生利用已有的图式或认知结构,把新知整合到学生的认知结构中。有了先前天平图式的帮助,在教学 2=3-(　　)这一题时,教师可以让学生想象有一架天平,左边有 2 颗珠子,右边有 3 颗珠子,学生知道天平是不平衡,是右边更重,如果要使天平平衡,只有从右边拿掉 1 个珠子,也就是 3-1,天平的两边都是 2 颗珠子时,天平才平衡。借助这一想象,学生就很好理解 2=3-(1)这个算式的道理。至此,在学生的头脑中已经初步具有"量的守恒"概念,那么对于 2+4=(　　)+5,学生可以借助头脑中天平两边平衡的图式去理解,会想到 2＋4＝6,要使等式两边相等,(　　　)＋5 的结果也一定是 6,那么括号里就只能填 1 了。

上述过程,其实是通过直观想象,帮助学生借助图式等进行思考,从而建构运算思维,让学生把外部信息直接纳入自己已有的认知结构中,从而完成同化过程,至此,学生对等式意义的理解也进一步巩固。

3. 基于顺应视角理解等式意义

顺应是指主体通过调整自己的认知结构,使其与外界信息相适应的过程。比如教学 7－3＝(　　　)－2＝(　　　)＋1,学生已经不能借助天平图式解释这一题了,他们的认知结构由于这一题的刺激而发生改变,这时就自然建立了顺应模式,已知 7－3 等于 4,那么(　　　)－2 也等于 4,(　　　)＋1 也要等于 4,即:

$$\underset{4}{7－3}＝\underset{4}{(　　　)－2}＝\underset{4}{(　　　)＋1}。$$

这其实是学生通过调整自己的认知结构,使自己的认知与题目信息相适应的过程,这个顺应过程,使得学生对等式意义的认知结构不断得到修正。

4. 依托不断平衡理解等式意义

皮亚杰认为,学生的认知发展就是个体通过同化和顺应,在日益复杂的环境中达到平衡的过程。有了前面的三部曲,学生已经具有理解"量的守恒"的能力,对等式意义的认知也完全建立,这时可以让学生思考:用 0、1、2、3、4、5、6、7、8、9 填空,使算式成立,每个数只能用一次,即 □＋□＝□＋□＝□＋□＝□＋□＝□＋□。学生思考,这 10 个数从小到大每次增加 1,要用上这 10 个数,每个数只能用一次,且这 5 个加法算式的和相等,那么就要把这 10 个数分成 5 组,只能分成 0 和 9、1 和 8、2 和 7、3 和 6、4 和 5,也就是学生自然想到数的大小搭配及和相等的道理。当然,在这个过程中,也会有一些同学一开始没想出来,那么他们就会不断地去试、去想。学生就是在这种不平衡和平衡的交替中不断完善自己的认知,最终解决此问题。

至此,同化和顺应在协调与整合后达到平衡状态,学生的认知结构不断形成与发展,他们已经完全主动建构了知识的形成过程,形成结构化思维,整个学习过程也是学习不断进阶的过程,等式的意义在学生头脑中也进一步得到深化。

运算教学：基于整体性，凸显结构化，归于一致性

一、整体性：基于思前顾后解读教材内容

数学课程内容的一大特点就是整体性，教材编写与教学设计应当突出核心内容，呈现不同数学知识之间的实质性关联，展现内容与观念之间的融合，体现课程内容的整体性。这就要求在计算教学中，教师要了解各册教材中跟教学内容相衔接的前期知识及后续知识，便于站在系统的高度看教材，在备课中以单元为基本的教学单位，以整合为教学理念，基于整体视角，强调框架与细节的融合，连贯地理解目标、前后内容，突出系统性、有序性和方向性，更要突破教材原有单元编排的束缚，在同一单元、同一册教材不同单元，甚至各册教材中，把在知识上、学习方法上、思维方式上具有内在关联、可相互渗透和类比迁移的计算教学内容组成一个学习单元或学习课时，重点考虑教材生长的点、知识的序、教学的度和创新的点，从结构化教学视角通过一堂课串联起一类课，拓展到类知识的大单元教学中。当然做这样的整合，除考虑教材的逻辑结构外，还需要清楚学生的知识起点，在当前教学中，我们往往会发现学生的现实起点经常会高于教材的逻辑起点。

如 2022 年人教版教材在一年级下册第六单元编排了"100 以内的加法和减法（一）"，在二年级上册第二单元编排了"100 以内的加法和减法（二）"，在三年级上册第二单元编排了"万以内的加法和减法（一）"、第四单元编排了"万以内的加法和减法（二）"，罗列这些单元中部分计算的教学安排，见表 2-1，可以发现，2022 年人教版教材把 100 以内的加减法分 2 次进行教学，且时间跨度为一个学期，在一年级下册编排了 100 以内的加减法笔算，在二年级上册编排了 100 以内的加减法口算，也就是学生先学习口算，过一个学期后再学习同种类型的笔算，但是口算和笔算的思考方法有一致性，把两者放在一起进行教学更有利于学生形成结构化思维，因此在具体教学中可以做这样的整合：在一年级下册的口算教学中，把二年级上册的笔算教学整合在一起，同时完成教学。再看三年级上册的 2 个单元，在第二单元中先学习两位数加、减两位数的口算，再学习三位数加、减末尾是"0"的三位数的竖式计算，以及解答相应的实际问题，到第四单元又学习三位数加、减三位数的竖式计算，以及解答相应的实际问题。虽然教材这样的编

排适当地降低了难度,体现了技能的分步到位,但分析学生的逻辑起点,他们在二年级已经比较熟练地掌握了两位数加、减两位数的竖式计算技能,已经知道"几个一加上几个一""几个十加上几个十",也就是相同数位对齐的算理,那么到三位数加减法无非再增加了"几个百加、减几个百",所以学生在算理上理解三位数加、减三位数并不是很难。由此分析,为了更好地发挥学生的认知潜能,我们完全可以把三年级上册第二单元的三位数加、减末尾是"0"的三位数的竖式计算与第四单元的三位数加、减三位数的竖式计算进行整合,用一个课时完成教学。

表 2-1　2022 年人教版教材二年级上册和三年级上册部分计算的教学安排

册数	单元		内容
二上	第二单元"100 以内的加法和减法(二)"	加法(笔算)	例 1:35+2(不进位)
			例 2:35+32(不进位)
			例 3:35+37(进位)
		减法(笔算)	例 1:48−36(不退位)
			例 2:36−19(退位)
			例 3:50−24(退位)
三上	第二单元"万以内的加法和减法(一)"	加减法(口算)	例 1:35+34(不进位)　39+44(进位)
			例 2:45−34(不退位)　45−28(退位)
		加减法(笔算)	例 3:380+550(整十数加整十数) 550−380(整十数减整十数)
	第四单元"万以内的加法和减法(二)"	加法(笔算)	例 1:271+122(不进位)
			例 2:271+31(进位)
			例 3:445+298(连续进位)
		减法(笔算)	例 1:276−124(不退位)
			例 2:217−98(连续退位)
			例 3:301−145(中间有 0 且连续退位)

这样的整合基于 3 点思考:一是 100 以内的加减法口算比较简单,学生学习笔算后很容易掌握口算;二是口算与笔算同时进行教学,有利于学生理解同一道计算题可以采取不同方法进行解答,这有利于将口算与笔算进行关联,体现运算教学的一致性,如二年级上册的笔算教学中借助小棒图让学生理解笔算时相同

数位要对齐,个位上的数和个位上的数相加结果写在个位,十位上的数和十位上的数相加结果写在十位,所得到的结果 67 相当于"60＋7"的结果,见图 2-3。这样的算法与三年级上册口算中男生的算法一致(见图 2-4),也就是个位上的数和个位上的数相加,十位上的数和十位上的数相加,再把 2 次所得的结果相加。这样的比较,不仅有利于学生打通算法之间的联系,还能进一步明确口算和笔算的区别,即口算从高位算起,笔算从个位算起;三是从教材结构看,在三年级上册第二单元例 3 整十数加、减整十数的笔算,完全可以整合到第四单元笔算加减法的教学中,且三年级上册 2 个单元的教学中,除 100 以内的加减法口算外,其余安排的都是万以内的笔算加减法,没必要把这样的内容放在三年级,反而放在二年级更有利于学生的学习。因此,对于小学阶段的 12 册教材,要清楚计算内容的编排体系以及内容安排,这有助于在教学中,从整体角度对教材进行结构化整合,有利于学生更加深刻理解算理、掌握算法,能更好地培养学生的数学运算能力和思维能力。

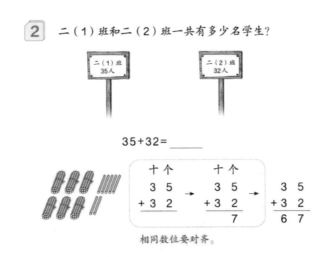

图 2-3　2022 年人教版教材二年级上册第 13 页例 2

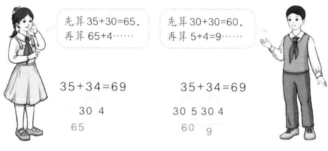

图 2-4 　2022 年人教版教材三年级上册第 10 页例 1

二、结构化:建构知识体系促进思维进阶

教师要建构起学习主题统整下脉络清晰、条理分明、相互联系的数学知识体系,通过教学使学生形成内在逻辑性较强的数学基础知识结构。确实,人的认知是有结构的,学习的实质是学生主动形成认知结构的过程,学生学习数学不是孤立掌握一个个数学知识的过程,而是把数学知识与自己头脑中已有的知识体系建立实质性的联系,在头脑中形成一个数学内容和方法的体系的过程。建立的联系越紧密,学生运用的能力就越强,兴趣就越浓厚,数学学习的质量就越高。教师在教学中需要明确运算教学不是分散和孤立的,而是有关联性和整体性的,只有准确把握这样的结构特征,才能有效引导学生对算理进行深化理解与主动剖析。这就需要教师在教学中把碎片化的知识进行结构化教学,引导学生在概念、原理及法则之间组织起有效的认知结构,并借助结构化教学,基于主题、任务、项目、情境,按学生的学习、发展逻辑来结构化组织课程内容,让学生体会不同内容之间学习方法的一致性和可迁移性。在这个过程中,教师要重点关注学生认知发展过程中用以"踏脚"的具体"脚踏点",以进阶式学习目标串联整个学习活动,从零散知识结构到主题统整的课程结构,从认知低水平的简单结构到高水平的复杂结构,促进学生思维进阶。课程内容结构化实施及学习进阶图式见图 2-5。

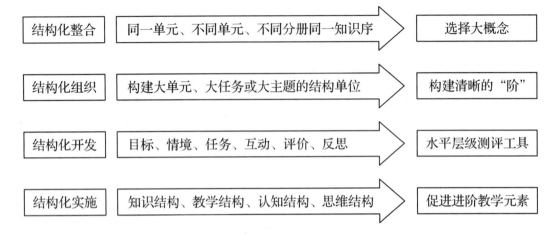

图 2-5 课程内容结构化实施及学习进阶图式

比如除法竖式这节课,这是学生学习除法竖式的第一课时,在学习除法竖式前,学生已经学习了加法、减法和乘法竖式,并且这 3 种竖式的模型是一致的。当学生自己写除法竖式时,很多学生迁移了前 3 种竖式的写法把除法竖式写成这样,见图 2-6。最终老师会结合具体的操作,采用数形结合的方式帮助学生理解算理,让学生学习除法竖式要怎么写,见图 2-7。但是这样的教学还是没有深入学生内心,一部分学生还是依样画葫芦,并没有理解除法竖式的意义,而学好除法竖式非常重要,它是今后进一步学习一位数除多位数、除数是两位数的除法以及小数除法的基础。基于此,如果在教学中能从结构化角度思考,帮助学生建构知识体系,将有利于学生深入内化除法竖式的意义,促进学生思维进阶。

```
  5 6          5 0          5            1 5
+ 3 7        - 2 4        × 9          ÷ 5
─────        ─────        ─────        ─────
( )          ( )          4 5          3
```

图 2-6 学生根据已学竖式迁移除法竖式

```
        3                 4 2               3 2                    4 5
    ┌─────             ┌─────            ┌─────               ┌───────
  4 │ 1 3           6 │ 2 5 6        18 │ 5 7 6        0.28 │ 1 2.6 0
      1 2               2 4               5 4                   1 1 2
    ─────             ─────            ─────               ───────
        1               1 6               3 6                   1 4 0
                        1 2               3 6                   1 4 0
                      ─────            ─────               ───────
                          4                 0                     0
```

图 2-7 笔算除法学习路径

特级教师俞正强老师对这节课的教学,是从结构化视角出发,把这节课作为除法竖式系列教学的种子课,充分厘清脉络,深层次挖掘除法竖式模型的意义,为后续同一知识结构下的除法竖式的系列课,提供可供迁移、生长的种子。

【片段一】

师:二年级的学生对我写的除法竖式很有意见,他们的意见是:

为什么 15÷3 不表示成
$$\begin{array}{r} 1\;5 \\ \div\;\;\;5 \\ \hline 3 \end{array}$$
,而表示成
$$\begin{array}{r} 3 \\ 5\,\overline{\smash{)}\,1\;5} \\ \underline{1\;5} \\ 0 \end{array}$$
。

师:你们在二年级的时候谁写过左边这样的算式?(全班同学都举起了手都表示自己写过)

师:你们现在知道要写成哪边的样子?

生:右边的。

师:为什么要写成这样?(生都表示不知道)

师:不知道呀,问老师了吗?(生都表示没有问)

师:为什么不问?

生1:老师说的都是对的,老师说写成右边的样子我们就写成右边这样了。

生2:老师说这是一种规定。

生3:老师教的都是对的,没什么好问的。

生4:妈妈教我的时候也是这样写的。

(听着学生的回答,听课的老师们都大笑不已,这笑既是对学生纯真的回答报以笑声,也是笑自己曾经这么教学生写除法竖式,而学生都没有提出任何反对意见。原来这就是老师在学生心中权威地位的真实写照呀!)

俞老师一边乐呵呵地笑着,一边拿出15个红色的小圆。(见图2-8)

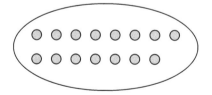

图2-8 15个小圆

师:这可以表示什么?

学生认为是15个圆片、15个苹果、15颗糖、15支铅笔等。

师:你认为是什么就是什么,谁能上来把这些东西根据15÷3这个算式分一分？

一个学生上来分后：（见图1-29）

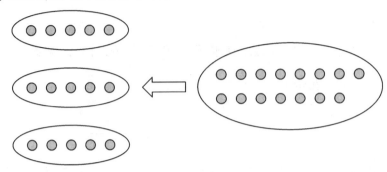

图2-9　分小圆

师：这个大圈里是我的。（在除法竖式的被除数中写上"我"）

师：现在这个小东西（指上来分的学生）把我的东西怎么啦？

生：平均分成了3份。

师：每份分到几个？

生：每份分到5个。

师：分掉几个5？

生：3个5。（在除法竖式分掉的15旁边板书"被小东西拿走的"）

师：我的没有了，用什么表示？

生：用"0"表示。（师在竖式的"0"旁边板书"我"）

$$
\begin{array}{r}
3 \\
5\overline{\smash{)}1\,5} \cdots\cdots（我）\\
1\,5 \cdots\cdots（被小东西拿走的）\\
\hline
0 \cdots\cdots（我）
\end{array}
$$

师：现在你觉得哪个算式比较符合这个过程呢？

生：右边。

师：右边的算式比较符合什么？

生：符合除法本身的特点，右边的竖式把分的过程写得比较好，因为除法比较特别，所以右边的比较好。

师：原来数学的规定很有道理，它是除法本身意义的记录。

【赏析】

在全班学生乐呵呵的表情中，俞老师以拉家常的方式和学生对话，学生根本感觉不到是在上课，他们把心中最真实的想法表露出来。看似是俞老师无心插柳,殊不知这正是俞老师的匠心所在,他通过让学生分 15 个小圆片,并且也不说这是 15 个小圆片,让学生认为什么就是什么,把学生分物的空间拓展了,在学生分完后,俞老师看似开玩笑地写下"我、被小东西拿走的、我"的板书,让学生深深感受到笔算除法写成右边竖式的道理,而这个道理又无须老师强势地、硬邦邦地告知。学生水到渠成地归纳出"右边的竖式把分的过程写得比较好",而俞老师的点评"原来数学的规定很有道理,它是除法本身意义的记录"再次让学生的归纳升华,学生的自我感悟再次提升。

【片段二】

师:45÷3 的除法竖式该怎么写大家都知道吧?

板书:

$$\begin{array}{r} 1\ 5 \\ 3\ \overline{\smash{)}\,4\ 5} \\ \underline{3} \\ 1\ 5 \\ \underline{1\ 5} \\ 0 \end{array}$$

师:可是我的二年级学生又出现问题了,你们猜他是怎么写的?

板书:

$$\begin{array}{r} 1\ 5 \\ 3\ \overline{\smash{)}\,4\ 5} \\ \underline{4\ 5} \\ 0 \end{array}$$

师:这样写对不对?跟刚才的 15÷3＝5 的竖式书写是不是一样?

生:不对。

师:怎么就不对了呢?能解释一下原因吗?(师边说边拿出 4 个蓝色大圆、5 个红色小圆片,见图 2-10)

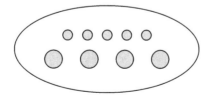

图 2-10　4 个大圆和 5 个小圆

师:谁再来分分看?

(学生拿了 3 个大圆,每份分 1 个,剩下的 1 个大圆、5 个小圆不知道怎么分)

师:这下怎么办呢?你们不是说这个竖式对吗(指着正确的竖式),有办法继续分吗?

生:把 1 个蓝色的大圆换成 10 个红色的小圆,和原来 5 个红色小圆合起来变成 45 个小圆,就可以平均分成 3 份了,每份是 15 个。

师:45 是分几次来分的?

生:是分 2 次来分的。

师:这 2 次又是怎么分的?

生:第一次是十位平均分,第二次是个位平均分。

……

【赏析】

很多时候,我们都习以为常,习惯成自然,在教学中很少去思考 45÷3 整个除法竖式的真正含义,总觉得学生已经学会了除法竖式,哪怕有很多学生将 45÷3 的竖式写成片段二中二年级学生的写法(只分一次),老师们总有办法把学生的想法扭转过来。且要不了几次,像这样的除法竖式学生都会写了,谁也不会犯"分一次"的错误了,但是学生真的知道这个竖式的算理了吗?未必。而俞老师正是真正走进了学生的心里,用看似简单的再次分圆,让学生在 1 个蓝色大圆和 5 个红色小圆无法平均分成 3 份的纠结、冲突中,自己感悟、体验到应该把 1 个蓝色大圆换成 10 个红色小圆,变成 45 个红色小圆,再去分。这一做法,把竖式第二次分法中的 2 个"15"是怎么来的演绎得清清楚楚,此时真是无声胜有声,老师根本无须解释。而俞老师的"45 是分几次来分的"这个问题的抛出,再次把除法竖式要先分十位,再把十位和个位合起来分的过程理得清清楚楚。在很多的时候,我们真的该想想、该多问问学生为什么,并把习以为常的问题提出来,别让教学仅仅流于表面,而应使教学真正走向更深层的意义建构。

三、一致性:归于计数单位,体会计算本源

理解数的运算方法,主要基于计数单位。在运算教学中,要带领学生体会、感悟所有运算的方法均基于计数单位,纵观目前的计算教学,过分强调碎片化的教学知识,强调孤立的算理,会造成学生在头脑中没有形成运算教学的一致性,导致错误率攀升。如在 2022 年人教版教材中,初步认识分数安排在三年级上册,初步认识小数安排在三年级下册,且单元内容的安排一致,都要经历数的意义的理解、读写方法、大小比较、简单计算及简单应用。但是在学生的眼中分数和小数是完全不同的,分数、小数运算有各自的算法,这些知识似乎是支离破碎、

缺乏内在一致性的。笔者对一所学校三年级的学生进行了一次期末计算能力检测,其中分数计算典型错误统计见表 2-2。

表 2-2　分数计算典型错误统计表

总人数	142		
题目	$\frac{1}{9}+\frac{4}{9}$	$\frac{2}{8}+\frac{4}{8}$	$1-\frac{3}{5}$
典型错误	$\frac{5}{18}$	$\frac{6}{16}$	$\frac{7}{5}$
错误率	23.9％	24.6％	46.5％
题目	9.4＋6	3.1－2	1.6＋4
典型错误	10	2.9	2
错误率	27.5％	19.0％	28.2％

虽然说分数简单加减法的学习在三年级上册,计算的检测在三年级下册,但从 $1-\frac{3}{5}$ 的错误率高达 46.5％可见,学生对算理理解不清。再看小数计算,这部分内容在三年级下册,学生刚刚学习过,错误率最高的也达到 28.2％。仔细分析这些错误,其实是学生对"相同计数单位的个数相加减"这一算理没有理解。在分数计算的错误中,如 $\frac{2}{8}+\frac{4}{8}$,学生把分母和分母相加作为分母,分子和分子相加作为分子得出 $\frac{6}{16}$,他们没有想到应该是 2 个 $\frac{1}{8}$ 和 4 个 $\frac{1}{8}$ 相加,得到 6 个 $\frac{1}{8}$,也就是 $\frac{6}{8}$。同理,学生在计算 $1-\frac{3}{5}$ 时,依然没有理解"相同计数单位的个数相加减"这一算理,如果理解了这一算理,就自然能想到 $\frac{3}{5}$ 表示 3 个 $\frac{1}{5}$,那么可以把 1 看作 5 个 $\frac{1}{5}$,用 5 个 $\frac{1}{5}$ 减去 3 个 $\frac{1}{5}$ 就得到 2 个 $\frac{1}{5}$,也就是 $\frac{2}{5}$。在交谈中了解到,认为得数是 $\frac{7}{5}$ 的学生,他们知道 1 不能减 3 也不能减 5,于是想到了退一作十,把 1 看作 $\frac{10}{10}$,依然用分子 10 减分子 3 得到 7,用分母 10 减分母 5 得到 5,于是得出结果 $\frac{7}{5}$。再看小数加减法,学生的错误依然是不理解"相同计数单位的个数相加减"的道理,比如 9.4＋6,学生算出了 10,一方面是被 4 和 6 凑成 10 干扰,但最

主要的还是学生没有思考 6 表示的是 6 个一,必须和 9 个一相加才符合要求。由此可见,在计算教学中,无论是整数、小数还是分数的计算,教师始终需要帮助学生理解"相同计数单位的个数相加减"的道理,让学生明白计算教学的一致性,也就是整数和小数的加减法都是相同数位上的数相加减,分数的加减法是相同分母的分数直接相加减,整数、小数、分数的加减法计算都可以理解为相同计数单位的个数相加减,也就是说分数和小数的加减法与整数加减法算理是一致的。

从上面例子中可以看出,对于加减运算而言,只有相同计数单位上的数字才能直接进行运算,那么学生也需要理解,对于乘除运算而言(整数除法除外),是计数单位与计数单位进行运算,计数单位上的数字与相同计数单位上的数字进行运算。例如:

$2 \times 4 = 8$ 　　可以看作 $1 \times 2 \times 1 \times 4 = (1 \times 1) \times (2 \times 4)$

$20 \times 40 = 800$ 　　可以看作 $10 \times 2 \times 10 \times 4 = (10 \times 10) \times (2 \times 4)$

$200 \times 400 = 80000$ 　　可以看作 $100 \times 2 \times 100 \times 4 = (100 \times 100) \times (2 \times 4)$

$0.2 \times 0.4 = 0.08$ 　　可以看作 $0.1 \times 2 \times 0.1 \times 4 = (0.1 \times 0.1) \times (2 \times 4)$

$\dfrac{4}{7} \times \dfrac{2}{5} = \dfrac{8}{35}$ 　　可以看作 $\left(\dfrac{1}{7} \times \dfrac{1}{5}\right) \times (4 \times 2)$

从中可以发现,乘法运算都是计数单位与计数单位相乘,计数单位个数与计数单位个数相乘,并且还会产生新的计数单位,新的计数单位可能变大,也可能变小。那么除法是怎样计算的? 例如:

$3 \div 4 = \dfrac{3}{4}$ 　　　　$(1 \times 3) \div (1 \times 4)$

$$= 1 \times 3 \div 1 \div 4$$

$$= (1 \div 1) \times (3 \div 4)$$

$$= 3 \div 4$$

$$= \dfrac{3}{4}$$

$30 \div 40 = \dfrac{3}{4}$ 　　　　$(10 \times 3) \div (10 \times 4)$

$$= 10 \times 3 \div 10 \div 4$$

$$= (10 \div 10) \times (3 \div 4)$$

$$= 3 \div 4$$

$$= \dfrac{3}{4}$$

$$0.3 \div 0.4 = \frac{3}{4} \qquad (0.1 \times 3) \div (0.1 \times 4)$$
$$= 0.1 \times 3 \div 0.1 \div 4$$
$$= (0.1 \div 0.1) \times (3 \div 4)$$
$$= 3 \div 4$$
$$= \frac{3}{4}$$

$$\frac{3}{7} \div \frac{4}{7} = \frac{3}{4} \qquad \left(\frac{1}{7} \times 3\right) \div \left(\frac{1}{7} \times 4\right)$$
$$= \frac{1}{7} \times 3 \div \frac{1}{7} \div 4$$
$$= \left(\frac{1}{7} \div \frac{1}{7}\right) \times (3 \div 4)$$
$$= 3 \div 4$$
$$= \frac{3}{4}$$

除法运算还是符合计数单位与计数单位相除,计数单位个数与计数单位个数相除的。通过这样的四则运算,让学生体会数的运算的本质,体会计数单位在数的运算中的统领作用,同时经历对运算意义、算理与算法进行探索的过程,明白算理是算法的因,算法是算理的果。总之,运算教学需要重视对教学内容的整体分析,从整体视角,通过结构化教学,带领学生经历运算的发生、发展过程,体会运算的本源性、一致性与整体性,实现算理贯通、算法统整,引导学生体会不同运算之间学习方法的一致性和可迁移性,帮助学生学会用整体的、联系的、发展的眼光看问题,形成科学的思维习惯,真正提升学生的运算能力和推理意识,发展核心素养。

整体关联　思维进阶

——浅析分数前后 2 次认识教学之区别

在 2022 年人教版教材中,对于分数意义的学习分为 2 个阶段。第一阶段编排在三年级上册,即"分数的初步认识";第二阶段编排在五年级下册,即"分数的意义和性质"。如果对这 2 个阶段分数认识编排的意图理解得不到位,会造成这 2 节课上课区别不大,发生第二阶段的教学重复第一阶段教学的现象。事实上,这 2 个阶段分数认识的教学,无论从学生学习起点、学习活动过程,还是教学所要达成的目标来说都是有很大区别的。皮亚杰的认知发展阶段实验也告诉我们,发展既是连续的,又是分阶段的,每个阶段都是形成下一个阶段的必要条件,前一阶段是后一阶段的基础,但 2 个阶段的学习有质的差异。基于此,这 2 个阶段分数的教学,可以从以下 4 个方面进行区别和分析,从而更好地把握教材、驾驭教材,实现学习螺旋上升,促进学生思维进阶。

一、学习起点不同

三年级上册认识分数,学生的学习起点是他们已经掌握了一些整数的基础知识,但从整数的学习到分数的认识是对数的概念的一次有难度的扩展。首先,无论从意义、读写方法还是计算方法上,分数和整数都有很大差异;其次,从学生的生活经验来看,虽说他们也有类似于把一个饼平均分成两半的经历,但学生很少会联系 $\frac{1}{2}$ 的数学概念,这种饼的 $\frac{1}{2}$ 对学生来说只是生活经验中的半个,很少会上升到认识分数的高度;最后,从学生的年龄角度来说,他们习惯于分得的结果是整数,当分得的结果不是整数,要用比较抽象的分数来表示时,对学生而言还是有一定的困难的。

五年级下册再次认识分数,这时学生的学习起点是已经认识了整数、分数、小数,并且由于小数的教学,学生对分数的理解更容易内化。有了三年级上册这段分数认识的学习,当学生在生活中遇到不能得到整数结果的情况时,就会非常自然地用分数来表示。在三年级上册学完分数后一直到五年级下册再次学习分数的这段时间中,学生的生活经验中会有把一个物体或一个整体平均分成几部分,求其中一份并用分数表示的经历,分数就如整数、小数一样,被学生渐渐认识、接受。从心理学角度来说,虽然第二阶段分数的认识学生是处于再认识阶段,但是对他们而言把一个整体看成单位"1"还是具有挑战性的内容。

二、教学目标不同

三年级上册的教学目标主要是在平均分的基础上引出分数。这个阶段学生建立的是分数的面积模型,即用面积的"部分—整体"表示分数,因此教材中分数概念的引入是通过平均分某个正方形、圆、一个饼等,取其中的一份来认识分数的,这些直观模型即为分数的"面积模型"。在认识几分之一后再认识几分之几,而且分母一般不会超过 10。教材中对分数采用描述性的定义,如"像 $\frac{1}{2}$、$\frac{1}{3}$、$\frac{1}{4}$、$\frac{1}{5}$ 这样的数,都是分数"。

在五年级下册分数意义的教学中,教学目标定位在帮助学生建立分数的集合模型,即用集合的"子集—全集"来表示分数,这其实是"部分—整体"的另外一种形式,与分数的面积模型联系密切,但学生在理解上难度更大,关键是单位"1"不再真正是一个物体,而是把一些物体看作"一个整体"作为单位"1",所取的一份也不是一个,可能是几个甚至一些作为一份。这段分数意义的教学,需要学生有更高程度的抽象能力,其核心是把多个物体看作"单位1",对分数意义的解释采用下定义的方式,即"把单位'1'平均分成若干份,这样的一份或几份都可以用分数来表示",并且对什么是分数单位也给出明确定义。

三、教学活动不同

在三年级上册的教学中,对分数的认识有 2 点至关重要。其一,创设丰富的教学情境。因为,从整数到分数,对学生来说是认识上的突破,所以教学过程中必须组织学生操作再现生活中分单个物体的场景,让学生深刻感受分数存在的必要性,并且通过实际生活中平均分得的结果得不到整数,就用分数表示的事例,让学生逐步理解分数的意义。其二,动手操作理解意义。学生对知识的习得,主动建构比被动接受要有效得多,而动手操作对学生理解分数意义有积极的促进作用。学生在把一个圆或一张正方形纸平均分的操作中,通过折一折,画一画、说一说、数一数等活动,真正理解内化每一个分数所表达的具体意义,这也正是建构主义学习理论所倡导的理念,即学生的学习不单是知识由外到内的转移和传递,更应该是学生主动建构自己的知识经验的过程,通过新经验和原有知识经验的相互作用,充实和丰富自身的知识、能力,主动建构认知。

而五年级下册的教学,学生对单位"1"的理解既是一个重点,又是一个难点,要突破这一点,"一个整体"的素材要更多地来源于学生,并且要在量的积累后,进行概括和总结。这时的教学活动一般不再停留在学生动手操作层面,而是鼓励学生自己不断地举例、抽象,在授课中教师可以让学生把自己心目中的 $\frac{1}{4}$ 用不同的形式表示出来。在汇报中发现学生有把 1 个长方形、4 个苹果、8 颗糖、12 个三角形等物体平均分成 4 份,表示其中的一份的。然后教师再请学生思考这个整体还可以表示什么。随着学生不断回答,数量与物体在不断变化,学生心目中的整体,也就是单位"1"在不断扩充,极限思想也在无形中渗透,当对单位"1"的认识累积到一定的量时,再让学生归纳什么是分数便水到渠成,绝大多数学生都能较好概括出分数的意义。与第一阶段的教学相比,这个阶段的教学对学生抽象概括能力的要求更高,学生对分数的认识也更完整。

四、教学达成度不同

三年级上册分数的初步认识的教学,让学生感悟理解分数产生的必要性,并形成把单个物体平均分后,对几分之一、几分之几的认识。接着让学生通过学习同分母分数的简单加减法以及1减去几分之几的计算进一步加深对分数的认识。

五年级下册分数意义的教学不但要让学生正确理解单位"1",而且要完整学习分数单位,在这段教学中分数意义扩充的范围更广,一般需要涵盖以下3方面的意义。

1.比率,指的是部分与整体的关系,主要体现在真分数中,每个分数基本都表示整体中的一部分或几部分,说到底其实是部分与整体之间的一种比率关系,但不要求跟学生说明,在首节意义研究的课中,一般不出现假分数。

2.度量,指的是任何一个分数都可以看成分数单位的累积,这也是这节课的另一个教学重点。在研究分数单位时,教师应有效沟通整数计数单位与小数计算单位的联系,让学生自主迁移得出分数的计数方法与整数、小数的计数方法一样,都是把计数单位累加后产生一个个数,从而使学生在理解的基础上自觉感悟。如 $\frac{7}{8}$ 里面有 7 个 $\frac{1}{8}$,7 个 $\frac{1}{8}$ 累加的结果就是 $\frac{7}{8}$。

3.数线,可以用分数表示数线上的点。这是学生认识分数的一种有效、并且有意义的手段。如先出示一条线段表示单位"1",接着在这条线段的中点点上一个圆点,请学生用分数表示,再在 0 到 $\frac{1}{2}$ 的中间点上圆点,请学生用分数表示,点 0 到 $\frac{1}{8}$ 的中点,请学生用分数表示,点 0 到 $\frac{1}{16}$ 的中点,请学生用分数表示,并让学生思考,这样不断划分中点,会发现什么?学生会发现"点"越来越接近 0,并且学生也能发现在分数单位中,分母越大,分数单位越小,这也是有一定量的累积后学生内化感悟的结果,见图 2-11;随后再把这个单位"1"平均分成 8 份,每份就是 $\frac{1}{8}$,随着 $\frac{1}{8}$ 的不断累加,学生发现 $\frac{2}{8}$ 就是 $\frac{1}{4}$,$\frac{4}{8}$ 就是 $\frac{1}{2}$,$\frac{8}{8}$ 就是 1,等等。这一练习,学生对同一线段可以用不同分数表示有感悟,为后续学习约分等作铺垫。随着 $\frac{1}{8}$ 的不断累积,请学生思考 $\frac{7}{8}$ 应表示在哪里,这不仅是对分数单位的再认识,更能为后续学习假分数埋下伏笔,接着教师继续出示:假如把 0 到 $\frac{1}{2}$ 看作 A 段, $\frac{1}{2}$ 到 1 看作 B 段,请学生思考 $\frac{26}{50}$、$\frac{48}{100}$ 等分别在哪段,并说说为什么。研究这条数线上的分数,其实就是完整认识分数意义的一道综合题,通过对数线所展示的每一个分数的意义与实际所表达的线段的长度进行比较,学生对分数的理解更完整,并且数形结合思想、极限思想、比较思想等都在无形中渗透。

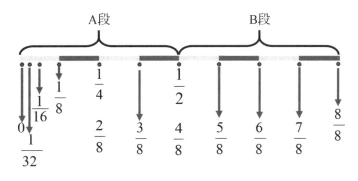

图 2-11 数线图中的分数

在人教版教材中,类似于将分数的认识分几段进行教学的内容还有很多,如小数的意义认识、角的认识等内容都需要老师认真钻研教材,多阅读、思考,研读课程标准和教师教学用书给出的建议,分析学生的学习起点,把前后知识的教学都纳入教材系统中去,在横向和纵向的分析、比较中真正把握教材,让每一块内容的教学都基于整体视角,从结构化角度出发,关联学习内容的发生、发展,让学生的学习在不同阶段中不断进阶。

从小初衔接角度漫谈学生运算能力及教学措施

《义务教育数学课程标准(2022 年版)》与《义务教育数学课程标准(2011 年版)》相比有 5 个主要变化:一是强化了课程育人导向,二是优化了课程内容结构,三是研制了学业质量标准,四是增强了指导性,五是加强了学段衔接。要依据学生从小学到初中在认知、情感、社会性等方面的发展,合理安排不同学段内容,体现学习目标的连续性和进阶性。小学和初中是学生学习的 2 个不同阶段,学生的身心发展和认知基础决定了数学学科学习的知识内容、思维方式等都会有很大的区别,在初中学习中,知识的体系更加结构化,思维的方式更加逻辑化,语言的表述更加符号化,概念的抽象更加严谨化。为帮助学生更快适应初中的学习生活,我们有必要去了解不同学段相同知识领域内容的联系性,同时把握学科特点、理解内容本质、坚持素养导向,有效做好小初衔接。而在小初数学教学的衔接中,计算教学的衔接是至关重要的一环,课程标准明确提出运算能力是义务教育阶段核心素养之一,要求学生能够明晰运算的对象与意义,理解算法与算理之间的关系,也就是理解计算的内在逻辑,即"知其然,并知其所以然",要求学生能够选择合理简洁的策略解决问题,通过运算促进数学推理能力的发展,帮助学生形成规范化思考问题的品质,养成一丝不苟、严谨求实的科学态度。

翻看学生平时的作业或综合练习,可以看到在各个板块的内容中,计算的分量都是比较重的,如果再认真查阅分析学生的综合练习卷,会发现他们的失分很多都出现在计算上。如果学生运算能力较强,那么这样的错误完全可以避免。笔者在与初中数学老师的交流中发现,他们也感慨一部分学生的运算能力较弱,这些学生的小学计算学习还没有完全过关,并希望在小学的教学中,老师们能够夯实计算教学,便于学生在初中的有理数运算、代数式、一元一次方程、二元一次方程、整式的乘除等内容的学习中,能更好衔接并有效掌握相关内容,从而更好形成准确、迅速、灵活的运算能力。确实,计算教学是学好后续内容的重要前提,是学生数学学习的基石,在教材中有着承上启下的重要地位,而小学数学是学生后续数学学习的基础,计算又是数学学科中最基础、最核心的部分,良好的计算能力有助于学生更好地掌握数学知识和技能,为解决更复杂的数学问题打下坚实的基础,也是学生终身学习、长足发展、更好地参与社会生活的基本素养之一。但是,观察小学的数学学习,不难发现一部分学生的计算学得并不扎实,运算能力并不强,这些学生到初中,计算的正确率也不会高,这就会直接影响他们的数学成绩。因此研究好小初计算衔接问题,也是为了实现学生计算学习中的学习进阶,旨在厘清计算的知识结构由简到繁的循序渐进的思维构建过程。

【小学计算教学现状】

1.计算教学课时明显减少

在 2006 年人教版六年级下册的教材中,可以看到"整理与复习"的内容有 4 块,分别是"数与代数、空间与图形、统计与概率、综合应用",再看 2022 年人教版六年级下册的教材,"整理和复习"的内容有 5 块,分别是"数与代数、图形与几何、统计与概率、数学思考、综合与实践",具体见图 2-12。其中"数学思考、综合与实践"这 2 块内容在 2006 年的教材中是没有的,即使是 2006 年的教材中已有的"图形与几何"类内容,也补充了很多如"图形与位置、平移与旋转"等的内容。有这么多内容补充进来,但是数学教学的课时却没有增加,那么计算教学的课时就会相应减少很多。

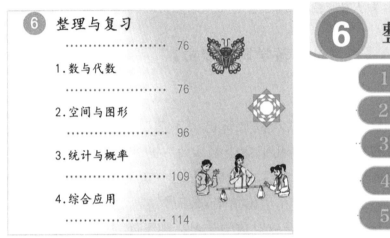

图 2-12　2006 年及 2022 年人教版教材六年级下册部分内容

2.口算不作达标要求

在以前的教学中,一、二年级特别强调口算达标,要求 20 以内的加减法一分钟完成 8 到 10 道,表内乘除法 3 分钟完成 50 道,所以老师们就特别重视口算教学,基本天天抓口算,如果班中学生口算不达标,就会天天给学生补课,一直到所有学生达标。随着课程改革不断推进,教学中对口算不再有要求,也就是没有规定具体几分钟必须完成几道题,学校也基本不再进行口算达标的训练,这样在一定程度上造成学生没有更多时间进行口算练习,部分学生对计算方法的掌握不扎实,导致口算熟练程度与正确率都有所下降。

3.教学难度降低

2022 年人教版的教材在增加很多新内容的同时,也降低了计算的难度。比如在 2000 年前的教材中,会有三位数乘三位数的笔算,除法笔算中也会出现除数是三位数的除法,而从 2001 年颁布课程标准以来,三位数乘三位数的笔算或者除数是三位数的除法不再出现,再看 2022 年人教版教材四年级上册的总复习,计算难度确实下降很多,见图 2-13。显而易见,在整数计算的教学中,乘法最多只要求掌握两位数乘三位数,除法中除数最大只是两位数,小数计算也是如此。

⑤ 计算下面各题,并验算。

125×43	665÷25	54×69	168÷32
952÷28	240×36	390÷60	207×40

图 2-13　2022 年人教版教材四年级上册总复习第 113 页部分内容

【小学计算教学调整缘由】

1. 社会发展的结果

当今社会,随着科技发展,很多繁杂的计算已经不需要通过人工计算来完成,因为现在手机、计算机等数码产品几乎完全融入每一户家庭的生活中,当遇到复杂的计算时,完全可以借助这些工具来完成,并且每天进行机械重复的训练,只是一种技能性活动,会使学生产生厌倦情绪,久而久之学生一看到数学,头脑中出现的首先是重复练习的口算,导致对数学学习兴趣下降,这种训练方法也不利于学生素养的形成。现在是素养时代,对学生运算能力的培养不是通过机械训练得来的,因此不强调口算达标、降低计算教学要求是非常现实且有社会意义的。

2. 人们生活的需求

学生学习数学最基本的目标是获得适应未来生活和进一步发展所必需的数学基础知识、基本技能、基本思想、基本活动经验。学习数学是为了更好地生活,而不是一味地去解决繁难的计算问题,因为这些繁难的计算在人们的日常生活中很少用到。学生需要在真实情境中,会用数学的思维思考现实世界。《义务教育数学课程标准(2022 年版)》明确提出"真实情境"一词,并且这个词大约出现了 20 次,各种具体情形下的"情境"一词出现约 150 次,突出强调了真实情境在数学教学和核心素养培养中的作用,而在这些真实情境中,学生更需要的是形成发现问题、提出问题、分析问题和解决问题的能力,初步形成讲道理、有条理的思维品质,逐步形成理性精神。

3. 培养人综合素养的需求

学生综合素养的发展,有赖于数感、量感、符号意识、运算能力、几何直观、空间观念、推理意识、数据意识、模型意识、应用意识、创新意识的形成,而通过计算教学仅仅能培养一小部分素养,更多的素养需要学生在多样化的学习内容和学习活动中养成和习得,在数学学习总课时不变的情况下,就势必要减少计算教学课时、降低计算难度,但这并不意味着不重视计算教学,而是在教学中应统筹实施算理与算法教学,带领学生深入研究算理与算法的本质特征。这样做不仅能让学生深刻理解计算原理和方法,还可以进一步提升学生的理解能力、问题解决能力与思维能力。

面对如今的教材要求以及运算能力培养的素养要求,在小学的计算教学中又该实施哪些措施呢?

【小学计算教学措施】

1.加强算理与算法教学

在小学数学中,计算贯穿整个数学学习过程。而在计算教学中,无法回避的是厘清算理与算法的关系,算理是学生处理计算问题的理论依据,算法则是学生正确、高效地进行计算的保障,二者的关系较为密切,对学生未来的数学计算学习影响深远。算理是计算的根本,是一切计算的理论依据,学生只有理解算理才能真正理解各种计算方法、法则、规律,进而提高运算能力,学生不仅要学会计算方法,还要理解为什么这样计算,单纯、机械地讲解算法是无法使学生的运算能力得到提高的。但算理本身比较抽象,需要教师采用科学的方法进行教学,如可以利用实物、教具等进行实际操作,通过直观展示算理,将抽象的算理直观化、形象化,通过数形有效结合,让学生真正理解算理与算法,并对一些容易搞错的内容,如乘法分配律和结合律等有效进行比较与沟通,真正夯实计算基础。这样的教学符合小学生的思维特点和认知水平。

2.培养学生计算兴趣

兴趣是吸引学生学习的动力,能激发学生强烈的求知欲和探索欲。但计算教学相对枯燥,这就需要教师在教学中努力激发学生对计算的兴趣,如:创设实际情境,将计算融入日常的购物、分发物品等场景中,让学生感受到计算在现实生活中的重要性和实用性;通过讲述数学家的故事、介绍数学史上的趣事等方式,激发学生对计算的好奇心和兴趣;利用现代技术,如借助计算器、计算机软件或其他教育科技工具,使计算变得更加有趣和直观;还可以设计一些有趣的数学游戏或竞赛活动,如拼图、猜数字等,让学生在游戏中体验到计算的乐趣。当然,学生在计算方面有进步时,教师也要及时表扬与鼓励,增强他们的自信心和成就感。

当前一、二年级日常不布置书面作业,可以要求学生视算,老师准备100道题,让学生在家里直接口头报答案,这样的训练在寒暑假中也可以布置。但是如果每天让学生视算,学生会感到枯燥乏味,所以让学生在家里通过和父母玩扑克牌游戏或者抛骰子游戏来练习口算,他们会非常喜欢。具体方法是:学生和家长或者同伴1人出1张牌,直接计算2张牌之和或差,先算出得数者赢。也可以让学生玩抛骰子游戏,2人一组,每人准备2个骰子,一个贴上数字3、4、5、6、7、8,另一个贴上数字4、5、6、7、8、9,练习20以内的加法,其中进位加法只有8+2、9+1、9+2和9+9没有练习到。在练习20以内减法时,可再增加一个骰子,标上数字11、12、13、14、15、16,用这个骰子和前面2个骰子中的其中一个进行练习,就能尽可能多地练习20以内的减法。以游戏的方式让学生练习口算,学生觉得有趣,愿意玩,口算的速度与正确性也会提高。

3. 适当加强计算练习

因为教材补充了很多教学内容,经常会出现一段时间内的教学中没有计算的内容,但是如果长时间不进行计算练习的话,学生的计算速度与正确率都会下降。所以可以在每周双休日作业中专门安排16开大小的一面口算或笔算内容,让学生进行练习,高学段还可以进行"百题计算无差错"等活动。此外根据学生学段不同,每学期可以罗列50道学生必会的可以将答案脱口而出的题目,比如$11×11=121,12×12=144$,比如$15×$几、20以内的加减法,又比如分数和小数的互化等内容,这些最基本的计算学生如果可以将答案脱口而出的话,那么对提高计算的熟练度及正确率肯定是有好处的。最后,每学期可以把计算能力作为专项测试之一进行专项测试,并给获得优秀的孩子颁发"计算小达人"的证书。这样的一些方法与措施,目的都是促使学生的计算基础更扎实,同时也能激发学生学习计算的兴趣,促进运算能力的提升。

分析了小学的计算,再来看看相同知识领域内容中七年级的计算,与小学比较又有怎样的不同?

【小学与初中教材比较】

1. 同种类型的题目难度系数相差大

在2022年人教版教材六年级下册整理和复习的内容中,无论是简便运算、小数、分数运算还是解方程,总体数值不大,内容也比较简单,具体见图2-14和

图 2-15。

⑤ 计算。

$$59 \times 101 \qquad 12.7 - 3.6 - 5.4 \qquad 24 \times \left(\frac{1}{4} + \frac{5}{6} - \frac{7}{8} \right)$$

$$2.5 \div \frac{5}{8} \times \frac{7}{4} \qquad \frac{8}{9} \times \left[\frac{3}{4} - \left(\frac{7}{16} - \frac{1}{4} \right) \right] \qquad 12.5 \times 8 \div 12.5 \times 8$$

图 2-14　2022 年人教版教材六年级下册整理和复习第 78 页内容

⑤ 解方程。

$$x - 0.25 = \frac{1}{3} \qquad 4 + 0.7x = 102 \qquad \frac{x}{4} = 30\% \qquad \frac{2}{3}x + \frac{1}{2}x = 42$$

图 2-15　2022 年人教版教材六年级下册整理和复习第 81 页内容

　　再看浙教版七年级上册的教材,第四章代数式中的内容,见图 2-16,初中老师可能会想小学里整数、分数、小数加减法都学了,这些无非是步骤多点,怎么学生计算的正确率就不高呢? 其实比较一下不难发现七年级计算的难度和要求都高了很多,这对刚进入中学大门的学生来说确实是有难度的。

▶例　已知 $a = -\frac{1}{2}$,$b = 4$,求多项式 $2a^2b - 3a - 3a^2b + 2a$ 的值。

解:$2a^2b - 3a - 3a^2b + 2a$

$= (2a^2b - 3a^2b) + (-3a + 2a)$

$= (2 - 3)a^2b + (-3 + 2)a$　(根据什么?)

$= -a^2b - a$。

把 $a = -\frac{1}{2}$,$b = 4$ 代入,得

$2a^2b - 3a - 3a^2b + 2a$

$= -a^2b - a$

$= -\left(-\frac{1}{2} \right)^2 \times 4 - \left(-\frac{1}{2} \right)$

$= -\frac{1}{2}$。

> 想一想
>
> 可以把 a 和 b 的值直接代入原多项式进行计算吗? 与先合并同类项再代入求值相比,哪种方法比较简便?

图 2-16　2024 年浙教版教材七年级上册第 114 页内容

2.计算教学要求不同

　　在小学数学中更多用到的是算术方法,以 2022 年人教版教材为例,方程内容只放在五年级上册“简易方程”一个单元学习,当然在后续的练习中也会有出现,但是不多。而看初中的教材,发现更多用到的是列方程解题,且等式变形的内容比较多,但学生在练习中错误率都比较高,所以初中老师认为学生在小学时方程没学好,但实际的原因还在于小学时方程学得不多、用得不多,学生掌握的

知识也比较浅显。虽然小学时借助天平原理、利用等式性质来学习方程(见图2-17)与初中方程学习中用等式的性质进行教学具有一致性,但是在2022年人教版教材六年级上册的"用方程解决问题"中,还是要依据四则运算各部分之间的关系来解方程,也就是采用"一个因数＝积÷另一个因数"的方法进行,具体见图2-18。再看2024年浙教版教材七年级上册中"一元一次方程"的内容(见图2-19),解这样的方程需要"去分母—去括号—移项—合并同类项—两边同除以未知数的系数"这样5个步骤,如果搞错其中一步,就无法得到方程正确的解,可见两者的难度系数实在相差很多,学生一下子不能求得方程正确的解也情有可原。

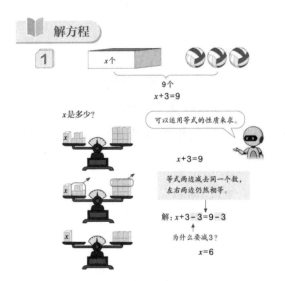

图 2-17　2022 年人教版教材五年级上册
第 67 页例 1

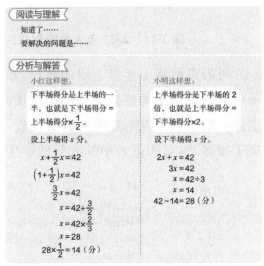

图 2-18　2022 年人教版教材六年级上册
第 39 页内容

例3 解下列方程:

(1) $\dfrac{3y+1}{3}=\dfrac{7+y}{6}$.　　(2) $\dfrac{x}{5}-\dfrac{3-2x}{2}=x$.

分析 由于方程中的某些项含有分母,我们可先依据等式的性质,将方程的两边同乘各分母的最小公倍数,去掉分母,再进行去括号、移项、合并同类项等变形求解.

解 (1) 方程的两边同乘6,得　$6\times\dfrac{3y+1}{3}=\dfrac{7+y}{6}\times6$ (根据什么?),

即　　　　　　　　$2(3y+1)=7+y$.

去括号,得　　　　$6y+2=7+y$.

移项,得　　　　　$6y-y=7-2$.

合并同类项,得　　$5y=5$.

两边同除以5,得　　$y=1$.

(2) 方程的两边同乘10,得　$2x-5(3-2x)=10x$.

去括号,得　　　　$2x-15+10x=10x$.

移项,得　　　　　$2x+10x-10x=15$.

合并同类项,得　　　　　$2x=15$.

两边同除以2,得　　　　　$x=\dfrac{15}{2}$.

图 2-19　2024 年浙教版教材七年级上册第 139—140 页内容

【初中计算教学措施】

1.了解小学教材,放慢教学进度

小学和初中的数学教学存在很多相通的知识点和教学方法,如果没有良好的衔接,容易出现教学盲点和重点模糊的现象,还会忽视在新知识与旧知识之间进行连续的、进阶的教学。同样是计算教学,在小学阶段,学生主要学习数的认识、数的大小比较、四则运算、分数、小数等基础知识,教学内容相对较少,学习的节奏也较慢,而初中阶段数学教学则更注重数学概念和思想的理解和应用,学生需要进一步学习有理数、有理数的运算、实数、代数式、一元一次方程等,呈现知识点的密度较大、对计算及思维的要求更高的特点。因此初中的老师,不能认为这些差不多范畴的知识小学都学过了,就加快教学进度,而是应该有效研读小学教材,了解学生真实的学习起点与知识储备,这样才能在教学中放慢教学进度,让学生有一个缓冲、适应的机会,学生才能学得更扎实,老师自己的心态也会更好,从而进入良性循环,让教学扎实有效。

2.降低教学要求,提升教学质量

对于初中学生来说,影响数学学习效果的重要因素之一是学生对数学的理解。在小学学习中,教学内容相对较少,学习的节奏也较慢,教师可以多次进行知识点的重复教学,但是进入初中后,教师上课节奏快,每堂课教学容量大,教学难度又大大增加,这对于刚刚进入初中的学生来说,一下子无法完全适应教学内容、教师教学方式的变化,不仅影响学习效果和质量,而且会导致部分学生出现厌学、消极应付数学学习的情况,影响到他们的发展。比如在数与代数领域中,初中需要学会计算代数式和解方程,掌握整式的合并同类项、分式的化简等基本技巧,虽然像方程这样的内容学生在小学已有接触,但其实难度系数差很多,所以初中老师在教学这样的内容时,可以利用前测,真实了解学生数学知识实际水平,并以此为起点,适当降低教学要求,引导学生一步步厘清算理、掌握算法,促进学生对教学内容的理解,这样后续的教学才能一步一个脚印稳扎稳打进行。

3.整合教材内容,夯实计算基础

在小学和初中教材中,也会有重复的内容。比如,2022年人教版教材六年级下册第一单元编排了3个例题,用2个课时来学习负数,其中例1借助温度计让学生感知温度,体会零上与零下的意义,例2通过电子账单的收支明细让学生进一步感受正负数表示相反意义,例3通过距离与方向引出数线来理解正负数,这3个例题主要是为了让学生了解正负数的意义、读法、写法,认识数线,会用负数表示常见的生活中的量。而2024年浙教版教材七年级上册第一章"有理数"中也有关于正负数的内容,这与小学内容有相同之处,当然后续将更多学习绝对值、负数参与四则运算等。笔者在与一些初中老师的访谈中了解到,初中老师不清楚小学已经教过负数,因此就没能把相关内容有效整合,在初中教学中,对学生在小学学习过的有关负数的知识可以花少量时间,这样就能节省出更多的课时。类似于这样的内容还有很多,这就需要初中教师在学生小学已经学习相关知识的基础上,做适当的整合,这样可以安排更多的课时进一步教学在小学和初中计算教学中跨度比较大的内容,夯实学生的计算基础。

小学和初中这2个阶段的数学知识是相互关联的,难度也随着年级的升高而逐渐提高,如何做好小初之间数学教学的衔接是一个重要的课题。为有效做好小初衔接,小学老师在今后的教学中,应更多以发展的眼光进行教学,同时加强基础教学,关注学生的可持续发展。初中老师在碰到一些问题时,应静下心来考虑学生的知识起点,从而适当放慢教学进度,毕竟习惯6年小学课堂学习方法并以感性思维为主的小学生,只经过2个月的暑假,一下子要适应初中冷冰冰的理性教材及大容量的学习,还是有一定困难的。水尝无华,相荡乃生涟漪;石本无火,相击而生灵光。小初衔接需要小学教师的手"伸出去",初中教师的手"伸过来",小学和初中的老师们,能更多翻阅学生后续或前期教材,更多了解教材及学生,实现双向奔赴,这样我们才能共同探索小初衔接的有效路径,促进学生运算能力逐步提升。

第二节　数与代数教学实践

内容拓展进阶"促"思维不断进阶

——以"乘法口诀"拓展练习为例

【课前思考】

在乘法口诀教学中,很多老师都会基于单元整体教学理念,对教材进行重组、整合后再进行教学,原因在于乘法口诀教学中有着相似的结构,对学生来说有了前期乘法口诀的学习经验,后续很多乘法口诀都可以通过自己学习掌握,只是对不同的口诀还需要一个记忆与熟练的过程。那么在学习完乘法口诀后,又该通过怎样的练习,去吸引学生的注意,提升学生的思维,让学生通过练习获得新的收获、新的启发,同时促进他们的思维不断进阶呢? 本课例通过数形结合的方式,把枯燥的乘法口诀与相关的线、面有效结合,赋予乘法口诀新的内涵,不仅巩固了乘法口诀,更为后续学习面积、研究数与形之间的关系做好了有效铺垫。

【教学实践】

一、基于需求,生成坐标

1. 以格计数,感悟长度

师:小朋友们,这里有一条横着的线段,你知道它能用哪个数来表示吗?

生:不知道。

师:你有办法知道它的长度吗?

生:用尺子量一量就可以了。

师:这是一个好办法,如果不用尺子量,你还能知道吗?

生:可以大概猜一下,但是不太准确。

师:现在我们把它放在格子中,你能用一个数来表示它的长度吗? 〔见图2-20(a)〕

生：它有7格，可以用7来表示。

师：这条竖着的线段呢？［见图2-20(b)］

生：它有5格，可以用5来表示。

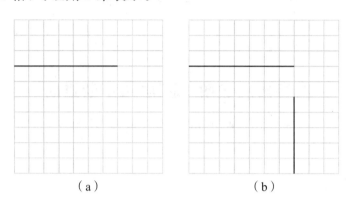

（a） （b）

图2-16 格子图

师：你们是怎么知道的？

生：可以一段一段地数出来。

2. 创造坐标，感受无限

师：有没有办法让别人一眼就看出来它有几格？

生：可以给格子标上数字。

师：给格子标上数字，你们觉得这格标几比较好呢？

生：因为还没有开始，就像尺子的零刻度一样表示起点，可以标上"0"。

师：如果格子多画一些，后面的数字还可以标上什么？这样的数标得完吗？

师：大家真厉害，你们已经创造出了坐标图。（介绍横轴、纵轴）（见图2-21）

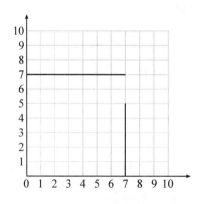

图2-21 坐标图

设计意图：对于一条线段，学生从不知道具体长度，意识到可以估计大概长度,可以通过格子图一段一段数出长度,到最后学生自主发现给格子标上数字就能一眼看出线段的长度,并且这样的数字可以有很多,初步感知坐标图的优势,感受无限的思想。

二、思考比较,初步感知

1.基于横竖,感知长度

师:现在横着的和竖着的 2 条线段手拉手了,你想到了哪个算式?(见图 2-22)

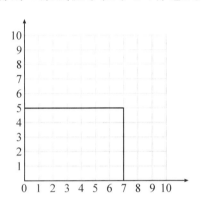

图 2-22 坐标图

生:7 表示横线段的长度,5 表示竖线段的长度,这条折线段的长度就可以用 $7+5=12$ 来表示。

师:对了,12 就表示这条折线段的长度。

2.基于格子,感知面积

生:我觉得可以用 $7 \times 5 = 35$ 来表示面积,因为横着看,有 5 行,每行有 7 个格子,35 表示格子的总数。

生:还可以竖着看,有 7 列,每列有 5 个格子,一共也是 35 个格子。(见图 2-23)

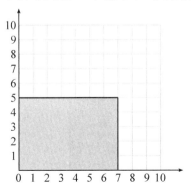

图 2-23 坐标图

师:这 2 种看法分别表示几个几呢?

生:横着看表示 5 个 7,竖着看表示 7 个 5。

师:观察这些算式,你有什么想说的?

小结:在坐标图中,线段的长度用加法计算。如果算围成的格子数,可以用乘法计算。

师:能不能再画出 2 条线段,使它们围成的格子也用 7×5=35 来表示?要求从零刻度开始画起。

生:可以横着数 5 格,竖着数 7 格,并且让它们手拉手。(见图 2-24)

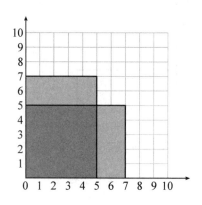

图 2-24　坐标图

思考:在这幅图中,你还看到了哪些乘法算式?

生:我看到了重叠部分的格子可以用 5×5 来表示。

生:2 个没有重叠部分的格子都可以用 2×5 来表示。

生:我还发现现在的这幅图比 7×7 少了一块 2×2。

师:大家表达的算式我们可以用下面的图来表示,你们能找到这些算式吗?(见图 2-25)

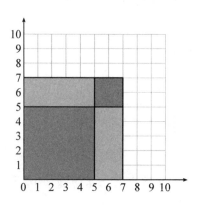

图 2-25　坐标图

设计意图:在坐标图中 2 条线段围起来的部分,可以从长度与面积两个维度思考,虽然学生不清楚面积,但是他们能够从线段的长短来感知长度,从格子的多少来感知面积的大小,同时通过横着数和竖着数,发现一个乘法算式的 2 种画图方式,并在观察比较中,生发出更多的乘法算式,培养学生的观察能力、比较能力及推理意识。

三、观察操作,探究规律

1.一式两图,自主创编

师:请你想一个乘法算式,并根据这个算式画 2 幅图。

反馈:

生 1:我的算式是 $3×6=18$,可以每行画 3 格,画 6 行,还可以每列画 3 格,画 6 列。

生 2:每行画 1 格,画 7 行,或每列画 1 格,画 7 列,用 $1×7=7$ 表示。

……

师:你能看着自己的图找到其他的乘法算式吗? 在小组内交流一下吧。

试一试:你能画出表示积是 16 的哪些图呢?

生:因为二八十六、四四十六,所以可以画出 3 幅图。(见图 2-26)

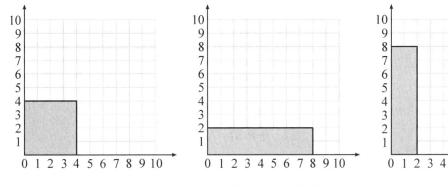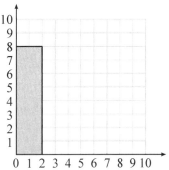

图 2-26　坐标图

2.一式一图,寻求规律

师:大部分的乘法口诀都可以画出 2 幅图,但是四四十六只能画出 1 幅图,像这样只能画出 1 幅图的口诀你还能找到几句?

生:这样 2 个乘数相同的口诀,从一一得一到九九八十一共有 9 句。

师:对这样的口诀你觉得画出来的图又是怎样的? 请你试一试。

反馈(见图2-27):

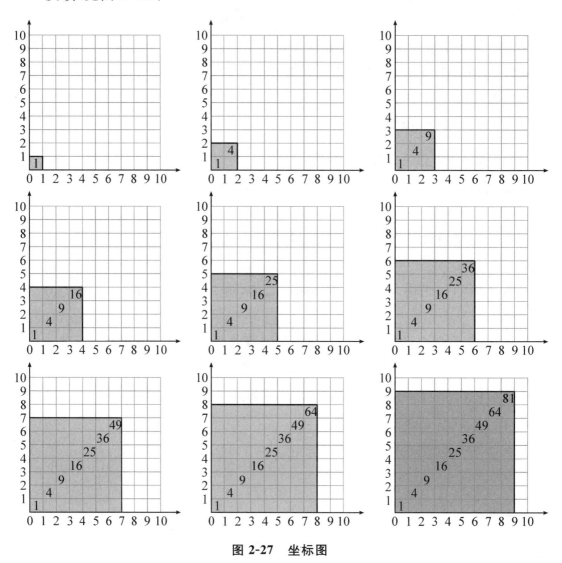

图 2-27 坐标图

师:观察这些图,你发现了什么?

生:这些图中最多的有81个格子。

师:乘法口诀表中所有口诀的积,你能按顺序在这些格子中都找到吗?

要求:先想一想,再四人小组讨论。

生:可以横着来有顺序地背口诀,第一行是1的口诀,第2行是2的口诀,一直到9的口诀。

师:按照他的想法我们一起来背一背口诀,同时观察这些口诀的积表示哪些格子。

课件演示,全体按顺序背诵,从 1 开始,背诵乘法口诀。

设计意图:从一式两图到一式一图,夯实学生对乘法口诀意义的理解,在一式一图中不仅复习了这特殊的 9 句口诀,同时借助整幅图把 81 句口诀结合坐标图全部复习背诵了一遍。在这个过程中,让算式与坐标图结合,有效培养了学生数形结合的能力,发展了学生的思维,同时也让面积模型在无意识中初步渗透到学生心中。

四、以形计数,拓展延伸

1.多种表征,提升思维

师:你还有什么发现吗?

生:一一得一、二二得四、三三得九这些口诀画出来的图都是正方形。

师:所以我们也把这些口诀的积 1、4、9、16、25、36、49、64、81 称为正方形数。

生:把这些点连起来是一条线段,这条线段把这些格子分成了同样的 2 个部分。(见图 2-28)

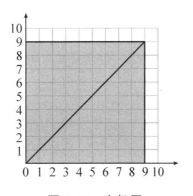

图 2-28 坐标图

师:你知道每一部分有多少个格子吗? 你是怎样想的?

生:81 的一半是 40 多,也就是 40 格多半格。

生:我是一行一行数的,先数整格的,1+2+3+4+5+6+7+8=36(格),再数半格的,有 4 格半,所以一共是 40 格半。

师:这个加法算式你能很快算出来吗?

生:利用大数配小数的方法,一共可以拼成 4 个 9,所以是 9×4=36。

师:如果这条线段到这里(0—6)和另外 2 条边围起来,你们看到了什么图形?(见图 2-29)

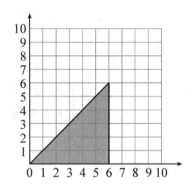

图 2-29　坐标图

生：三角形。

师：这个三角形里面有几个格子？能用一个乘法算式表示吗？大家商量一下。

反馈：

生：把上面部分割下来拼到下面，也可以把下面部分割下来拼到上面。这样就可以使每行有 6 个格子，共 3 行，一共有 18 个格子。（见图 2-30）

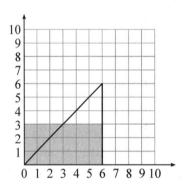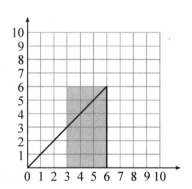

图 2-30　坐标图

师：如果以这条线为分界线，你知道线段的左边有几个格子吗？整个涂色部分一共有几个格子？（见图 2-31）

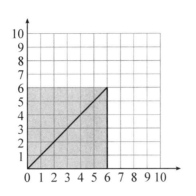

图 2-31 坐标图

生：也是 18 个,整个涂色部分一共有 6×6＝36 个格子。

2.数形结合,厘清本质

师：计算这幅图中的格子数,如果用加法计算,并且每个加数都不同,该怎样列式呢？小组内一起交流一下吧。

生：因为要使加数不同,我们小组想到了 1、2、3、4、5、6、7 这些数,如果竖着数,分别是 1、2、3、4、5、6,但是横着数会重复出现 1、2、3、4、5,于是我们想到了 1 不变,把其他的一横和一竖的格子数相加,就出现了 3、5、7、9、11 这些数,所以这幅图里的格子数可以用 1＋3＋5＋7＋9＋11＝36 来表示。(见图 2-32)

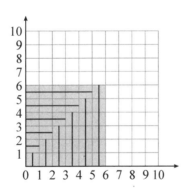

图 2-32 坐标图

师：如果把他们小组的想法用图表示出来,会是怎样的呢？(见图 2-33)

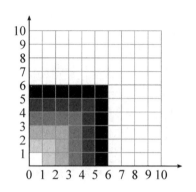

图 2-33 坐标图

师:仔细观察这幅图,你有什么发现?

生 1:我发现最里面有一个格子,然后外面都是像"7"的样子一层一层围起来的。

生 2:我发现,二二得四可以用最里层的 1 个格子加它外面一层的 3 个格子。三三得九可以把里面的三层 1、3、5 个格子加起来。

板书:$4=1+3,9=1+3+5$。

生 1:我知道了 $16=1+3+5+7,25=1+3+5+7+9$。

生 2:我知道了这些正方形数都是连续单数相加的和。

师:想一想,这样的算式你还能想到哪些?

生:$49=1+3+5+7+9+11+13,64=1+3+5+7+9+11+13+15,81=1+3+5+7+9+11+13+15+17,\cdots$

设计意图:借助乘法口诀,学生通过观察、思考、探究、合作、交流等学习活动,在层层推进中不断以"数"构"形",以"形"建"数",让枯燥的乘法算式结合格子图、坐标图、三角形、正方形变得形象生动。其间,及推理意识不断得到培养,综合素养有效得到提升。

【教学反思】

1.学习内容进阶,让素养得以提升。

《义务教育数学课程标准(2022 年版)》指出:在教学中要重视对教学内容的整体分析,帮助学生建立起能体现数学学科本质、对未来学习有支撑意义的结构化的数学知识体系。本节课正是借助简单的学习素材——乘法算式、格子图与坐标图,打通了算式和图形之间的关联,且每一个后续的学习材料都是在前一环节学习材料的基础上生发拓展的,有效构建了学习路径,让数与形互相转化、互相结合,从而达到以形助数、以数解形的目标。正是这些结构化的、有关联的学习素材,让学生在头脑中形成系统化、整体性的知识网络,促进学生学会用整体的、联系的、发展的眼光看问题,有助于学生的数感、推理意识以及计算能力的提升。

2.学习经验进阶,让认知得以发展。

《义务教育数学课程标准(2022 年版)》提出了确立核心素养导向的课程目标,这就意味着教师要思考通过练习让学生的素养得到提升。因此,课始激活经验,站稳学习起阶,把 2 条线段求和的内容放在一年级的加法学习中;课中不断改造经验,从围成的格子个数出发,学生发现这需要用乘法计算,同时不断改变观察的角度,让学生初步感知长方形、正方形、三角形的面积与格子的个数有关,渗透面积模型,让学生不断攀登关键节点,从而使他们的推理意识、空间观念逐步得到培养;课末迁移经验、延展经验,把加法算式与图形面积进一步关联,不断拓宽学生的思维边界,发展学生的认知。整节课就是在体验、感悟中不断启发学生交流、思辨、推理、迁移、应用,让学生不断踩准认知"脚踏点",把进阶起点(学习起点)和进阶终点(学习目标)连接起来,让学生的认知水平节节攀升,不断进阶。

从"碎片化"走向"结构化"

——以"除数是两位数的除法"复习课为例

复习是数学课堂教学必不可少的环节,它的作用不亚于新授课复习能够帮助学生查漏补缺、优化知识结构,还有利于学生巩固知识,提高应用知识、解决问题的能力,发展数学思维并提升数学素养。但在实际教学中,复习课往往存在教学效率低、知识碎片化、学生无法形成完整的知识结构等问题。怎样让复习课给学生的数学学习带来"生长"的力量?《义务教育数学课程标准(2022 年版)》指出,核心素养具有整体性、一致性和阶段性。因此,教师要全面、准确地理解整体性思维的内涵和逻辑关系,让学生在复习课中感受到数学内容本身的整体性,意识到数学是一个统一整体,许多内容之间存在着密切的关系,这就要在复习课上关注整体性、一致性和生长性,建构知识网络、追求本质关联、促进素养提升,让学生所学的知识从"碎片化"走向"结构化"。

【复习误区】

误区一:功能定位模糊,复习目标不明。复习课同新授课一样要有明确的目标,而不是成为用习题堆叠的大杂烩。总体而言,复习课具有回顾与整理、沟通与生长的独特功能,它应该包括知识的梳理建构和练习这两大基本模块。具体来说,复习课应具备以下功能:(1)梳理知识结构;(2)剖析解题思路;(3)提炼(优化)解题方法;(4)规范答题格式;(5)查漏补缺,修正错误;(6)深化理解知识,提升综合运用能力。复习课不能上成"题海战术"课,也不能上成新授课,而是要对典型问题的解决方法进行提炼,让学生不仅能熟练掌握知识,整体建构知识体系和数学模型,还能实现思维和能力的发展。

误区二:缺乏整体架构,知识呈现碎片化。在对单元内容进行复习时,复习所涉及的知识通常比较碎,量也比较大,在复习中教师需要从单元整体视角出发,把复习内容串成一条线,把多个零散的知识点有效整合,帮助学生形成整体的知识网络。课上要引导学生将平常所学的孤立的、分散的知识串成线,连成片,结成网,帮助学生从整体上理解和掌握概念间的内在联系,以便记忆和运用,同时注重对知识的归类练习,把平时形式不一的练习题有序归类,增强知识的联系性,促进学生对知识的融会贯通,提升数学逻辑思维和应用能力。

误区三:多为机械化练习,缺乏思维发展。在教材中,复习课往往安排有专门的内容,一些教师可能只是按照教材上的题目进行讲解,这种方式非常枯燥乏味,学生会在反复练习的过程中失去学习兴趣,思维也无法得到发展。要想有效复习,了解学生已经掌握的知识起点非常重要,可以在复习前先对学生进行相关内容的前测,再根据前测的实际情况,有针对性地进行复习,这样就可以避免机械、重复、低效的练习,同时适当增加拓展性的综合内容,提升学生思维能力。

【教材分析】

"除数是两位数的除法"是2022年人教版教材四年级上册第六单元的内容,也是小学阶段整数除法最后一个学习内容,它是在学生学习了多位数乘一位数、除数是一位数的除法的基础上进行教学的,后续学生将学习小数除法。本单元学习的内容主要有口算、估算、笔算,以及解决问题,其中笔算又是本单元的重点与难点。

【教学思考】

这样的一节复习课该如何关注算理,关注算法,关注算用结合思想,激活学生复习的自主性与积极性?怎样将一单元的内容串成线、连成面、结成网?怎样发现学生的知识漏洞,及时补缺?通过复习,学生的学习能力应该有怎样的提升?

《义务教育教学课程标准(2022 年版)》强调素养导向,要凸显学生主体地位,因此本节复习课基于"以生为本,以学定教,能力为重"的理念,以学生的发展为本,为学生的发展而教。这里的"生"指关注学生的实际水平和实际需要,以及教材的逻辑起点;这里的"学"指关注学生学什么、怎么学、学得怎么样,关注学生的学习基础、学习过程、学习方法,突出学生的主体地位,强调学生的有效参与,培养学生自主、独立获取知识的能力,一切为学而教。数学学习活动是一个以学生已有的知识和经验为基础的主动建构数学知识的过程,学生现有的知识状况、学习水平将直接影响复习效果。因此只有在课前了解学生真实的学习状况,在教学中才能从学生的实际情况出发,让学生饶有兴致地复习。基于此,应在课前先对学生进行前测,根据前测结果,有针对性地进行教学,从而有效进行复习。

【教学实践】

一、开门见山,揭示课题

师:同学们,今天这节课我们来整理和复习"除数是两位数的除法",你们能说一说这单元都学过哪些知识吗?

生:口算、笔算、估算、解决问题。

板书:口算、估算、笔算、解决问题。

师:课前我们对口算、估算、笔算进行了练习,你们觉得哪类题正确率最高?

出示板书,见图 2-34:

除数是两位数的除法复习前测题
一、口算
250÷50＝   540÷30＝   1200÷30＝
二、估算
420÷58   307÷20   302÷53
三、笔算
672÷28＝   370÷40＝   402÷19

图 2-34　板书

生1:我觉得是笔算,因为笔算都是摆过竖式的,正确率一定是最高的。

生2:我觉得是口算,因为口算题简单,都可以用口诀。

生3:我觉得是估算,因为估算只要是近似的结果就可以了。

设计意图:复习课往往一开始就直接呈现复习内容,让学生可以看到课题就梳理所学知识,思考本单元学过哪些知识,在大家相互补充、修正中梳理出本单元主要学习内容,即口算、笔算、估算、解决问题。然后结合前测内容让学生说说哪种题型的正确率最高。每个学生都有自己的想法,认为口算、笔算、估算正确率最高的都有,这其实也是非常真实地反映了学生对这三类题的认识仅仅停留在算上,而没有深入思考与分析这三者间的区别与联系,他们日常的学习只是看到一类题、计算一类题,这样的认识是浅表的、片面的,没有形成认知结构,也缺乏结构化思维。

二、交流口算,站稳复习起步阶段

师:其实大家口算的正确率是最高的,你们是怎样口算的?(出示表2-3)

表2-3　口算正确率统计表

项目	题数	全班人数	全班做错总题次	全班做对总题次	正确率
口算	3	46	6	132	95.7%

生1:口算时被除数和除数末尾可以同时去掉几个0,然后再用口诀计算。

师:为什么可以同时去掉几个0?

生2:这就是商的变化规律。

板书:用口诀求商、商的变化规律。

师:在这些口算题中,错误主要是1200÷30=4,你能算出正确结果吗?

生3:1200和30利用商的变化规律变成120÷3,结果是40。

师:是的,在这题中被除数和除数同时除以10,被除数是120,除数是3,所以结果是40。请大家完成下面的题。

出示:

①360÷90=　　②3600÷900=　　③360……0÷90……0=
　　　　　　　　　　　　　　　　　　　10个零　　9个零

④720÷90=　　⑤720÷45=

反馈:

生1:前面2题商都是4。因为利用商的变化规律它们都可以变成36÷9,所以结果都是4。

生 2:第三题结果是 40,因为 36 末尾有 10 个"0",而 9 的末尾只有 9 个"0",它们末尾只能同时去掉 9 个"0",变成 360÷9,所以商是 40。

生 3:第四题得数是 8,第五题得数是 4。

生 4:第五题得数不对,因为被除数不变,除数小了,商怎么也小了呢?

师:同桌之间相互讨论一下,这题的商究竟是多少呢?

生 5:我们讨论的结果是:被除数不变,除数缩小到原来的 $\frac{1}{2}$,商反而扩大到原来的 2 倍,所以应该是 16。

出示:
$$\begin{cases} ④\,720÷90=8 \\ \quad\quad\downarrow\text{不变}\,\downarrow÷2\,\downarrow×2 \\ ⑤\,720÷45=16 \end{cases}$$

设计意图:从前测结果看,学生的口算正确率是最高的,但是从错题来看,学生在利用商的变化规律后没有仔细分析被除数末尾"0"的剩余情况,也或者学生存在马虎心理,觉得口算比较容易,因而没有仔细审题。针对这些情况,老师安排了 5 道口算,帮助学生进一步巩固商的变化规律在口算中的运用,特别是第三题,其实就是针对错题让学生进一步练习。而第五题学生无法直接口算,必须通过寻找与第四题之间的联系才能计算出正确结果,具有一定思维含量。学生静下心来去思考,去挑战,他们在相互讨论、质疑中发现,在被除数不变的情况下,除数变小,商反而变大。这是对商的变化规律的拓展运用,也是在除法计算中学生需要灵活运用的内容。可见看似正确率已经很高的口算,在复习课中还是需要根据学情设置一些具有挑战性的内容,让学生能够自主去研究、去发现,并从中激发学生兴趣,养成规范化思考问题的习惯,提升运算能力,让简单的学习也有新的收获。

三、分析估算,站稳复习中期阶段

师:估算测试的结果怎样呢?大家想看吗?(出示表 2-4)

表 2-4 口算、估算正确率统计表

项目	题数	全班人数	全班做错总题次	全班做对总题次	正确率
口算	3	46	6	132	95.7%
估算	3	46	8	130	94.2%

师:在这 3 道估算题中,出错的主要是 302÷53≈60,能找找原因吗?

生:估成 300÷50 是对的,但是进行口算的时候算错了。

师:我们是怎样进行估算的?

生 1:先把被除数、除数想成最接近的整十、整百数,再用口诀进行计算。

师:你用什么方法把被除数、除数想成最接近的整十、整百数?

生 2:四舍五入法。

板书:四舍五入成整十、整百数。

师:大家都说得非常好,现在请大家完成下面的估算题。

出示:

143÷70≈   400÷52≈   560÷75≈

反馈:

生 1:143÷70≈2,400÷52≈8,560÷75≈7。

生 2:560÷75≈8。

师:560÷75 有 2 种结果,你们是怎么想的?

生 1:我采用五入法把除数 75 看成 80,就是 560÷80＝7。

生 2:我把 75 估成 70,结果是 8。

师:你们觉得这 2 种估算的方法都可以吗?

生:虽然一般我们用四舍五入法,但是把 75 看成 80 或 70 都相差了 5,所以这 2 种方法都是可以的。

出示数线(见图 2-35):

7   7.5   8

图 2-35　数线图

师:当结果是 7 的时候,是估大了还是估小了? 8 呢? 为什么? 和同桌商量一下。

生:因为被除数不变,把 75 看成 80,除数变大了,商就被估小了;而把 75 看成 70,除数变小了,商就被估大了。

师:正确的结果应该是多少呢?

生:应该在 7 和 8 之间。

师:想一想:口算和估算有什么联系?

生:估算在把被除数、除数想成最接近的整十、整百数后,就要用口算来计算结果,也就是估算中是有口算的。

师:它们不同的地方在哪里?

生1:不同的地方是它们的结果不同,口算后得到的商是准确数,而估算得到的商是近似数。

生2:口算直接用口诀,而估算要先把数看成最接近的整十、整百数后才能用口诀计算。

师:刚刚我们看到口算的正确率是最高的,估算的正确率要比口算略低一些,你能说说这是为什么吗?

生:因为估算要比口算多一个调整成整十、整百数的步骤,所以如果调整错了,那么口算的结果也一定会错。

设计意图:估算在日常生活中有着广泛的应用,同时也是培养学生数感的重要方法。在估算教学中,最重要的是培养学生近似的意识,而不能简单地把估算结果是否与精确值最接近作为唯一的标准,只要能够落在相应区间内,就视为合理。在上面的教学中,通过分析前测中出现错误的原因,学生自己归纳估算的方法,在进一步的练习中,通过对560÷75的2种估算结果的分析,引发学生思考:结果是估大了还是估小了? 再利用数线数形结合,让学生体会7—8的区间范围就是准确商所在的范围,这一环节进一步巩固拓展口算环节中720÷45=16的思考过程,即被除数不变,除数变小,商反而变大,如果除数变大,商反而变小。最后还有意识地打通估算与口算之间的关系,在不断深入的理解、交流、讨论中,学生自然而然就能自主归纳出两者间的联系与区别,同时也感悟到估算正确率低于口算的真正原因,学生的结构化思维得到培养。

四、研判笔算,拓展学习目标

师:笔算的正确率是最低的,会是怎样的呢?(出示表2-5)

表2-5　口算、估算、笔算正确率统计表

项目	题数	全班人数	全班做错总题次	全班做对总题次	正确率
口算	3	46	6	132	95.7%
估算	3	46	8	130	94.2%
笔算	3	46	13	125	90.6%

师:笔算的正确率为什么会最低? 错误可能会出现在哪里?

生1:可能是题目抄错了。

生2:可能是算错了。

师:我们逐题分析一下,看看到底错在哪里。(出示图 2-36)

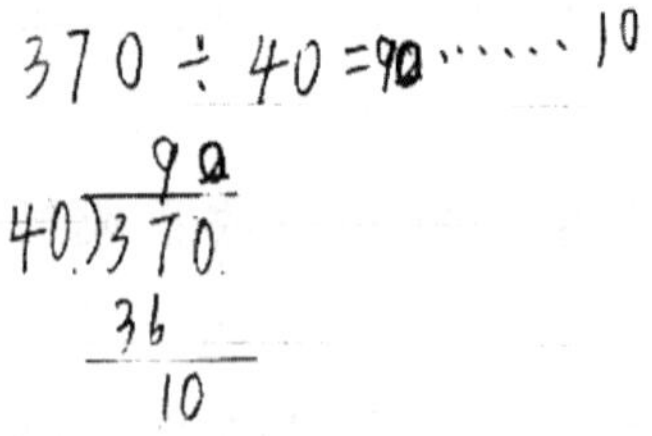

$$370 \div 40 = 92 \cdots\cdots 10$$

图 2-36 错题

生 1:这题商的位置写错了。因为被除数的前两位不够除,商应该写在个位上,结果是商 9 余 10。

师:也就是说这题的商的定位出现了问题(板书:定位)。你们是怎么确定商的位置的?

生 1:先看被除数的前两位,如果不够除就看前三位。

师:这 2 题的商又是几位数呢?

板书:7 □ ╱ 9 □ □   56 ╱ □ 5 1

生 3:第一题商一定是两位数,因为被除数的最高位 9 比除数的最高位 7 大,而第二题的商可能是一位数,也可能是两位数。

师:怎么想的? 同桌互相说一说。

生 4:□里填 1、2、3、4、5 时商是一位数;□里填 6、7、8、9 时商是两位数。

师:请同学们继续看,这题又错在哪里?(出示图 2-37)

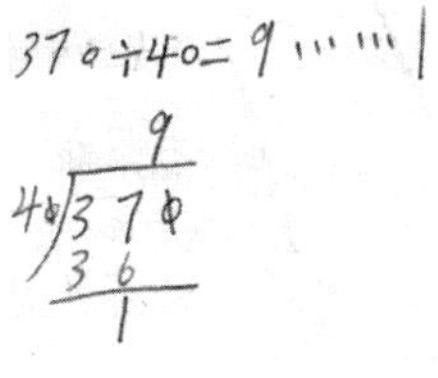

$$370 \div 40 = 9 \cdots\cdots 1$$

图 2-37 错题

生 5:在计算有余数的除法时,用商的变化规律,要注意余数要还原,横式上的余数应该是 10。(板书:余数还原)

生 6:这题验算一下就知道余数错了,因为 $40 \times 9 = 360$,$360 + 1 = 361$,而被除数是 370。(板书:商×除数+余数=被除数)

师:通过分析我们知道 $370 \div 40 = 9 \cdots\cdots 10$。那么这题又错在哪呢?(出示图 2-38)

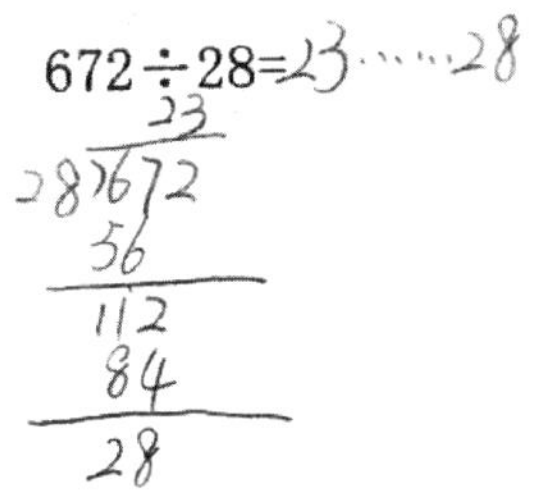

$$672 \div 28 = 23 \cdots 28$$

图 2-38 错题

生1：这题余数和除数相同，肯定错了，因为余数＜除数。（板书：余数＜除数）

师：正确的结果是多少？

生2：672÷28＝24。

师：继续看，这题的问题又在哪里呢？（出示图 2-39）

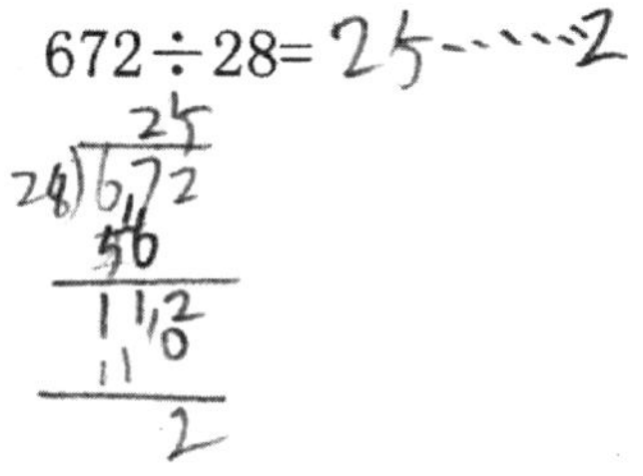

$$672 \div 28 = 25 \cdots 2$$

图 2-39 错题

生3：计算错误，因为 28×5＝140，可是他却算成 110 了。

师：请大家想一想，我们在进行除法计算时需要用到哪些运算？

生4：会用到加法、减法、乘法这些运算。

师：是的，要做对除法笔算，我们会用到加法、减法、乘法这些运算。四则运算是基础，我们一定要准确计算。（板书：四则运算）

师：我们整理复习归纳了笔算的注意点，相信大家笔算的正确率会更高。请大家来完成下面的笔算。

出示：

580÷16＝   220÷23＝   242÷48＝

请3位学生在黑板上演示。

反馈第一题：

生1：我用四舍五入法把 16 看成 20，初商是 2，太小了，调整为 3 就算出来了。

生 2：把 16 看成 15 直接商 3，就可以了。

师：在试商的时候可以采用四舍五入法，也可以看成 2 个整十数的中间数进行试商。（板书：四舍五入法，中间法）

反馈第二题：

师：220÷23，你们是怎么想到商 9 的？

生 1：我看被除数前两位是 22，和除数 23 很接近，商的最高位上接近可以商 1 了，但又不够，所以商 9 肯定是可以的。

生 2：第一位上的数是相同的，总之它们很接近，只差 1。

师：确实，针对这类题，在数学上有一种特殊的叫法，请观察 22 和 23，有什么发现？被除数最高位上的数和除数最高位上的数相同，俗称"同头"，被除数第二位上的数比除数第二位上的数小，不够商 1，俗称"无除"，这个时候可以商 9。如果把被除数变成 200，即 200÷23，请大家再算一算。

师：怎么结果是 8 了？

生 3：原来 22 和 23 只相差 1，这里的 20 和 23 跟原来比相差大了。

补充板书："同头无除"一般可以商 9、8。

反馈第三题：

生 1：把 48 看成 50，商 4，偏小，要调商，变成 5 就可以了。

师：请你观察 24 和 48，有什么特点？

生 1：24 是 48 的一半，也就是被除数的前两位是除数的一半。

师：这类题俗称"除数折半商 5"。把被除数改为 232，再算一算。

生 1：商是 4。

师：除数的前两位接近被除数的一半，所以我们一般说"除数折半商 5、4"。

师：研究了这么多，大家觉得笔算和口算、估算之间有联系吗？和同桌交流一下。

生 1：在试商时会用到估算，在计算的过程中会用到口算，也就是笔算把口算和估算都用到了。

师：通过今天的复习大家又有什么收获？

生 1：我现在终于明白为什么笔算的正确率最低了，因为它在算的时候会用到口算、估算，所以这 3 种算法中肯定是它的正确率最低。

生 2：我发现口算是最基本的算法，估算和笔算都要用到它。

生 3：我发现要把笔算除法算对需要注意很多地方，比如，有好几种方法可以试商,最好一次就能试商成功。

生5:是的,还要使余数比除数小。在计算中会综合运用以前学过的四则运算;在用商的变化规律时横式上的余数要还原;还要很仔细地计算里面的每一步,如果一不小心哪步错了,结果肯定错了。

生6:验算还是很重要的,不管是口算还是笔算。

设计意图:在前测中发现学生笔算的正确率是最低的,根据这样的实情,本节复习课花大量的时间在笔算中,学生通过对前测错题的分析,自主回忆归纳出笔算除法的计算方法以及注意点,老师无须强加给学生相关知识,所有知识点的复习、归纳都是学生在纠错中完成的,而老师只是适时地点拨、引导。而"同头无除商9、8"以及"除数折半商5、4"这2种试商方法的补充,能使学生更灵活地选择试商方法,提升学生笔算的灵活性以及运算能力。最后又打通笔算与口算、估算之间的联系,学生深刻体会到这三者最难的是笔算,基础是口算和估算,而笔算的重点又是试商的方法,同时也真正理解笔算正确率最低的原因,也就是估算中有口算,笔算中有口算和估算,通过这样结构化的整理,学生的结构化思维得以培养,"以生为本,以学定教,能力为重"的理念也得到体现。

五、学以致用,提升应用能力

师:我们复习了这么多的口算、笔算、估算,它们有什么用?

生:在解决生活中的问题时经常会用到这些方法。

出示:学校准备组织二年级的240个小朋友去剧院观看课本剧,每辆车限载36人,至少要准备几辆车?

反馈:

方法一:$240 \div 36 = 6$(辆)……24(人),$6 + 1 = 7$(辆)。

方法二:$240 \div 36 \approx 240 \div 40 = 6$(辆)。

讨论:到底哪个答案是正确的? 为什么估算就不行了呢?

生1:应该要7辆车,因为坐满6辆车后还有24人没有上车,还需要再派1辆车才可以让所有学生都能够乘上车。

生2:如果把36看成40,相当于每辆车都超载了才可以,但其实每辆车限载36人,是不可以超载的,所以估算法在这里是不可以的。

师:通过这题的练习你有什么想告诉大家的?

小结:估算在解决实际问题时需要具体问题具体对待。

设计意图:数学的学习是为了更好地解决生活中的实际问题,学以致用是数学学习的最终归宿,学生要学会用数学的思维思考现实问题。《义务教育数学课程标准(2022年版)》提出的一个核心素养是"应用意识"。应用意识主要是指有意识地利用数学的概念、原理和方法解释现实世界中的现象与规律,解决现实世界中的问题,并能够感悟现实生活中蕴含着的大量问题都可以用数学的方法予以解决。那么学习口算、估算、笔算有什么用?显然教师呈现的基于现实情境的租车问题就很好地体现了学以致用的理念,学生在自主解决问题时用到了笔算、估算和口算,而在对2种算法的讨论中,他们对估算和笔算各自的特点与适用性又有了新的认识,同时再次理解了两者之间的关系,再次感受到数学与生活有很多联系。

【教学反思】

1. 基于学情,构建知识结构

一节课能否把握学生发展的起点状态,决定了这节课的教学设计是否有针对性、适切性与拓展性。而复习课想要有效,教学设计就要根据教学对象和教学目标,确定合适的教学起点与终点,并以教学效果最优化为目的,以解决教学问题为宗旨。教学设计理论主张"为学习设计教学",强调任何教学活动都要以满足学习者的学习需要为出发点和落脚点,为学习者服务,以教学引导、促进学习者的学习。本节课就基于学生前测的真实情况展开教学,分析学生计算的错误、顺应学生的实际水平和实际需要并结合相关内容展开教学,摆正了教与学的位置,老师带领学生始终以积极的课堂状态和有效的师生互动生成整个教学过程,真正体现出"以生为本,以学定教,能力为重"的教学理念。从课前学生凭直觉来猜测口算、估算、笔算正确率的高低,到结构化学习后学生能根据3种算法的各自特点及相关关系进行深入分析,真正打通3种算法之间的关系,帮助学生在头脑中有效建构知识网络。

2. 以生为本,提升思维能力

本节课利用前测练习题展开课堂教学,顺势呈现三大类计算题型正确率的高低,有层次性地进行知识整理,加强学用联系,关注算理,关注算法,关注算用结合的思想。复习每一个知识点时,全体学生都能积极思考,认真分析,挑战自我。学生在复习中不仅学会了知识,而且会学知识,其间又经历了联系、比较、建构的学习过程,老师始终引导学生自己去发现、去总结,不仅培养了学生的运算能力,同时让数学能力融入学生学习成长的过程,促进学生思维能力提升。

3.提升素养,促进学习进阶

构建单元学习进阶是促进学生核心素养发展的重要途径。同样道理,在复习课教学中,老师要通过设置一系列有层次、有逻辑的学习活动,帮助学生逐步深入理解和掌握知识,形成技能和能力,实现核心素养的提升。本堂复习课给了学生更多学习、探究的机会,学生学习的自主性与积极性充分被激活,每一位学生充分经历知识的比较、体验、建构的过程,他们会思考,敢挑战,随着"口算—估算—笔算—解决问题"的推进,不仅学习内容不断进阶,学生也从原先只考虑一种运算的点状思维,到能够结构化思考的综合思维,提升了他们的运算能力,学习也实现了进阶。

为死板的规定赋予实际意义

——谈"按从左往右计算"的运算顺序

【课前思考】

在 2000 年以前的教材中,计算是单独的一块,解决问题(也就是老教材中说的应用题)也是单独的一块,这样的安排造成在计算教学中,计算与解决问题割裂,学生纯粹为算而算。而现在的教材早就舍去了冷冰冰的纯计算,取而代之的是把解决问题和计算教学有机融合在一起,体现数学与生活的联系。但是这样的教学到底是以计算为重,还是以解决问题为重?抑或是两者并重?这对一线的老师来说是一个难题。

2022 年人教版教材四年级下册"四则运算"这节课的知识点比较多,比如要用综合算式解决问题,在列出综合算式后要进行计算,要理解运算顺序,递等式的格式也需要规范地去学习,等等。这些要点到底孰重孰轻,该怎样把握?每个上课的老师都用不同的方式演绎着各自的课堂,有些老师倾向于解决问题,有些老师倾向于解决问题与计算融合,但几乎都有点偏题。仔细体会,这节课的重点在于抛出实际问题,让学生在解决问题的过程中体会运算顺序,也就是说稍侧重于计算。虽然,运算顺序的问题学生在以前的学习中早有接触,但是他们知道这样做,却不知道为什么这样做,而这节课老师的责任就在于去解释其中的"所以然"。根据这一重点,在计算中就要把学生认为顺理成章的运算顺序赋予新的意义,要让学生真正理解同级运算要从左往右计算的原因。

【教学实践】

引入:同学们,现在正是冬天,北方的很多地方都在下雪,而我们南方难得下场雪,今天这节课老师带大家到"冰雪天地"去参观一下。(出示主题图)

师:请你说说"冰雪天地"分成几个活动区,图中的人在干什么。

生:我发现"冰雪天地"分为 3 个区,冰雕区里人们在参观,滑雪区里有人在滑雪,溜冰区里人们在溜冰。

师:是啊,自然界的雪给人们的生活带来了乐趣,所以有很多的人都会到"冰雪天地"去玩,让我们先到溜冰区去看看吧。

【片段一】

出示:溜冰区上午有 72 人,中午有 44 人离去,又有 85 人到来。现在有多少人在溜冰?

师:现在溜冰区有多少人呢? 请大家来算一算。

汇报:

生 1:72－44＝28(人),28＋85＝113(人)。

生 2:72＋85＝157(人),157－44＝113(人)。

生 3:85－44＝41(人),72＋41＝113(人)。

师:你们每人是不是都列出了这 3 种算法?

生:不是。

师:能不能从你没有列过的算法中挑一种来说说这样列式的理由?

汇报:

生 1:我说第三种:先算出又到来的比中午离去的多出来的人数,然后再和上午的 72 人合起来就是现在的人数。

生 2:我说第二种:它的意思是先把上午和中午所有到来的人数算出来,再去掉中午离去的 44 人,就能算出现在溜冰区的人数。

生 3:我说第一种:72－44＝28(人)的意思是先算出中午离去后还剩下的人数,再加上又到来的 85 人,就是现在的人数。

设计意图:对于这样的问题,学生无须老师任何的帮助,都能用自己已有的知识去解决,所以老师要放手让学生自己去做。由于此题有多种解法,一般学生都喜欢用自己最顺的思路去解决,于是老师就有意地让学生去讲讲其他同学的思路,让学生感受多种方法,既开阔了学生的解题思路,又提升了他们的思维,同时提升了学生的数学表达能力。

师：大家都说得非常好，我们现在是四年级的学生了，思考问题的能力也增强了，你们能不能把每种方法中的 2 个算式列成 1 个算式？请选其中的 1 种试试看。

反馈：

生 1：我选第一种，可以列成 $72-44+85$。

生 2：我选第三种，$85-44+72$。

生 3：我选第二种，把它们变成一个算式是 $72+85-44$。

生 4：我也选第三种，我觉得要列成 $72+(85-44)$。

师：对第一种列法你们有意见吗？（生：没有）第二种呢？（生：没有）

师：大家真棒，其实大家都已经把这些分步算式列成了综合算式，对于这样的综合算式你们觉得要先算什么，再算什么？

生 1：第一种先算减法，再算加法；第二种先算加法，再算减法。

师：为什么呢？

生 2：老师，这本来就是这样算的。

师：什么叫本来就是这样算的？

生 3：我们以前在做口算时做到过的，就是这样算的。

师（指第一个式子）：那么这个综合算式我先算加法、再算减法也可以吗？

生 4：这样不可以的。

师：为什么在这道题中要先算减法再算加法？4 人小组互相讨论讨论吧。

反馈：

生 1：如果先算加法，那算出来的是什么人呢？怎么可以用中午离去的人加上又到来的人？那肯定是不行的，根本就不符合这道题的题意。

师：你们有没有听懂她说的"根本就不符合这道题的题意"这句话呢？谁能讲得更具体点？

生 2：因为刚才这道题是由 $72-44=28$（人）、$28+85=113$（人）这 2 个算式变过来的 1 个综合算式，第一步必须要算"中午离去后剩下的人"，所以在综合算式中就是要先算减法。

师：这次你们听懂了吗？谁来说说你听后的收获？

生 3：综合算式在计算时必须要跟分步解题的思路相同，在这个综合算式中就是要先算减法，后算加法。

师:是的,你讲得可真棒!那么这个方法是不是适用于第二种列法?同桌之间交流交流。

反馈:

生:适用,因为必须先算出一共到来的人数,在综合算式中只有先算加法才能先算出所有到来的人数,所以就是先算加法、再算减法了。

师:看来,综合算式的解题步骤必须要符合(生一起接着说)分步解题的思路。

师:对于这样的综合算式,我们可以用递等式进行计算。(板书计算过程)

师:你们看看,用递等式计算有什么特别好的地方吗?

生1:用递等式计算能呈现整个计算的过程,解题思路一目了然,能看得很清楚。

生2:用递等式计算在算错的情况下一眼就能看出哪一步算错了,如果直接写得数的话就看不出到底是哪出错了。

生3:我发现递等式中等号前后每一步计算的结果都必须是相等的,不然就错了。

师:你们真能发现问题,把老师想说的都说出来了,真棒!

师:大家看看在这里有哪些运算?你能说说该怎么计算吗?

板书:在一个算式中只有加减法,就按从左往右的顺序计算。

师:现在我们来看看2位同学第三种列式的思路,他们到底谁对呢?

生:我觉得XXX说的85−44+72是对的,因为分步计算时就是要先算中午到来的人比离去的人多出来的人数,所以综合算式中也是先算减法,再算加法。

师:我们一起把它做完(完成板书)。在这道题中也只有加减法,所以我们其实也是按从左往右的顺序进行计算的。

师:那么72+(85−44)这个算式到底对不对?

生:因为这里分步计算中就是要先算中午到来的人比离去的人多出来的人数,如果不打小括号的话就不符合分步的思路,变成另一种思路了,只有打上小括号才符合分步的思路,所以他这样列算式也是对的。

师:是的,对于带有小括号的算式,我们将在后面的学习中专门学习,在这节课中就不再讨论了。看来在只有加减法的算式中,如果没有小括号的才能从左往右计算。(补充板书:在没有小括号的算式里)

设计意图:对学生来说,在以往的学习中有太多对运算顺序的感受,他们知道要这样做,但是不知道为什么要这样做。老师在这里故意追问学生,其实是在把"为什么按从左往右计算"这个问题放大,花大力气突破这个关键点,通过学生的交流讨论,发现一些问题,使教学向更深层发展,也让学生体会到对一些似乎是合情合理的、习惯成自然的问题,也要多去想想为什么。经过思考,他们不仅在交流中很自然地得出了在只有加减法的算式中,按从左往右的顺序计算的道理,而且使这个顺序的得出有据可依。这样的学习体验不是老师把知识强加给学生,而是学生真正体会到从左往右计算这个顺序的实际意义。同时,在老师潜移默化的引导下,学生不仅发现了递等式的优点,而且喜欢用递等式计算,真正使教学做到雁过无痕,而又收获颇丰。

【片段二】

师:根据工作人员的统计,整个"冰雪天地"3天接待987人,那么照这样计算,6天预计接待多少人?

师:你们能不能把这道题直接列成综合算式并用递等式进行解答呢?

反馈:

生1: $987 \div 3 \times 6$ 生2: $6 \div 3 \times 987$

$=329 \times 6$ $=2 \times 987$

$=1974$(人) $=1974$(人)

师:能说说为什么这样列式吗?

生1:因为它3天接待987人,所以用987÷3就能算出平均每天接待的人数,然后再乘6就算出了6天的总人数。

生2:因为6天是3天的2倍,所以6天到来的总人数也会是987的2倍。

师:这2个综合算式这样计算,你们有意见吗?

生:它们都符合分步解题的思路。

师:你们能总结一下运算顺序吗?

生:在一个算式中如果只有乘除法也是按照从左往右的顺序进行计算的。

师:能把这句话和刚才只有加减法的计算顺序的那句话合并成一句话吗?

板书:在没有括号的算式里,如果只有加减法或只有乘除法,就按从左往右的顺序计算。

设计意图:有了前面对只有加减法的运算法则的充分感知、深入理解,学生在学习只有乘除法的运算时,能自主迁移,有效联结,对只有乘除法的算理已经是不费吹灰之力就自主理解了。而且学生也进一步体会到综合算式的解题步骤必须符合分步列式的解题思路,真正理解"在没有括号的算式里,如果只有加减法或只有乘除法,就按从左往右的顺序计算"的算理。

【片段三】

师:看到"冰雪天地"这么好玩,红红和爸爸妈妈也去玩了,他们来到滑雪区,一家三口玩 2 小时,付 300 元,应找回多少钱?(出示价格表 2-6)

表 2-6 "冰雪天地"滑雪区价格表

2 小时	半天	全天
80 元/人	140 元/人	240 元/人

反馈:$300-80\times3$

师:现在这个算式还能按照从左往右的顺序计算吗?为什么呢?

生 1:不能。因为根据题意,必须先算出他们一家三口买门票要花的钱,然后才能算找回的钱,所以必须先算乘法,再算减法。

生 2:要是再按从左往右的顺序计算就不符合分步计算的思路,因为分步计算的思路是先算花掉的钱,而且也不符合生活实际。

师:看来并不是所有的综合算式都是按从左往右的顺序进行计算的,对按从左往右进行计算的算式又有怎样的要求与规定?

师:今天研究的从左往右进行计算,只是综合算式中的一种计算顺序,综合算式中会出现各种运算,所以就有必要对各种运算顺序做出规定,要不然就会产生计算顺序的混乱。

设计意图:本环节的教学,引起学生强烈的思维冲突,在之前环节的学习中,都是按照从左往右的运算顺序进行的,但是在解决这个问题时,学生根据题意进行分析,发现不能再从左往右进行计算了,而是需要先算乘法,再算减法。通过这一内容的衬托,更体现同级运算按从左往右计算这一顺序规定的必要性,同时也引发学生深入思考,体会综合算式的运算顺序有各自不同的规定,按从左往右计算的顺序并不适合所有的综合算式,同时把所学知识纳入整个知识体系中,把学到的知识串成线,形成结构化思维,为后续的学习做好铺垫。

【教学反思】

在这节课中,课堂教学不再是老师的一言堂,整堂课中学生的思维始终是积极的,他们的交流和讨论是热烈的,知识的发生、发展都是学生在交流、补充中不断修正原有认知后感悟到的,更多知识从学生口中自然流露,真正给死板的、毫无生气的四则运算的规定赋予了灵动的、有生命的现实意义。

一、算用结合,让两者有效糅合

所谓"算用结合",其实就是在算中解决问题,在应用中理解算理。因为这节课的重点在于通过真实情境解决实际问题,让学生在解决问题时体会运算顺序这样规定的道理。而在教学中,我们往往会熟视无睹,似乎认为同级运算按从左往右的顺序进行是很顺理成章的,但仔细体会一下,为什么要在这节课中出现这一运算顺序,怎样让学生理解这种规定背后的道理。如果脱离具体解决问题的情境告诉学生先算什么后算什么,那是老师把知识强加给学生,学生只是机械地按照运算顺序进行运算,并不理解这个规定的意义。本节课借助真实情境,分 2 步走:第一步是每一个分步算式中问题的解决都与实际意义有效联结;第二步是在综合算式中,对照着分步列式的思路,来理解计算顺序的规定的道理。这样在问题解决过程中体现了计算的运算顺序,在计算的过程中又清晰再现解题思路,给一种死板的、毫无生气的规定赋予了灵动的实际意义,让运算顺序有据可依,学生也更能理解和接受这样的规定,同时也体会到学习计算能够更好地解决生活中的实际问题,并且数学中的规定都是有道理的,数学是讲道理的,而不是随意规定的。

二、放大问题,让教学走向深入

可能在很多时候我们都习惯成自然了,觉得很多的规定就是合情合理的,往往忽视了"为什么"。比如为什么除法的笔算格式和加法、减法、乘法的笔算格式不同? 在日常教学中,一些老师只是把书写的格式告诉学生,学生写着写着自然就能按要求写了,但是没有深入理解到除法竖式这样写的意义在于能够把每一次分的过程记录得清清楚楚,这就是除法竖式与加法、减法、乘法竖式格式的区别。又比如在学习角的度量时,我们就会默认用量角器来量角,似乎这是顺理成章的,而不去考虑为什么量角器要做成这个样子,而不能和尺子一样做成直的。如果我们在课前就抛出问题让学生思考量角器为什么要做成半圆形,那么学生就会自己去研究角,研究量角器,发现角有弧度,发现如果把量角器做成像尺子一样就不能量角了,想要知道一个角的大小,必须要用一个一个小角拼出来。同样道理,在这节课中,运算顺序为什么是从左往右,是这节课的重点,所以老师有意识地引导学生,追问学生更多的为什么,直至学生说出连他们自己都觉得苍白无力的话语——"本来就是这样的",可见学生缺少思考。基于此,后续老师创设了更多交流、讨论、质疑的环节，才有了学生更深入思考、交流的机会，从而自然而然地发现这一运算顺序规定的实际意义，真正体会到运算顺序规定的必要性，也真正突破了本节课的教学重点，使教学不仅仅流于表面形式。因此，在日常教学中，我们需要思考更多的"为什么"，并且让学生逐步养成自主学习、探究的习惯，去发现计算法则、概念、公式等这样规定的原因，能够透过现象看本质，让学习真正发生。

三、整体把握，让认知有效建构

知识点不是孤立的，它们之间存在着千丝万缕的联系，教学中需要将这些联系找出来，将不同的知识点串联起来，形成一个完整的知识网络。这个过程就像是在构建一座知识大厦，每一块砖瓦都是知识点，而整个大厦的结构就是知识体系，教师需要帮助学生建立知识体系，并贯穿在一个思维框架中，让知识点在体系中相互支撑、相互补充，这样，学生在遇到问题时，就能够从系统角度进行思考，促进他们的正确认知。比如在这堂课中，最主要的一点就是让学生明白，在同级运算中规定从左往右计算的必要性。但是在综合算式中的计算顺序，除了按从左往右计算外，还有先算小括号里面的和先乘除后加减这 2 种。虽然这 2 种不是这节课学习的主要内容，但适当的冲突、对比能让学生学到的知识更系统，建构的知识结构更完整。当出现带有小括号的算式时，老师没有刻意回避，而是让学生根据问题的实际意义体会到必须先计算小括号里面的才符合问题的实际意义。所以必须先算小括号里面的，再算小括号外面的，而不能再按照从左往右的顺序进行计算。在这堂课的最后，老师有意识地增加先算乘法、再算减法的算式，目的是让学生发现如果再按照从左往右的顺序进行计算，就不符合分步解题的思路，所以必须要先计算乘法，后计算减法，计算是为解决生活中的实际问题服务的。通过这样的比较，学生进一步体会到计算顺序规定的必要性，综合算式计算的运算顺序符合解决问题的每一步思路，真正体现解决问题与计算教学的有机糅合。整节课以整体关联为抓手，以动态建构为核心，以发展思维为导向，从"点状知识"到"结构性认识"，让学生对运算顺序的认知更加完整，他们的结构化思维也有效形成。

应让学生编织一张知识的网
——谈"小数除法"的复习

碎片化的知识，就像一颗颗散落的珍珠，虽然每颗都很美丽，但如果不加以串联,就无法形成一条完整的项链,也就无法发挥出它们应有的价值。同样,如果在教学中,教师只是盲目地教学知识,而不去将它们整合到完整的知识体系中,那么这些知识就无法发挥出最大价值,无法促进学生认知的有效建构。"小数除法"是 2022 年人教版教材五年级上册的教学内容。从计算教学的知识与技能目标看,本课要求学生理解小数除法的算理,掌握小数除法的计算方法;从数学思考目标看,又有运用商的变化规律进行合理计算、在计算中进行有效估算等要求。怎样在学生已掌握了一定知识技能的前提下,通过科学、合理的复习,让学生不带着枯燥、乏味的感觉有效地对这块知识进行整理与复习,并且在复习后又有新的思考与收获是"小数除法"单元复习的理想追求。本课例旨在针对复习课知识点多、难以形成系统,再加上复习的内容学生已掌握的现实情况,合理设计教学预案,并有效调控课堂教学,使学生不但觉得复习课饶有趣味,而且对所复习的知识能由点及线,由线及面,由面及网,形成完整的知识网络。

【教学实践】

【片段一】

师:暑假里,老师家来了好多学生,我事先在水果超市买了一些水果。

出示:

(1)花了 30 元钱买了一个重 4.8 千克的西瓜。

(2)买了一些红玫瑰苹果,每千克要 24 元,付了 20.4 元。

(3)买了 6.3 千克的葡萄,请售货员装成 0.75 千克一份的小袋。

师:请同学们提出一些数学问题,并列出算式。

生 1:每千克西瓜多少元钱? $30 \div 4.8$。

生 2:20.4 元可以买几千克红玫瑰苹果? $20.4 \div 24$。

生 3:6.3 千克葡萄可以装多少小袋? $6.3 \div 0.75$。

师:这些都包含了我们学过的哪些知识呢?

生:这些都包含了我们学过的小数除法的知识。

师:今天这节课我们就来复习小数除法。

设计意图:真实的情境是学生学习数学的有效载体。本环节没有刻意地去创设情境,而是采用"雁过无痕"的方式,从日常买水果这一生活情境中,很自然地就让学生感受到小数除法在生活中的应用,学生根据相关信息自主提出问题,列出算式,培养学生提出问题、解决问题的能力。

【片段二】

师:像这样的小数除法算式还有很多。老师再补充 3 道。

完整出示:

(1)30÷4.8　　　　　(2)20.4÷24　　　　　(3)6.3÷0.75

(4)2÷3　　　　　　(5)2.73÷0.13　　　　　(6)0.12÷0.5

师:做这几道计算题有问题吗? 观察这 6 道题你发现了什么?

生:在这 6 道题中,第(1)、(3)、(5)、(6)题的除数都是小数。

师:谁愿意来试一试第(1)题? 你是怎么想的?

生:我是这样想的:我把 30÷4.8 想成 300÷48。

师:你这样想的根据是什么?

生:我是根据商的变化规律来思考的。

师:根据商的变化规律,其他 3 题在计算时应该怎么想呢?

生 1:根据商的变化规律,第(3)题可以想成 630÷75,第(5)题可以想成 273÷13,第(6)题可以想成 1.2÷5。

生 2:在计算小数除法时,可以把除数转化成整数再进行计算。

师:是的。现在请大家在前 3 题中选 1 题,在后 3 题中也选 1 题,进行计算。如果做完了,还可以选其他的题目进行计算。

反馈第(1)题:

师:做第(1)题的同学请举手,谁愿意和大家交流你的想法?

生:30÷4.8＝6.25(元)。

反馈第(2)题:

生:20.4÷24＝0.85(千克)。

反馈第(3)题:

生 1:6.3÷0.75＝8(袋)……0.4(千克)。所以:8＋1＝9(袋)。

师:这里的余数 0.4 千克对吗? 让我们来列个竖式看看:

板书:

```
                8
       ────────────
0,75 )  6, 3  0
        6 0  0
       ────────────
          3  0
```

师:余数 30 代表的是什么?

生 2:它是在装了 8 袋后多下来的重量。

师：那么到底是多少千克呢？

生3：0.3千克。

师：为什么？

生4：因为30是在把被除数和除数同时扩大100倍后得到的，所以余数要缩小到$\frac{1}{100}$，变成0.3千克。

师：刚才的那位同学回答得对吗？该怎样列算式呢？

生5：6.3÷0.75＝8(袋)……0.3(千克)。所以：8＋1＝9(袋)。

师：想知道余数0.3对不对可以用什么方法验算？

生6：要知道余数是0.3对不对，可以用商乘除数加余数的和是不是等于被除数的方法进行验算。

生7：这道题还可以写成6.3÷0.75＝8.4(袋)≈9(袋)。

师：你们把8.4袋看成9袋，这里又运用了什么方法？

生8：进一法。

师：你们还学过哪些取近似值的方法？

生9：去尾法和四舍五入法。

反馈第(4)题：

生：2÷3≈0.7。

师：如果保留两位小数，那是多少呢？

生：如果保留两位小数，约等于0.67。

师：在用小数除法解决具体问题时，大家很注意余数以及商的近似值，非常棒。(板书：余数、近似值)

设计意图：小数除法在实际应用中，余数是多少，以及余数所代表的真正意义是学生学习的难点。对于这样的一节复习课，在设计教学时，就要充分考虑学生知识掌握的薄弱点，把它有机渗透到具体问题的解决中。特别是运用商的变化规律，当被除数和除数同时扩大后，余数的处理又是学生最容易出错的点。教师在本节课中有意识地设置问题，重新唤起学生的记忆，让学生进一步掌握和运用这一知识，同时对于商中出现的近似值的实际取值方法也做了进一步的明确。

【片段三】

反馈第(5)题：

师：计算这题时你们又是怎么想的呢？

生：根据商的变化规律把这题转化成273÷13，算出商是21，所以2.73÷

0.13 的商也是 21。

师:你们还能根据商的变化规律写出其他一些商也是 21 的算式吗?

生 1:27.3÷1.3＝21。

生 2:0.273÷0.013＝21。

生 3:0.0273÷0.0013 也等于 21。

师:想得很好,当然还有很多算式,现在请大家根据 2.73÷0.13＝21 这个算式,很快写出以下几题的结果。

出示:

①2.73÷13＝   ②0.273÷0.13＝

③0.21×0.013＝   ④5.46÷0.26＝

⑤0.$\underbrace{00\cdots0}_{1000个0}$273÷0.$\underbrace{00\cdots0}_{1000个0}$013＝

师:前四题大家自己算一算,跟同桌说一说,最后一题大家可以自我挑战一下。

生:因为被除数和除数小数点后面都有 1000 个 0,可以把它们同时扩大 10^{1000} 倍,就变成 0.273÷0.13,与第②题是一样的。

设计意图:义务教育阶段的运算能力主要涉及 3 个方面:一是"如何算",即对算法与运算程序的运用,表现为运算的熟练性;二是"为什么可以这样算",即对算理的理解,表现为运算的合理性;三是"怎样算得更好",即对算法的优化,表现为运算的灵活性。小数除法的计算是需要把除数转化为整数才能正确进行的,这就是解决"如何算"。而对于商的变化规律在整数除法中的运用,一部分学生就会觉得困难,那么在小数除法的运用中就更容易出错。在本节复习课的教学中,教师充分认识到了这一点,让学生根据已有的算式自己写出其他商也是 21 的算式,并进一步引申出 5 个相关的算式,让学生自主计算,这是解决"为什么可以这样算"。而这样的安排旨在加强知识间的联系,让学生在计算中发现这些习题之间存在的一致性或相似性,让学生融会贯通地运用积、商的变化规律,这是解决"怎样算得更好"。学生通过计算以及对比联系,将这些计算方法纳入已有的知识结构中,进一步完善自己的知识结构,提升运算能力。

【片段四】

反馈第(6)题:

生:应用商不变的性质把算式转化成 1.2÷5,商是 0.24。

师:还有其他的计算方法吗?

生:可以把被除数和除数同时乘 2,即 $0.12÷0.5=(0.12×2)÷(0.5×2)=0.24$。

师:在这里被除数和除数同时乘 2 的目的是什么?

生:被除数和除数同时乘 2 的目的是让除数变成"1",也就可以用巧算使计算简便。

师:这样的方法可以进行更广泛的应用,请大家用这种方法计算下面 2 题。

出示:

①$0.12÷0.25$ ②$0.12÷0.125$

反馈:①$0.12÷0.25=(0.12×4)÷(0.25×4)=0.48$。

②$0.12÷0.125=(0.12×8)÷(0.125×8)=0.96$。

师:运用商的变化规律可以解决很多问题,大家要具体情况具体对待。

(板书:灵活运用、巧算)

设计意图:对于商的变化规律的运用,学生所想到的就是把除数转化成整数,也就是把被除数和除数的小数点同时向右移动相同的位数再进行计算。对于本环节中几个除数比较特殊的算式,学生就会忽视用商的变化规律进行巧算。在本次教学中,教师早已预见到负迁移对学生的影响,因此安排了较多的内容,重点让学生在计算中发现同样是应用商的变化规律,通过把除数变成 1 就能使计算更加简便,这样的思考是学生运算能力提升的表现,即不仅表现为会算和算正确,还表现为对运算对象、运算意义、算理算法的理解及解决问题时能合理选择方法。这样能帮助学生对巧算有更进一步的认识,为他们今后在计算中灵活、合理运用计算方法打下扎实的基础。

【片段五】

师:请大家看我们刚才计算过的这些算式。

出示:

(1)$30÷4.8=6.25$ (2)$20.4÷24=0.85$

(3)$6.3÷0.75=8.4$ (4)$2÷3≈0.67$

(5)$2.73÷0.13=21$ (6)$0.12÷0.5=0.24$

师:如果把这些题按一定的标准分类,你们准备怎样分?4 人小组先讨论。

反馈:

组 1:我们根据除数是整数还是小数分为 2 类:

除数是小数:(1)、(3)、(5)、(6)。除数是整数:(2)、(4)。

组 2:我们根据除数是整数、纯小数还是带小数分为 3 类:

除数是整数:(2)、(4)。除数是纯小数:(3)、(5)、(6)。除数是带小数:(1)。

组 3:我们根据被除数是整数还是小数分为 2 类:

被除数是整数:(1)、(4)。被除数是小数:(2)、(3)、(5)、(6)。

组 4:我们根据商>1 还是商<1 分成 2 类:

商>1:(1)、(3)、(5)。商<1:(2)、(4)、(6)。

师:大家都想得很多,也很好。那么,什么情况下商会大于 1,什么情况下商又会小于 1 呢?

生:在被除数>除数时,商>1;在被除数<除数时,商<1。

组 5:我们根据除数是否>1 分为 2 类:

除数>1:(1)、(2)、(4)。除数<1:(3)、(5)、(6)。

师:当除数>1 时,商和被除数有什么关系? 当除数<1 时,商和被除数又有什么关系?

生:当除数>1 时,商<被除数;当除数<1 时,商>被除数。

组 6:我们的分类很特殊,和他们都不一样。

师:说给大家听听。

组 6:我们把(4)分为一类,其他分为一类。

师:为什么?

组 6:我们是根据被除数能否被除数除尽来分的。

师:同学们说,他们想得对不对?

生:对!

师:是的,想得很好! 因为分类的标准很多,所以分的结果也不一样。分类是数学学习中一个重要的思想方法,我们必须重视它。(板书:分类)

设计意图:分类方法是数学教学中比较重要的内容。本课例结合小数除法的复习,对以上 6 个算式进行分类,既做到了知识技能目标与过程方法目标的有机结合,又能让学生在具体的知识学习中运用数学思想方法解决问题。同时,对于当除数是小数时,商与被除数的大小关系判定以及商>1 与商<1 的判定,都渗透了估算的思想方法。而且通过这样的分类、估算,能让学生对小数除法有更深刻的认识,是小数除法学习的进一步进阶。

【教学反思】

数学复习课是数学课的重要组成部分,但复习课要上好并不容易,复习课不是旧知识的简单再现和机械重复,而是要使学生在复习中把平时相对独立的知识进行整理、归纳,把知识点串起来,进而加深对知识的理解,并使之条理化、系统化。

一、由点及面,凸显知识网状化

小数除法这块内容不单单是纯粹的计算层面的内容,它更有根据真实情境进行合理运用从而解决问题的要求。在新授课的教学中,小数除法是分好几个课时进行教学的,每一个课时重点解决一些相关的问题,这样就会造成学生所习得的知识是零碎的,不是结构化的。在小数除法学习中,会涉及除法的意义、余数、单位名称、商的近似值、商的变化规律、分类方法、除数以及商与被除数的关系等内容,这些内容看似是散的,但本节课把所有在小数除法中可能出现的各种知识点,围绕买水果的真实情境进行了整合,将平常所学的孤立的、分散的知识点串成线,连成片,结成网。在教师的引领下,学生能积极、主动地去发现知识点之间的联系,体会解决问题的策略和方法,从中感悟到不断积累数学知识的重要性,使学生逐步养成善于回顾、整理和反思的好习惯。这样的复习犹如给学生编织了一张知识的大网,在查漏补缺中实现能力的提升,让学生的学习扎实有效。

二、着重关联,追求教学结构化

基于整体注重结构化教学是《义务教育数学课程标准(2022年版)》对教学内容的要求,这就需要教师注重学科理解,以学生核心素养的形成和发展为目标,以结构化学习为线索,整体分析学习内容后展开教学。教学内容的结构化包含知识关联结构化、认知思维结构化、核心观念结构化3个进阶层次,教学设计是实现知识向学科核心素养转化的关键。这就需要弄清素养导向下,学生学什么?怎样学?学到什么程度?老师教什么?怎样教?教到什么程度?一般的计算复习课,很容易变成"题海战",学生在同一层次上重复练习,被动学习,学习的效率和兴趣都会打折扣。但在"小数除法"这一单元的复习课中,教师不仅仅把目光停留在零散的一个课时的复习上,而是放眼整个单元甚至整个小学阶段除法计算的相关内容,把与之有关的零散内容联系起来,构建知识内容结构,体现学习内容之间的关联。课上出示了6道基本的练习题,并通过这6道题不断生发、拓展,从结构化角度演绎了精彩的课堂,如呈现小数除法各种类型——除数是整数、除数是小数(包括带小数和纯小数);被除数是整数、被除数是小数;商是整数、商是小数以及根据实际问题对商进行合理处理;等等。这样的教学是结构化的,不仅保证了提供最基本的练习,而且还渗透了大量的变式练习,如根据第

（5）题去解决另外需要运用积、商的变化规律的 5 道题以及巧算题等，使小数除法的各个知识点，以及一节计算课应具备的大量练习在不知不觉中完全融合，既确保基础知识的落实，又提升了学生的思维品质。

三、关注素养，凸显思维结构化

从本质上来说，数学计算是一种思维的过程，通过数学符号与抽象的概念进行推理和演绎，从而得到准确的结果。数学是"思维的科学"，在教学中要促进学生思维的发展，把追求思维的教学看成教学的核心。当数学学习有了整体性、结构性的思维参与，教学就会事半功倍。如何让学生通过课堂教学获得高阶思维素养呢？数学的计算教学不仅仅是教授机械的运算，还需要注重对学生思维的灵活性以及逻辑推理能力的培养。在本课例中，课堂从最平常的买水果开始展开结构化教学，内容既有横向的小数除法的各种运算内容，又有纵向的根据一个计算内容不断推进的学习进阶。在这些问题解决过程中，学生能用自己的语言有理有据地说理，让思维看得见，说得清。他们能够注重知识之间的关联，通过对小数除法计算的理解，进行知识和方法的迁移，对算理以及算法理得顺，悟得透，用得活。比如通过"商的变化规律"这一核心概念把小数转化为整数，理解小数除法与整数除法之间的联系，并能够通过这一变化规律自主迁移解决相关问题，还能通过分类把原先模糊的商和除数之间的关系与 1 有效进行关联，挖掘了小数除法更多的价值内涵。本节课体现了数学学科的教学是为理解而教、为思维而教、为发展而教。普通的一节计算课最大程度地发挥了教学的价值，学生的思维一直接受着各种挑战，他们享受着思考的快乐，在夯实小数除法基础这一理念的牵引下，学生系统地进行着可持续的思维过程，解题思路一个接一个进行着有效组合。每一个问题解决的过程，也是学生系统化、结构化综合运用除法相关知识的过程。教师始终将数学学习的方法以及本质规律进行有效的迁移，帮助学生引申或者拓展到相似的新问题的解决过程中，从而形成新的解题思路，得到新的数学感悟和体会，也就完成了新的数学思维结构化过程。同时，学生的运算能力、抽象能力、推理意识以及结构化思维也得到培养。

低结构教学 高思维发展

——"稍复杂的排列问题"教学设计

【课前思考】

对于排列这个知识,学生有学习经验,他们在二年级上册学习过从 3 个数中选 2 个数组成两位数,见图 2-40,而目前学生在学习三年级下册的内容,教材出现的例题是给出 4 个不同的数,其中一个是 0,让学生写两位数,见图 2-41。这 2 个内容的学习,从时间上看将近隔了一年半,从内容上看,增加了难度,一方面是数字多了,另一方面是出现了 0,但是从思考方法上来说,还是一样的,一般是采用固定十位法、固定个位法或者是交换位置法,并且学生已经初步学会了有序思考的方法,因此这个内容对学生来说难度不大。怎样基于先前的学习,让学生通过这节课的学习有更多的收获? 教学中借助游园式的情境,通过观察、猜测、操作、自主探究学习、伙伴交流分享等一系列活动,在不断的留白与层层推进中,让学生感受数学与生活的联系,激发学生学习数学的兴趣,同时培养学生观察、分析、推理的能力,以及有顺序、全面思考问题的意识,感受不重复、不遗漏地思考问题的重要性。

图 2-40 2022 年人教版教材二年级上册第 97 页内容

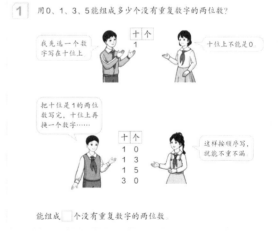

图 2-41 2022 年人教版教材三年级下册第 94 页内容

【确定目标】

1.通过操作、观察、比较,让学生探索稍复杂数排列的方法,体会分类讨论的方法。

2.培养学生初步观察、分析、推理的能力,发展有序、全面思考问题的能力。

3.培养学生自主探究、合作学习的品质,提升抽象概括及思维能力。

【厘清重难点】

教学重点:经历探索稍复杂数排列规律的过程,掌握有序思考的方法。

教学难点:体会不重复、不遗漏的重要性以及分类讨论的方法。

【教学实践】

一、激趣导入,引入学习路径

师:同学们,二年级的时候我们学过搭配,今天这节课我们继续来研究搭配中的排列问题,那么今天的学习路径是怎样的,你们想了解一下吗?

出示图 2-42。

图 2-42 学习路径图

师:我们先去聪明屋,再去骰子馆和照相馆,最后去密码室。

二、承上启下,激活学习方法

师:我们先去聪明屋,大家看,这是一张人脸被遮住的照片,你能猜出照片上人的年龄吗?

生:不能。

师:告诉大家,她的年龄躲在由 1、2、4、9 这 4 个数字组成的没有重复数字的两位数中,你觉得她的年龄有几种可能? 请你写写看,把它写在学习单第一题中。

出示图 2-43。

图 2-43 聪明屋

师:你们写出了几种? 谁愿意把你写的结果摆给大家看?

生 1:12、14、19、21、24、29、41、42、49、91、92、94。

师:你们觉得他写全了吗?

生 2:他写全了,因为没有重复也没有遗漏。

师:他是怎么做到既不重复又不遗漏的?

生 3:他利用固定十位法,做到了有序思考。

板书:有序思考、不重复、不遗漏、固定十位法。

师:能用一个算式表示有几种写法吗?

生:4×3=12(种)。

想一想:这里的 3 表示什么? 4 表示什么?

师:除了固定十位法,你们还能想到什么方法?

生 1:我知道固定个位法,写出的数分别是 21、41、91、12、42、92、14、24、94、19、29、49。

生 2:我是利用交换位置法来写的,写出的数分别是 12、21、14、41、19、91、24、42、29、92、49、94。

师:能用一个算式表示有几种写法吗?

生 2:2×6=12(种),这里的 6 表示每次选 2 个数,一共有 6 种选法,而每一种选法又可以写 2 个两位数。

师:我们通过有序思考一共写出了 12 个数,但是一个人应该只有一个年龄,对不对? 给大家看看这个人,她是谁呀?

生:是老师你。

师:你觉得老师几岁?

生:你不可能十多岁、二十多岁,也不可能九十多岁,应该是四十多岁。

师:但是还不能确定对吗? 再给大家透露一点信息,我的年龄接近50,现在你猜出来了吗?

生:49 岁。

师小结:你们用 4 张不同的卡片,通过有序思考,一共写出了 12 个两位数,并且通过判断、推理很快就猜出了老师的年龄。

设计意图:借助1、2、4、9 这 4 个数猜照片上人的年龄,先学生独立思考,再全班交流,利用固定十位法、固定个位法和交换位置法等,让学生的思维可视可感,并动态调节课堂,把学生随意、无序的思考,进一步引导到有序、全面的思考中来,在归纳与提炼思考方法的过程中,渗透有序的思想方法,并把简单的可能性也渗透在其中。

三、适当留白,经历深度学习

1. 用骰子研究写数

师:是不是给出 4 个数,都能写出 12 个两位数呢? 接下来我们去骰子馆,请小骰子上的点数帮助我们来继续研究写两位数。

出示图 2-44。

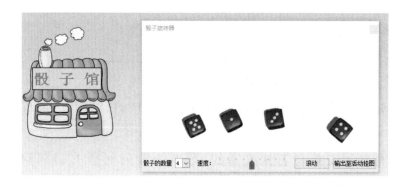

图 2-44 骰子馆

(1)4 个数都不同

师:看着这 4 个数,任选其中 2 个数,你能一下子就知道一共可以写出几个两位数吗?

出示:1、3、4、5

生:12 个,因为跟刚才一样,4 个数都是不一样的。

（2）2 个数相同

出示：1、1、2、3

生：我写出了 7 个，分别是 11、12、13、21、23、31、32。

（3）两两相同

出示：1、1、2、2

生：有 4 个，分别是 11、12、21、22。

（4）3 个数相同

出示：1、1、1、2

生：我写出了 3 个，分别是 11、12 和 21。

（5）4 个数都相同

出示：1、1、1、1

生：都重复了，只有 11 一个了。

2.合作探究写带 0 的数

师：我们用 4 个数，已经写出了那么多的两位数，你们看可以写出 12 个、7 个、4 个、3 个、1 个，如果还是给你 4 个数，你觉得还能写出与这里个数不同的两位数吗？同桌之间先商量一下。

生：我们认为要用上 0 了，并且根据 0 的个数是 1 个、2 个、3 个、4 个，写出的两位数也会有不同的个数。

师：请大家写一写，看能写出几个两位数，写好后 4 人小组可以交流。

反馈：

生 1：我用的数是 0、1、2、7，写出了 10、12、17、20、21、27、70、71、72 这 9 个数。

生 2：我用了 0、1、1、7，写出了 5 个数，分别是 10、11、17、70、71。

生 3：我用 0 和 3 个 1，只能写出 10 和 11 这 2 个数。

生 4：我用 2 个 0 和 2 个 1 也只写出了 10 和 11 这 2 个数。

生 5：我用 0、0、9、8，写出 90、98、80、89 这 4 个数。

生 6：用 0、0、0、7 只能写出 70 这 1 个数。

生 7：用 4 个 0 写不出两位数。

师：想一想，为什么同样是 4 个数，写出来的两位数的个数有这么多种呢？

生：因为 4 个数字有不同情况，有些 4 个数字都不相同，有些有 2 个数字相同或者 3 个数字相同，有些 4 个数字都相同，而且数字中还有 0，0 的个数也不同,所以写出来的两位数的个数也不一样。

师小结:我们一起来看看 0 的个数的情况,1 个 0 有 3 种情况,2 个 0 有 2 种情况,3 个 0 只有 1 种情况,4 个 0 也只有 1 种情况。能这样想我们就做到了有序思考。

设计意图:在学生掌握方法后,抛出问题"给出 4 个数,从中任选 2 个,是不是一定能写出 12 个不同的两位数?",激发学生探究的欲望,再借助电子白板自带的骰子旋转器功能让学生自主探究,这样就出现了可以写出 12 个、7 个、4 个、3 个、1 个两位数 5 种情况。紧接着再抛出问题:还是给出 4 个数字,能写出其他个数的两位数吗?这个留白环节的设置,给学生无限的思考空间,随着学生交流的不断深入,他们的思路不断被打开,思维不断被激发,并且在彼此启发的过程中层层深入。在这样的开放环节中,学生不断累积活动经验并提炼方法,同时拓展了思路,数学思想方法也进一步得到优化,真正实现了深度学习。

四、对比冲突,指向核心问题

师:还记得吗,接下去我们该去哪儿了?

出示图 2-45。

图 2-45 照相馆

生:能拍 6 张。

质疑:刚才给出不同的 4 个数,能写出 12 个不同的两位数,怎么现在 4 个不同的人,每 2 人拍一张合照,只能拍出 6 张了呢?

生:因为在摆数的时候,交换 2 个数的位置会出现不同的两位数,而拍合照,即使换了位置也还是他俩,因此跟换位置没有关系。

设计意图:拍照题的难度不大,主要是让学生再次感悟数字排列中交换位置可以出现不同的结果,而每 2 人拍一张合照跟位置的顺序无关。通过比较,学生体会到不同的问题情境需要用不同的方法分析与思考。

五、拓展延伸,提升学科素养

师:李叔叔带着他的行李箱去旅游,安全起见,他设置了密码,但是李叔叔有健忘症,到了目的地他忘记了密码,打不开箱子,不过他记得设置密码的时候用了0、3、7、8这4个数字中的3个,你觉得他还有可能打开这个密码箱吗? 如果能,最多试几次?

出示图2-46。

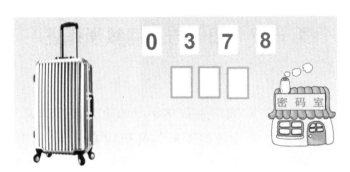

图2-46 密码室

小组合作完成,要求:小组讨论怎样有序思考,把所有的可能性都写下来。

反馈:

生:我们是这样想的,把0放在开头就有037、038、073、078、083、087共6种结果。

师:现在你们认为最多几次李叔叔能打开密码箱?

生:按照刚才的方法,接下来分别把3、7、8放在开头,每种开头都有6种结果,所以一共只要试6×4=24次,李叔叔一定能打开密码箱。

质疑:刚才写数的时候最高位不能放0,现在第一位怎么可以写0了?

生:因为设置密码其实是在编码,编码时0是可以放在第一位的,但是写数的时候0是不能放在最高位的。

设计意图:怎么打开密码箱是一个有难度的问题,要求学生在4个数中挑出3个数进行排列,因此通过合作学习放手让学生自己尝试,在学生理解0放在开头有6种摆放方式后,抽象思考最多试几次一定能打开密码箱,并与带0的两位数比较,让学生体会写数时0不能放在最高位,但是在用数字进行编码的时候,0是可以放在第一位的。这一环节,学生的抽象能力、数据分析能力、逻辑推理能力、数学建模能力得到进一步培养,他们的数学综合素养也得到有效提升。

第三章　图形与几何领域

第一节　图形与几何教学概述

图形与几何是义务教育阶段学生数学学习的重要内容,《义务教育数学课程标准(2022年版)》把小学3个学段的图形与几何内容分为"图形的认识与测量"和"图形的位置与运动"2个主题,内容结构以"立体—平面—立体"为主线,学段之间的内容相互关联,螺旋上升,逐段递进。"图形的认识与测量"包括立体图形和平面图形的认识,线段长度的测量,以及图形的周长、面积和体积的计算。学习这块内容,学生经历从实际物体抽象出几何图形的过程,认识图形的特征,感悟点、线、面、体的关系;积累观察和思考的经验,逐步形成空间观念。学生经历统一度量单位的过程,感受统一度量单位的意义,基于度量单位理解图形长度、角度、周长、面积、体积。在推导一些特殊图形的周长、面积、体积计算方法的过程中,感悟数学度量方法,逐步形成量感和推理意识。"图形的位置与运动"包括确定点的位置,认识图形的平移、旋转、轴对称。在学习过程中,学生结合实际情境判断物体的位置,探索用数对表示平面上点的位置,增强空间观念和应用意识。学生经历对现实生活中图形运动的抽象过程,认识平移、旋转、轴对称的特征,体会运动前后图形的变与不变,感受数学美,逐步形成空间观念和几何直观。

培养空间观念　提升核心素养

在《义务教育数学课程标准(2022年版)》中,小学阶段核心素养的主要表现一共有11个,初中阶段核心素养的主要表现一共有9个,这里有5个核心素养的主要表现是一致的,而空间观念就是其中之一,它主要是指对空间物体或图形的形状、大小及位置关系的认识。良好的空间观念表现为能够根据物体特征抽象出几何图形，能根据几何图形想象出所描述的实际物体；能想象并表达物体的空间方位和相互之间的位置关系；能感知并描述图形的运动和变化规律。史宁中教授认为空间想象能力是一个人在面对一个几何物体时，能够在大脑中构造出关于该物体的几何图形，并基于所构建的空间图形来对其展开一些思考的能力，比如通过旋转、翻转等对事物的结构、形状以及相互间关系等进行思考的能力。他指出空间观念的本质是空间想象力，而空间想象力指在物体或图形的影响下，在语言的提示下，在人的大脑中形成相应新形象的能力，包括依据图形想象出所描述的实物及实物的大小、形状及位置关系等。空间知觉是空间表象的根本，空间想象是空间表象的提升和发展。从知觉到表象，从表象再到想象，是3种递进发展的认识水平。如果观察与操作是初步培养学生空间观念的重要途径，那么想象与推理就是助力空间观念进一步发展的催化剂。

一、利用直观感知，培养空间观念

学生空间能力的发展，是在已有表象的基础上，进行有意识的改造和组建，从而达到重构并形成空间观念。而表象的建立和运用，需要在教学中利用直观实物。观察的实物的元素越多，表象也就越丰富，学生能根据直观图形，观察变化，寻找联系，从而在脑海中形成图形表象，并借助想象能力以及思维能力，在脑海中审视和研究图形符号，逐步提升抽象能力，发展空间观念。

1. 借助直观实物，培养空间观念

对于小学数学的空间观念而言，多观察周围的空间环境，尝试在脑海中构建三维模型，有助于培养学生的空间想象力和立体感。同时，观察与空间有关的实物是必不可少的，观察实物是学生学习空间知识的主要手段。实物直观是一种提供感性材料的直观教学方式，学生通过实物直观获得感性的、富有真实性的知识，使得抽象的教学与实际事物发生最直接、真切的关联，有利于促进学生对教材内容的正确理解，也有助于激发学生的学习兴趣，所以要在课上提供丰富的实物或模型，让学生直接接触和观察。例如在"长方体和正方体的认识"的教学中，学生对特殊情况——有2个相对的面是正方形的长方体——看到的并不多，因此可以在课前让学生在生活中寻找这类长方体，并在课堂教学中让学生一一展示介绍。在生活中这种长方体其实有很多，比如牙膏盒、化妆品盒、家用小电器包装盒等，在课堂中不仅仅是让学生展示2个相对的面是正方形，其余的4个面

是长方形,更是要让他们进一步研究这4个长方形的面有什么关系,这类长方体中最多有几条棱长度相等。同时可以把这样的盒子展开,让学生在合作、探究中发现这类特殊的长方体最多有8条棱长度相等,并且6个面可以分为2类,一类是2个面积相等的正方形,还有一类是4个面积相等的长方形。通过对直观实物的观察、研究,为后续学生进一步研究棱长、选相关的面围成长方体以及研究烟囱的表面积等打下扎实基础,学生在遇到这类问题时,头脑中就会再现观察实物的场景,从而有效解决问题。

2.通过动手操作,培养空间观念

瑞士儿童心理学家皮亚杰说过:空间观念的形成不像拍照,要想建立空间观念,必须经历动手做的过程。这个做的过程,不仅是一个实践的过程,更是学生的手、脑、眼多种感官共同参与学习活动,并尝试、想象、推理、验证、思考的过程,在这样的过程中,学生才能更好把握概念本质,建立空间观念。在小学数学中,教授关于空间图形的知识,动手操作比传授和观察更有效,学生也更容易理解。数学中的操作是学生根据教师创设的教学情境与教师提供的定向指导,通过动手操作,探究数学问题,获得数学结论,体验数学过程。比如在研究圆柱表面积的时候,可以让学生把圆柱拆开进行研究,会发现圆柱由2个相同的圆(底面积)以及1个长方形(侧面积)组成,也就是圆柱的表面积=圆柱的侧面积+2个底面的面积,并让学生重点研究侧面积的秘密,即侧面积的长是底面周长,宽是圆柱的高,研究圆柱的表面积就是把2个相同的圆的面积和侧面积相加。通过这样的操作学生会对圆柱的表面积概念理解得更深入。又比如在研究轴对称图形时可以出示这样的习题:把一张正方形的纸片对折3次后剪一刀再展开,想一想会得到怎样的图形? 解决这个问题时,先让学生动手操作,学生在经过3次对折后,再呈现剪一刀后得到的图形,见图3-1(a),然后让学生思考如果没有剪刀有办法知道展开后是什么图形吗。学生知道在每一次对折后得到的图形都是轴对称图形,而要知道一个轴对称图形是什么样的,只要画出它的另一半就可以看出来了,见图3-1(b)。

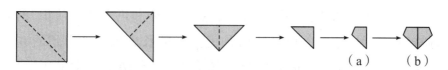

（a）　　（b）

图3-1　一张正方形纸片经过三次对折后剪一刀再展开

有了这样的操作经验,可以继续呈现下面的习题,即根据已知图形创造一幅轴对称图形,见图 3-2。解决这个问题需要学生基于原先的操作经验以及一定的空间想象能力,能通过观察、想象等活动,得出多种轴对称图形,见图 3-3。这样在不断地操作以及进一步地想象中,学生不断积累活动经验,丰富想象力,从而发展空间观念。

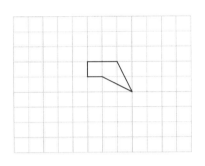

图 3-2 画出轴对称图形的另一半

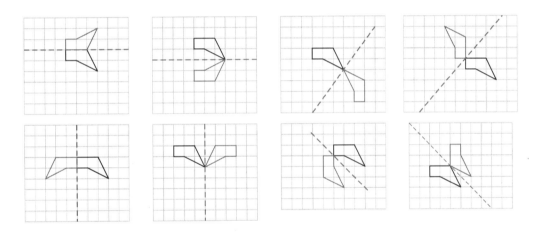

图 3-3 轴对称图形的多种画法

3.借助多媒体技术,培养空间观念

在信息时代,信息技术对教学有着极大的促进作用。《义务教育数学课程标准(2022 年版)》提出了促进信息技术与数学课程融合,指出在数学教学设计与实施的过程中,合理利用现代信息技术,不仅可以丰富学习资源,还可以形成生动的教学形式,有利于提升学生的探究热情,开阔学生的视野,激发学生的想象力,提高学生的信息素养。在日常教学中,使用 PPT、电子白板、几何画板等信息技术,已经成为小学数学教学的常态。比如在学习立体几何时,通过各种图像、动画和视频来展示数学中的空间概念,学生可以更直观地理解立体几何中的形

状、大小、位置关系等。这种视觉呈现有助于学生形成清晰的空间表象,从而增强他们的空间观念。又比如多媒体技术可以动态地演示几何图形的变化过程,如平移、旋转、缩放等,将抽象的空间概念转化为生动形象的画面,可以帮助学生更深入地理解几何图形的本质特征和变化规律。这种动态演示更易于学生理解和接受,能帮助学生建立空间直觉,从而培养他们的空间想象力和空间思维能力。又比如多媒体技术可以实现与学生的互动,通过互动式教学让学生参与到教学活动中来,学生可以在实际操作中体验数学的奥妙,感受数学的乐趣,这种互动体验有助于学生更深入地理解数学中的空间概念。再比如虚拟现实(VR)和增强现实(AR)技术,可以为学生创造沉浸式的学习体验,学生可以更直观地观察和理解空间几何体的结构、性质和变换规律,使他们能够身临其境地感知数学中的空间概念,从而更好地培养他们的空间观念。

二、建构知识体系,培养空间观念

对于图形与几何的学习而言,摆在学生面前的一个难题是他们眼中的几何概念、知识是零碎的、没有任何联系的,这导致了学生在学习的过程中面临着记忆的负担,学习起来有一定的困难,因为学生没能把所学的知识进行横向联系、纵向延伸。

因此,教师在教学中要基于联系的观点,帮助学生更快、更好地分析知识点与知识点之间的内在联系,通过内容结构化使得零散的内容通过核心概念建立起关联,促进知识与方法的迁移。

1.沟通不同维度,培养空间观念

现实世界所有的事物都是三维的。比如在旅行中看到的很多宏伟的建筑,随手拍下来后就变成了二维的图片,而我们却能够透过二维的图片在头脑中呈现三维的建筑实景。要培养学生这种跨越维度的空间观念,需要不断沟通点、线、面、体之间的关系,不断实现一维、二维、三维之间的互通。比如:教学线段上两点之间的距离,出现的是"线",讲的却是"点";让学生辨别平行四边形中有几组平行的边,出现的是"面",讲的却是"线";让学生观察长方体的特征,出现的是体,讲的却是点、线和面,即长方体有 8 个顶点(点),有 12 条棱(线),有 6 个面(面),这时可以进一步出示点动成线,线动成面,面动成体的动态画面,见图 3-4。这种不同维度之间的动态转化,沟通了它们之间的关系,不仅在图形的概念教学中可以使用,在解决图形相关的实际问题中也可以应用。比如,在"长方形和正方形的周长计算"一课中,可以让学生求"礼物盒包装带子的长度",如"礼品店有一种长方体的礼品盒,如图用彩带捆扎起来,打蝴蝶结需要 30 厘米,包装这个礼盒一共需要多少厘米长的彩带?",出示图 3-5。在课上,虽然学习的是"平面图形"的周长,但教学时呈现的材料却是"体",而学生在解决这个问题时,把周长的内涵进一步拓宽,周长是封闭图形一周的长度,求捆扎礼品包装盒的彩带的长度其实是求一个长是 40 厘米、宽是 20 厘米的长方形的周长和一个长是 25 厘米、宽是 20 厘米的长方形的周长的和,再加上蝴蝶结的长度 30 厘米,或者也可以通过长、宽、高 3 个维度来计算,即把 2 条 40 厘米的长、2 条 25 厘米的宽、4 条 20 厘米的高合起来,再加上 30 厘米。学生通过观察、联想、想象等方法,直观清晰地理解概念的发生、发展、变化、演进的过程,促使学生的认识从片面到全面、从现象到本质、从外部联系到内部联系、由感性认识上升到理性认识,架设起逻辑思维与形象思维相互补充、相得益彰的思维通道,帮助学生利用材料自主地实现面和体之间的联想和转换,有效沟通一维、二维、三维三者之间的关系,提升空间想象能力。

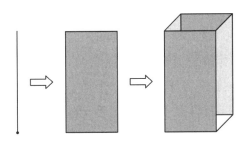

图 3-4　点动成线,线动成面,面动成体

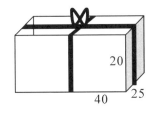

图 3-5　长方体礼品盒

2.联结前后知识,培养空间观念

在图形与几何的教学中,要把零散的知识进行结构化教学,教师需要明确知识结构,将各个知识点按照逻辑顺序进行梳理,形成一个清晰的知识脉络,并引导学生建立知识点之间的联系网络。这样有助于学生从整体上把握图形与几何

知识的框架,理解各知识点之间的联系和区别。可以通过思维导图、概念图等工具,将各个知识点串联起来,形成一个完整的数学知识网络。这样有助于学生更好地理解相关知识的整体结构和内在规律,在此基础上培养学生的空间观念。比如"长度、面积和体积"是空间与图形知识中一组最为基本的度量概念,在这三者中,前者是后者的构成要素,而后者又是在前者基础上拓展而成的。2022 年人教版教材三年级下册"面积"这一单元,隶属于"空间与图形"知识体系中的二维度量概念,是建立在一维"长度"概念教学基础上的,为后续学习三维"体积"概念做准备,其中"面积单位"这一内容又是学生学习的难点,这些概念是学生实际生活中基本不接触的,是远离学生的。在具体学习面积单位时,教材先安排学习认识 3 个常用的面积单位,即"平方米、平方分米、平方厘米",再学习这 3 个面积单位之间的进率,最后学习 2 个更大的面积单位——"公顷、平方千米"。在这 5 个面积单位的学习中,会不同面积单位的换算是最基本的要求。对于 3 个常用的面积单位"平方米、平方分米、平方厘米","相邻的面积单位之间的进率是 100",学生比较容易记住,但是对于"公顷和平方米、平方千米和公顷"之间的进率学生经常搞错,特别是"公顷和平方米之间的进率是 10000",这与"相邻的面积单位之间的进率是 100"这句话更是矛盾的。而且在经过一段时间的教学后,有学生甚至搞不清楚公顷和平方千米到底谁大,更别说它们之间的进率了。原因何在?主要是"1 公顷、1 平方千米"这 2 个概念,实在是大得令学生无法想象,学生根本看不见、摸不着,而且在头脑中几乎无法建立相关表象。怎样让学生很好地理解这 2 个大面积单位?可以通过建立面积单位横向脉络体系,打通长度、面积之间的关联,并借助表象和想象,培养学生的空间观念。

第一板块:回顾复习,从一维长度到二维面积

1.回顾常用的长度单位。学生用手势表示"1 米、1 分米、1 厘米"的实际长度,再闭上眼睛想象这些长度,最后板书它们之间的进率。

板书:米 $\xrightarrow{10}$ 分米 $\xrightarrow{10}$ 厘米

2.回顾常用的面积单位。学生观察并明确"1 平方厘米大约有一个指甲盖大小、1 平方分米大约是一个成人的掌心大小、1 平方米大概与一块大地砖的面积一样大"。

出示:边长是 1 厘米的正方形面积是 1 平方厘米;边长是 1 分米(10 厘米)的正方形面积是 1 平方分米;边长是 1 米(10 分米)的正方形面积是 1 平方米。

板书:10 厘米×10 厘米=100 平方厘米=1 平方分米

10分米×10分米＝100平方分米＝1平方米

$$平方米 \xrightarrow{100} 平方分米 \xrightarrow{100} 平方厘米$$

第二板块：探究新知，形成结构化脉络体系

1. 出示以"米"为单位的长度单位。（板书：千米　百米　十米　米）

2. 明确相邻面积单位之间的进率是100。

（1）学生思考：如果以这些长度单位为边长，都能围成哪些面积？请把自己的想法与同桌交流。

（2）交流反馈，总结提升：边长是1米的正方形面积为1平方米；边长是10米的正方形面积为1平方十米；边长是100米的正方形面积为1平方百米，即1公顷；边长是1000米的正方形面积是为1平方千米。理顺相邻面积单位之间的进率是100。

板书：

（3）质疑、思考：公顷和平方米之间的进率是多少？原因是什么？

小结：公顷和平方米之间还有平方十米，因此两者之间的进率是100×100＝10000，但在实际应用中，土地面积常用单位是公顷和平方千米，平方十米不太用得到。

这样从一维长度单位过渡到二维面积单位，横向看，有利于学生理解相邻长度和面积单位之间的进率，纵向看，又有利于学生在建立长度观念的基础上，在头脑中想象、构造面积单位模型，特别是顺应学生原有的相邻两个常用面积单位之间的进率是100的认知，在质疑、思考、交流中明晰公顷和平方米之间进率是10000的原因，帮助学生把所学知识连点成线、连线成面，在有效建立认知结构的同时，形成结构化思维，达成培养空间观念的目的。

3. 注重方法提炼，培养空间观念

图形与几何领域的每一块内容，在概念教学后都有相应的解决问题的要求。教师应系统地归纳图形与几何的解题方法，如分割法、添加辅助线法、倍比法、割补平移法、等量代换法等，再通过具体的案例分析，提出启发性的问题，将解题方法和空间观念的培养融入具体的情境中,引导学生自主思考和探索,鼓励学生之间进行交流和互动,让他们共同讨论并解决问题。学生在解决问题的过程中自然而然地掌握知识和技能,并在促进他们深入掌握知识和技能的过程中,培养他们的解题能力和空间观念。比如在2022年人教版教材一年级下册立体图形的复习中,面对复杂的问题,需要采用有效的方法引导学生解决问题,同时发展空间观念。

第一板块:激趣导入,激发兴趣

小朋友,今天机器人将带我们一起去参观立体图形王国,你们喜欢吗?

(1)出示机器人(图3-6),通过播放语音,让学生从机器人身上找立体图形、数立体图形。

(2)学生数,老师做记号。

(3)归纳方法:做记号是一个很好的方法,通过一边数一边做记号,能够看清数过的图形。

图3-6 机器人

第二板块:应用方法,层层闯关

第一关:画图形

见图3-7,用哪个物体可以画出左边的图形? 用笔圈出来。

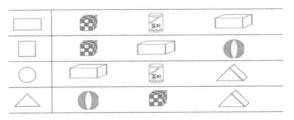

图3-7 画图形

(1)学生独立思考

(2)引导学生表达:长方体的前面和后面是长方形;魔方的每个面都是正方形;茶叶罐的上面和下面是圆;三棱柱有两个面是三角形。

(3)小结:观察立体图形中与左边相同的基本图形,很快能解决问题。

板书:基本图形

第二关:拼图形

见图 3-8，用哪 2 堆积木可以拼成 ？用线连一连。

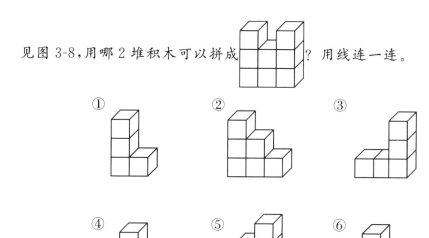

图 3-8　积木

(1)学生先独立思考、想象，再自己连线并把想法跟同桌交流。

(2)呈现思考方法：先找基本图形，再看剩下什么图形。（见图 3-9）

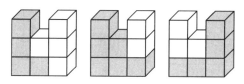

图 3-9　拼图形

(3)小结：先把图形拆分成 2 部分，再找相同形状很快就能解决问题。

板书：找相同形状

第三关：数立体图形

见图 3-10，数一数，一共有(　　　)个小正方体。

图 3-10　立体图形

(1)想一想：可以怎样数？

(2)同桌交流数数方法及结果。

(3)反馈，见图 3-11：

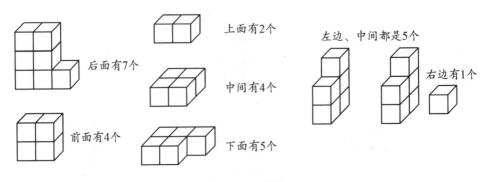

图 3-11　反馈

（4）想一想：还有其他数法吗？

（5）小结：面对一个复杂的图形，无论用哪种方法数数，都可以借助有序思考，把几何体拆分成几个小部分。这样可以使复杂的问题简单化。

板书：有序思考、拆分

第四关：补图形

要拼成一个大正方体，下面的几何体至少需要各补几块小正方体（见图 3-12）？

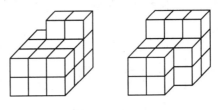

图 3-12　几何体

（1）想象一下要成为正方体，每个图形是怎样的？

（2）学生独立思考并解决问题。

（3）反馈：

可以通过数数得出结果。第一幅图每层有 9 个小正方体，第三层已经有了 2 个，还需要 9－2＝7 个；第二幅图每层也有 9 个小正方体，第三层已经有了 3 个，还需要 9－3＝6 个，第一层和第二层各需要 1 个，所以一共需要 2＋6＝8 个。（见图 3-13）

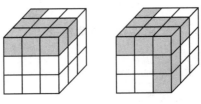

图 3-13　拼正方体

（4）课件呈现正确结果，总结方法：先想象正方体的样子，再数每一层缺少的个数就能解决问题。

板书：有效想象

在上面的案例中，每一个问题的解决，都是先由学生独立思考——在思考中需要借助空间观念，同时使用一定的方法——再交流思考方法，在智慧碰撞后提炼出解决问题的方法。比如从简单问题想起，有效想象、做记号、观察基本图形、找相同形状、有序思考、拆分等，将提炼的方法和空间观念结合起来。此外，还可以布置综合与实践类的作业，让学生设计和布置房间，这时学生需要运用已有的空间观念来规划空间布局，并运用提炼的方法来优化设计方案，让学生不断经历将提炼解题方法和培养空间观念相互关联的过程，不断提升学生的空间想象能力。

三、借助动态想象，培养空间观念

在图形与几何的教学中，实施动态想象非常重要，这里的想象指的是学生在头脑中对几何形体的形状、结构、特征以及位置关系有意识地进行改造的过程，这是一种高级的思维活动，是空间想象能力的体现。在小学阶段，触觉、动觉与视觉的协同活动是获得空间观念的有力支撑，平面与立体之间时刻都在进行着转化，这种转化能否实现，取决于是否能在平面与立体的表象之间建立起有效联结。具有较强观察力的学生，能在三维立体的物体中看到二维的平面形体；同样，也能根据二维平面构建出三维的立体图形。这种能力的发展是在长期的对比观察中建立起来的。

1. 想一想，画一画。（见图 3-14）

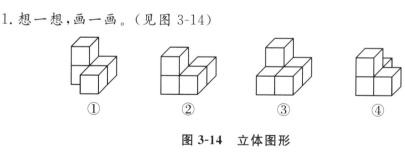

①　　　　②　　　　③　　　　④

图 3-14　立体图形

（1）从左面能看到 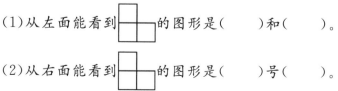 的图形是（　　　）和（　　　）。

（2）从右面能看到 的图形是（　　　）号（　　　）。

（3）请把每幅图从上面看到的样子画下来。

解答这道题的关键是由立体图形到平面图形的转化,学生能根据立体图形思考从左面、右面和上面看到的平面图形的样子。对空间想象能力弱的学生,从左边和右边观察到的平面图形的样子特别容易混淆。从上面看时,有一部分学生画第①幅和第④幅立体图形的俯视图时容易看错,这反映出学生的观察方法及空间想象能力都有一定的缺失。解决这个问题后,学生能理解对不同的物体,从不同角度观察,有时看到的形状相同,有时看到的形状不同。在强化学生认知的同时,学生的抽象能力、空间观念也得到培养。

2.仔细观察,解决问题。（见图 3-15）

图 3-15　立体图形

（1）把方块（　　　）移走后,从上面看到的是 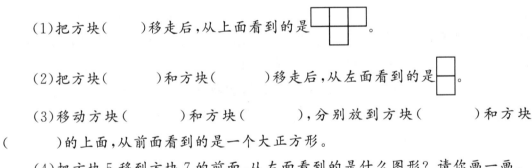 。

（2）把方块（　　　　）和方块（　　　　　）移走后,从左面看到的是 。

（3）移动方块（　　　　）和方块（　　　　　）,分别放到方块（　　　　　）和方块（　　　　）的上面,从前面看到的是一个大正方形。

（4）把方块 5 移到方块 7 的前面,从左面看到的是什么图形?请你画一画。

解答这道题的关键是学生的动态想象能力和抽象能力。学生基于已有的立体图形,根据平面图形来改变其中小方块摆放的位置,不仅需要立体图形与平面图形相互间转化的能力,还需要通过观察与想象,描述出移动后立体图形的形状及位置关系,并在大脑中形成新形象,这需要有动态想象能力和抽象能力。解答本题,需要学生的思维不断进阶,特别是把方块 5 移到方块 7 的前面,要求学生画出从左边观察到的图形,一部分学生画成 ,这表明学生的动态想象能力及抽象能力都欠缺。

3.一个立体图形,如果从正面看到的是 ,从左面看到的是 ,拼摆这个立体图形,最多要( )个小正方体,最少要( )个小正方体。

解答这道题的关键是根据平面图形推理立体图形。这是一道综合性比较强的习题,对于缺乏空间想象能力的学生来说,具有一定的挑战性。在检测中发现最多要 10 个小正方体这个小题正确率较高,最少要几个小正方体的错误率达到 92.7%,学生几乎都认为最少要 7 个小正方体,即 或 (从上面看,后同),但实际只要 5 个就可以了,即 或 。这说明学生根据 2 个方向的平面图形在头脑中构造立体图形有一定困难,他们没能把看到的平面图形与立体图形进行有效联结,缺乏从多方面综合考虑问题的能力,也反映出学生空间想象能力的缺乏,他们不能把生活中有立体感、层次感的三维实物与数学上二维的表象联系起来,因而无法正确解题。这就要求教师要在课堂教学中,先让学生认真观察思考,再动态想象搭建出立体图形的表象,最后小组合作将平面图形与立体图形拿来比一比,让二维与三维对接起来,从而在学生头脑中留下正确的表象,来验证小正方体的摆放,并借助交流在头脑中再次构建正确的立体图形的摆放方式,来丰富和发展观察物体的活动经验,掌握问题解决方法,发展空间观念,提升推理能力。

上面的 3 个习题,从知觉到表象,从表象再到想象,是 3 种递进发展的认识水平,根据范希尔理论,立体几何中关于空间想象能力的学习活动有 3 个水平层次。水平 1:能由实物辨认出空间图形,也能由空间图形想象出实物形状。即第 1 题。水平 2:能描述探究简单几何体的结构特征,也能根据结构特征判断图形的形状。即第 2 题。水平 3:能根据平面图再现几何体,建立几何体与平面图之间的转化关系。即第 3 题。上面 3 道递进式的习题,体现以下 3 个培养要求:一是加强观察与操作,有效获得空间想象能力。观察和操作是一种有目的、有思维参与的感知活动。充分经历完整的观察物体和动手操作的过程,有助于学生丰富对现实空间的认识,积累丰富的知觉经验,形成相关表象,进而对这些表象进行想象,完成立体图形与平面图形之间的转换。因此在日常教学中,可以让学生准备 15 个左右的小正方体,根据教材或习题中的立体图,拼搭出实物图,并从不同角度观察,画出相应的平面图,同时再根据不同的平面图,去拼搭还原立体图。

这样可以促进学生的思维在立体图形与平面图形之间不断转换,从而获得空间想象能力。二是基于思考与表征,不断提升空间想象能力。对于学生的学习成果,表征是有效的检验方式之一。表征一头衔接学习,另一头衔接思考,无表征不思考,无表征不推理。在大量操作活动后,要进一步提升学生的思考与表征能力。学生如果无法对知识形成有效表征,那么对知识的理解、掌握也就无法深入。因此教师需要更多地培养学生的表征能力,包括画图或者拼搭立体图形,并用语言交流表达,呈现问题的本质特征。从某种意义上说,小学生空间观念的形成过程,也是掌握数学几何语言的过程,而用几何语言进行表达,使空间观念的呈现更为清晰、深刻,这有助于提升学生的空间想象能力。三是通过想象与推理,逐步完善空间想象能力。学生从操作到观察,从观察到想象,从想象到抽象,思维经历了"直观→半直观→抽象"的过程。在这一过程中,学生不断操作、思考、表征,思维循序提升、不断进阶,空间想象能力不断得到培养,最终脱离实物模型也能想象出几何体,实现平面图形和空间图形的相互转化。因此在数学教学中,教师要基于学生的认知规律,引导学生经历观察与操作、想象与推理、表达与交流等过程,不断发展学生的空间观念,逐步完善学生的空间想象能力,让学生获得利用已有知识经验自主解决新问题的能力。

可见,通过有目的的观察和操作活动,有思维参与的感知活动,让学生掌握平面图形与几何图形之间的转换,促进学生动态想象能力的提升,有助于帮助学生加强对现实空间的认识,积累丰富的知觉经验,从而达到提升空间观念,促进思维不断进阶的目的。

"角的初步认识"单元专项测评任务设计和评价量规

角是一种比较简单的平面图形,由线段围成的平面图形上都有角,角的数量与形状经常是多边形特点的具体表现,角的知识是学习多边形的基础,是小学数学图形与几何领域重要的教学内容,也是培养学生空间观念、发展量感的重要内容。《义务教育数学课程标准(2022 年版)》中增加了"表达""感知"等词语,说明在培养学生空间观念上,加强学生对图形的感知、想象和表达非常重要。在2022 年人教版教材中,"角的初步认识"编排在二年级上册,教材以先认识角、再画出或拼出角的路径开展教学,遵循角的概念的内在逻辑和学生的认知特点,层层推进地帮助学生逐步建构角的认知结构,使学生对几何图形从直观认识向类型认识转变。这也是培养学生量感的重要学习素材。

一、"角的初步认识"单元内容与进阶层级

二年级学生缺乏感性经验,对角的认识需要通过亲自操作,如折叠、拼摆、制作活动角等多种实际操作活动,来获得直接的经验。生活中比较常见的是直角,学生最容易感知它,它也是认识锐角、钝角的基础。但是从现实情境中引出角必须十分谨慎,避免生活中的一些"角"干扰数学上角的表象的形成。基于此,"角的初步认识"单元内容包括以下 5 个维度:一是从现实情境里提取角,利用图形建立角的表象,通过操作感受角有大小。二是能用三角尺画出一个角。三是直观认识直角,体验所有直角都是同样大小的。四是能正确辨认锐角和钝角,进一步认识直角。五是用三角板拼直角、锐角和钝角。

"角的初步认识"内容进阶层级可以划分为 5 阶。阶一:能从实物图中抽象出角,知道角的特征是有一个顶点和两条边,初步感知角的大小与边的长短无关,与边的开口大小有关。阶二:能借助三角板中的直角抽象出锐角和钝角,并且明白在比较角时,是在比较角两边的张开程度。阶三:掌握画角的方法,从一个点起,用尺子向不同的方向画 2 条笔直的线,就画成一个角。阶四:体会角与生活的密切联系,知道判断一个角是不是直角,可以用三角板上的直角比一比,并能用任意一张不规则的纸折出直角,会用三角板画直角。阶五:能用三角板拼角。

二、"角的初步认识"任务设计与评价量规

基于"角的初步认识"内容进阶层级,教师可以设计"画角""比角""造角""拼角"4 个任务,其中"画角"对应阶一,"比角"对应阶二,"造角"对应阶三和阶四,"拼角"对应"阶五",并根据学生表现给出不同表现的评价量规。

1.画角

在纸上任意点一个点,以它为顶点,可以画多少个角?你所画的角中有哪些角?

评价量规:水平 1,画了几个角就认为可以画几个角,并且对画出的是锐角、直角还是钝角回答不准确。水平 2,分别画出锐角、直角和钝角,认为可以画出 3 个角,第一个问题回答错误,第二个问题回答正确。水平 3,能画出很多个角,并且有锐角、直角、钝角,能准确回答可以画出无数个角和这些角中有锐

角、直角、钝角。

该任务主要让学生自主点一个点,并根据角的构造准确画出角,帮助学生建立正确的表象,并且知道有锐角、直角、钝角这 3 类角,培养学生无限的思想。

2.比角

把图 3-16 钟面上的时针和分针形成的角按照从小到大的顺序排一排(填序号)。

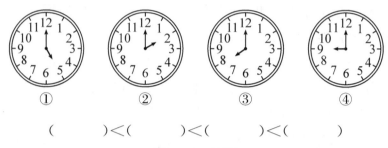

$$①\qquad②\qquad③\qquad④$$

( )<( )<( )<( )

图 3-16 钟面

评价量规:水平 1,4 个排序全错。水平 2:其中 2 个或 3 个排序正确。水平 3,能填出②<④<③<①,排序正确。

这题在钟面上比较角的大小,既能巩固对直角、锐角和钝角的认识,也能增加学生对钟面的进一步认识,进一步培养量感。

3.造角

根据要求给图 3-17 的两个图形各添上一条线段。

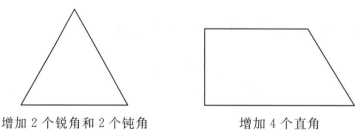

增加 2 个锐角和 2 个钝角　　　　　增加 4 个直角

图 3-17 造角

评价量规。水平 1,左边的图形只会竖着画线,能增加 2 个锐角、2 个直角或 3 个锐角、1 个钝角,给右边的图形添加线段时只会从顶点开始画,能增加 3 个直角或横着画只增加 2 个直角。水平 2,左边的图形添加一条线段后无法得到相应结果,右边的图形添加的一条线段后能增加 4 个直角。水平 3:左边的图形添加一条线段后,能增加 2 个锐角和 2 个钝角,右边的图形添加一条线段后能增加 4 个直角。

该任务不仅让学生进一步认识直角、锐角和钝角,同时能够打破思维定式,学会从数学的角度去观察、分析问题,提升抽象能力和空间观念。

4. 拼角

拼一拼。(见图 3-18)

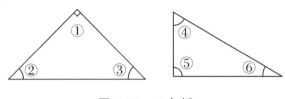

图 3-18 三角板

(1)②号角和⑥号角拼成的是( )角。

(2)图 3-19 中的角是由上面三角板中的哪 2 个角拼成的?

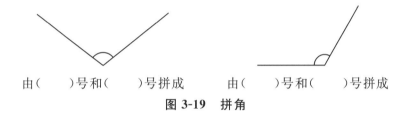

由( )号和( )号拼成 由( )号和( )号拼成

图 3-19 拼角

评价量规:水平 1,3 个问题中只能回答对 1 个问题。水平 2,3 个问题中能回答对 2 个问题。水平 3,3 个问题都回答正确。

这题不仅能让学生对每一块三角板中的角的大小有一定的感知,还能积累数学活动经验和解决问题的经验,加深对三类角之间关系的理解。

三、"角的初步认识"任务设计与测评启示

在这 4 个任务中,通过测评发现:学生对基本的角的构造以及锐角、直角、钝角认识清晰,如在画角中能画出自己想要的角,但是不能把所有的答案都写完整;在比角中,对于大小明显的角能准确比较,但是对于①和③这 2 个接近的角的比较容易出错,也就是对于角的大小与角的两边张开的大小有关理解不清;在造角中,一部分学生习惯于竖着添加线段,不知道横着添加线段,思维不开阔,创造钝角的错误率较高;在拼角中,对每一块三角板中的角的大小认识不清,并且空间想象能力也不强。

基于以上分析,得出 3 点启示。

1. 动手操作构建新知

有效的学习不是一个被动接受的过程,而应当是学生主动参与,并积极实施

某种与新知紧密联系的操作活动,也只有充分发挥学生的自主性,培养学生的探究思维和操作能力,才能促进数学核心素养的发展。在课上要提供多种学习材料,如让学生用 2 张硬纸条做一个活动角,张开或者合拢活动角的两条边,感受角会变大或变小。这是对角的"动态"体验,能帮助学生准确而全面地体验角是从 1 个点画出 2 条直的线所组成的图形,且角有大小,角的大小由两条边张开的程度所决定。同时还可以通过折角活动,让学生认识直角、钝角和锐角,并且在一个基本角中再折出其他的角,体会角之间的转化关系。

2.空间想象提升能力

在图形与几何领域的学习中,提升学生的空间观念非常重要,空间观念主要是指对空间物体图形的形状、大小及位置关系的认识。而在本次测评中,所有的环节都需要学生有空间想象能力,如:在画角中学生能够想象出无数个角,这些角中有锐角、直角、钝角,甚至其他的角;在造角中能够想象出添加一条线段后所增加的角的样子;在拼角中能够自主进行割补、平移等,从而得出正确结论。但空间想象能力不是在一节课上就能够完成培养的,而是需要教师在每一节相关的课中都有意识地进行培养。

3.拓展联想搭建结构

由线段围成的平面图形上都有角,而角的数量与形状是多边形特点的具体表现,角作为平面图形研究中的一个维度,在教学中要从数学学习走向对学科本质的理解,还要关注知识的生长点和延伸点,注重知识的结构和体系,让学生感受数学的整体性。如在拼角中,让学生研究每一块三角板中的 3 个角的特点,这有助于他们更好地完成拼角的任务,同时还可以让学生自己画一个多边形,指出图中的每一个角分别是什么角,把认识角的活动放到平面图形这个大背景中,让学生发现在平面图形中角大量存在,促使学生建立知识间完整的、结构化的紧密联系。

结构化视域下"周长和面积"大单元整体教学的重构与实施

结构化教学是大单元整体教学的逻辑密码。大单元整体教学不局限于教材中固有的单元,而是用系统论的方法将教材中"具有某种内在关联性"的内容进行分析、重组、整合后形成大单元进行教学。教学设计以学生的认知为起点,从提升学生的核心素养角度出发,按学习的逻辑,有效改变碎片化的学习现状,使学生基于学习进阶路径,实现有效的认知建构,帮助学生形成结构化思维,促进思维进阶。尤其要强化对数学本质的理解,提炼能打通数学知识之间的关联、发挥核心作用的数学概念,建构起数学学习主题统整下的脉络清晰、条理分明、相互联系的数学知识体系,使学生形成简化的、本质的、对未来学习更有支持意义的、内在逻辑性较强的数学基础知识结构。因此,教师要重视对教学内容的整体分析,要对碎片化的知识进行结构化教学,体现学科逻辑和思维进阶,使学生基于学习进阶路径,实现有效的认知建构。这就需要教师在教学中把学生学习发展放在第一位,跨越数学单元之界、课时之界,多维度、多视野整合教材,帮助学生建立结构化的数学知识体系,达到"整体关联、系统建构、思维进阶、素养达成"的目标。

一、基于实情:探究整合缘由

在2022年人教版教材中,周长编排在三年级上册"长方形和正方形"单元中,面积编排在三年级下册"面积"单元中。一维的周长、二维的面积是图形与几何领域的重要学习内容,后续学生将进一步学习三维的体积,因此这2块学习内容,承担着为后续的学习构建基本学习思路、积累初步活动经验、感悟模型意识的任务,同时也为学生培养空间观念和推理意识、发展量感打下基础。可见,明晰周长和面积的意义至关重要。

1. 分析教材结构

美国认知心理学家布鲁纳指出:掌握事物的结构,就是以使许多别的东西与它有意义地联系起来的方式去理解它。简单地说,学习结构就是学习事物是怎样相互关联的。而周长和面积教学有相似的结构,主要表现在它们都要以度量为主线。周长是长度单位累积的总和,面积是面积单位累积的总和,两者的学习都要经历概念的建立、比较方法的运用、测量工具的选择、测量单位的产生、问题的解决等。但周长和面积又有区别,主要有:

一是意义不同。周长是封闭图形一周的长度;面积是物体表面或封闭图形的大小。

二是单位不同。周长所用的是长度单位,如千米、米、分米、厘米;面积所用的是面积单位,如平方千米、公顷、平方米、平方分米、平方厘米。

三是计算方法不同。计算长方形的周长和面积,要测量长和宽,用"(长+宽)×2"求周长,用"长×宽"求面积;计算正方形的周长和面积,要测量边长,用

"边长×4"求周长,用"边长×边长"求面积。

2.直面学生困惑

当单独学习周长时学生普遍掌握得较好,但学习面积后,学生往往周长、面积不分。原因何在? 主要是"面积在周的里面,周长在面的外面",也就是说"面"和"周"是有机融合在一起的,无论是教学周长还是教学面积,"面"和"周"都"手拉手一同走",同时出现在学生眼前。而教材在上、下 2 册分块编排周长和面积,教学时间跨度较大,并且把周长和面积割裂开来进行教学,缺少对比与联系,不利于学生从整体上内化周长和面积。能否通过结构化教学让周长和面积成对出现、及早相遇?

二、重组内容:探究整合价值

把周长和面积整合在一起进行教学,教师通过有结构地教,帮助学生有关联地学,使教学内容连成线,结成网,让学生在头脑中形成系统化、整体性的知识网络。整合后的内容,主要通过"概念—度量—计算"对比式的一致性教学,帮助学生在结构化的任务及递进式的学习活动中,不断深入理解、明晰周长和面积的意义,促进学生整体把握周长、面积两者之间内在的结构关系,经历从具体到抽象再到具体高通路迁移的学习路径,有效实现素养导向目标的达成,具体见图3-20。

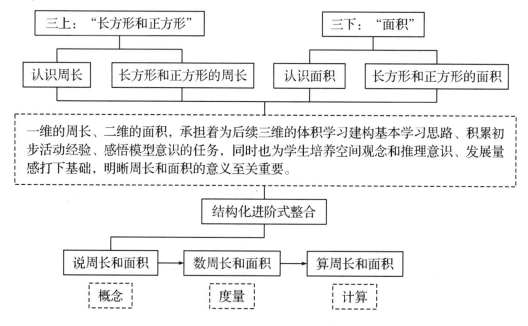

图 3-20 周长和面积结构化整合框架

在整合后的 3 节课的教学中,学生要经历 3 次对比与联系:一是从概念角度对周长和面积进行对比与联系;二是从度量角度对周长和面积进行对比与联系;三是从计算角度对周长和面积进行对比与联系。每节课体现的关键词都是"结构化、对比联系、思维进阶"。随着对比联系的不断深入,学生真正直面一起出现在他们面前的周长和面积。这样的对比与联系,促进学生在探究、合作、对比、交流、思辨、质疑中,对周长和面积的理解不断走向深入,并且这 3 节课本身也是一组进阶式的课组,也就是说优化整合后的内容设计,旨在让学生在理解的基础上实现思维不断进阶,且每一节课在设计中都运用结构化学程,通过"引学、研学、深学、固学、拓学"五大板块,设置驱动性任务、挑战性学习活动,教师持续性跟进评价,让学生不断生成新的认知,实现从知识走向素养的转变。

三、优化设计:实现"教—学—评"一致性

大单元教学设计要分析数学内容本质和学生认知规律,合理整合教学内容,分析主题、单元、课时的数学知识和核心素养主要表现。美国课程理论专家安德森提出了有效教学需认真考虑的 4 个重要问题,其中问题 4 表述如下:匹配问题——如何确保目标、教学与评估彼此一致?这表明在"教—学—评"一体化视野下,教学设计应着力解决教学过程中教、学、评分离的问题,追求教、学、评三者的融合,通过预期结果、设计任务组链,将处于设计终端、源于学习成效的结果评价前置,将教学目标与学习目标相融合、教学过程与学习活动相融合、评估反馈与学习反思相融合,根据以终为始的预期结果开展教学。

1.设定学习目标

设定学习目标就是明确要去哪里,也就是预期学习结果,明晰要达到的标准。学习目标既是教师教的方向,也是学生学的标杆,更是学习评价的基准。在对"周长和面积"进行大单元整体教学时,教师要先明确学生学习最终要达成的结果,也就是在这单元教学结束时,学生应该知道什么,掌握什么,能做什么,以及程度如何,可以从认知维度、难度维度和知识维度 3 个层面对学习的结果进行明确设定,具体见表 3-1。

表 3-1 "教—学—评"一致性下"周长和面积"大单元整体教学预期结果设计分析

认知维度		难度维度	知识维度
知道	了解、背诵、记忆	水平 1	1.知道四边形的特征。 2.知道周长和面积的概念以及常用的单位。 3.知道周长以及面积单位之间的进率。 4.知道长方形、正方形周长和面积的计算方法
理解	理解、解释、概括	水平 2	1.理解周长是边线累积的总和,面积是面积单位累积的总和。 2.理解相邻的两个常用周长单位之间的进率是 10,相邻的两个常用面积单位之间的进率是 100,并能进行相应换算。 3.理解长方形、正方形周长和面积的计算方法
运用	分析、生成、应用	水平 3	1.能解决长方形、正方形周长和面积的实际问题。 2.在解决问题过程中理解周长相等的图形,面积不一定相等,面积相等的图形,周长不一定相等。 3.在解决问题过程中理解长和宽越接近,周长越短,周长相等时,正方形的面积最大
综合	评价、迁移、创造	水平 4	1.能根据长方形或正方形的周长求面积,或者根据面积求周长。 2.能进一步解决有关周长和面积的拓展性实际问题

2.设计任务组链

教学中要使评价先行,在评价中进一步审视目标的科学性和合理性,保证目标与评价的一致性。为将目标转变为合理的、与学生生活经验对接的学习活动,需要为学生提供序列化的学习体验,从而实现"教—学—评"一致性。而任务组链的设计,需结合学生学习过程。其间,教师提供有效的丰富的问题情境和挑战性任务,通过反馈促进学生学习。完成任务链组的过程也是实现"教—学—评"一致性的过程,并且任务组链的设计体现了思维进阶的目标。以"算周长和面积"为例,任务组链设计分析见表 3-2。

表 3-2 "教—学—评"一致性下"算周长和面积"任务组链设计分析

任务组链	教	学	评
引学： 求这个长方形的周长和面积需要知道什么？你能测量出它的长和宽吗？ 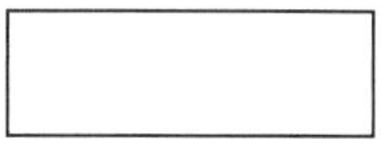 （长方形图）	1.设问：求周长和面积为什么要知道长和宽？ 2.巡视学生测量过程。 3.反馈学生测量结果并在图中标注	1.明确求长方形的周长和面积需要知道长和宽。 2.动手测量	1.能知道求长方形的周长和面积需要知道长和宽。 2.能准确测量出长方形的长和宽
研学： 计算长方形的周长和面积。 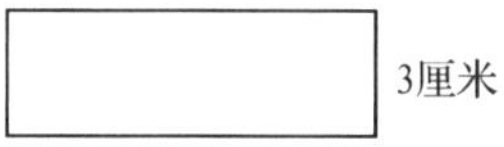 （长方形图，3厘米）	1.请学生反馈周长和面积的计算方法及结果。 2.学生解说时，课件演示：用红线围出周长，用小正方形摆放出面积。 3.重点关注周长的不同计算方法，并把边线移下来拼在直线上。 4.引导学生对周长和面积的计算方法进行比较	1.自主计算周长和面积。 2.小组交流、讨论。 3.对同学的各种反馈进行质疑、补充与修正	1.能自主尝试探究计算周长和面积。 2.理解周长和面积的计算方法，并知道为什么可以这样计算。 3.感知周长是边线累积的总和，面积是面积单位累积的总和
深学： 分别计算下面2个图形的周长和面积。 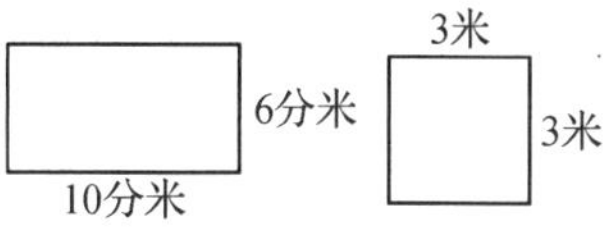 （长方形 10分米×6分米，正方形 3米×3米）	1.根据学生反馈进一步质疑：周长为什么这样算？面积为什么这样算？ 2.引导学生概括正方形与长方形周长和面积计算方法的异同	1.独立计算。 2.小组交流、讨论	1.能准确计算出图形的周长和面积。 2.理解正方形与长方形周长和面积计算方法的异同
固学： 用边长都是3厘米的小正方形，拼成一个稍大一点的正方形，这个正方形的周长和面积各是多少？	1.引导学生先想一想，再拼一拼，最后算一算。 2.请学生在黑板上拼出大正方形并反馈算法。 3.优化比较周长和面积的算法，对疑难处适时点拨、质疑、引导	1.与同桌合作，拼出大正方形。 2.独立计算出大正方形的周长和面积。 3.与同桌分享	1.能准确拼出大正方形。 2.能用自己的方法计算出大正方形的周长和面积。 3.能理解优化周长和面积的计算方法，发展度量意识

任务组链	教	学	评
拓学： 一块菜地长 26 米，宽 14 米，长边靠墙，其余 3 边围上篱笆。篱笆的长至少要多少米？这块地中有 64 平方米种萝卜，其余的种白菜。白菜的种植面积是多少平方米？	1. 引导学生根据题意画出草图。 14米 26米 2. 在学生反馈篱笆长度时，引导学生理解求篱笆的长就是求周长减去一条长边的长，同时思考，如果短边靠墙，篱笆长度是多少？ 3. 在反馈白菜的种植面积时，引导学生理解：总面积－部分面积＝另一部分面积	1. 学生独立画图、思考并说明。 2. 小组间展开交流、讨论。 3. 倾听教师引导及同学回答后进一步思考与交流	1. 理解求篱笆长度就是求周长减去一条长边的长，并且一边靠墙有 2 种可能。 2. 知道用"长×宽"求总面积，理解"总面积－部分面积＝另一部分面积"。 3. 具有度量意识及空间观念

如上对"周长和面积"大单元进行整体教学时，先综合分析课程、教材、学生等要素，再确定合理清晰的学习目标，以及与目标相匹配的评价方式，然后整合零散的知识点，最后聚焦真实问题的解决。这样可以让学生在结构化任务及递进式的学习活动中，经历从具体到抽象再到具体高通路迁移的学习路径，有效实现素养导向目标的达成。

依托"画面感" 提升"想象力"

在图形与几何领域的教学中，非常重要的一点是培养学生的空间想象能力。教师在教学中，不仅要关注学生对静态的几何图形知识的理解，更重要的是通过有效的动态想象，让学生学习数学知识的过程"活"起来，使他们能从形状、特征、方位、变换等多种角度来感知与认识图形与几何，达到发展学生空间观念的教学目标。在平时的课堂上，我们经常能看到教师也让学生进行图形的"动态想象"，但这仅仅停留在表面，因为学生没有具体可以感知的对象，很多学生只是凭空想象，这样的结果并没有提升学生的空间想象能力。如果能依托"画面感"让学生进行动态想象，将有效提升学生的空间想象能力。

一、借助实物操作，呈现"画面感"，提升空间想象力

几何属于具体化的数学，中小学阶段大多数几何概念都直接来自现实世界。因此，在学习几何概念时，可以利用直观的模型，通过实际操作和演示去加深学生的印象，从而发展学生的空间想象能力。比如，学习"在同一平面内不相交的两条直线叫作平行线"这一概念时，部分学生始终不能很好地理解为什么要加上"在同一平面内"这一条件，虽然老师们也是千方百计进行解释，想让学生理解这句话的含义，但是实际的教学结果往往不尽如人意。这是因为没有给学生具体的表象，他们即使在课堂上勉强接受了这一概念，也很容易过一段时间就忘了。但是如果能借助实物，利用学生熟悉的魔方和铅笔作为学具，见图3-21，给学生营造"画面感"，并借此培养学生的空间想象能力，将会有很好的效果。

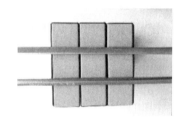

图 3-21　用魔方和铅笔演绎不在同一平面内的场景

在具体操作中，学生感知第一幅图中的 2 支铅笔在同一平面内，它们的关系是互相平行的，但是在经过一次旋转后，2 支铅笔的位置已经不在同一平面内，从不同角度去观察，2 支铅笔都不相交，但是它们的关系是不平行的。通过这样具有画面感的操作，再让学生观察教室里上下、前后、左右的墙面上是否也有这样的情况存在，学生很容易发现很多条线段都不是互相平行的，因为它们在不同的墙面上，接着让学生闭上眼睛想象，不在同一平面内的 2 条直线不平行的画面。因为有了这些"画面"的支撑，学生能够真正理解 2 条直线要成为一组平行线，必须在同一平面内的道理，这样的学习经历会使他们终生难忘，这个画面会一直留在学生记忆中，学生的空间想象能力也能得到培养与发展。

二、依托视觉加工，想象"画面感"，提升空间想象力

"视觉加工"这种能力包括空间想象以及把抽象的关系或非图形信息转换成视觉信息的能力，还包括对视觉表征及视觉表象的操作与转换的能力，是一种过程能力。比如 2022 年人教版教材五年级下册第 26 页第 12 题，见图 3-2。

⑫ 右面这个颁奖台是由 3 个长方体拼成的。它的前后两面涂黄色油漆，其他露出来的面涂红色油漆。涂黄色油漆和红色油漆的面积各是多少？（单位：cm）

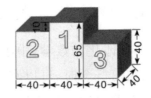

图 3-22   2022 年人教版教材五年级下册第 26 页第 12 题

要计算"涂红色油漆的面积"，即上面和侧面的面积，学生认为一块一块计算后加起来是可以解决这个问题的，但是有没有更简便的方法呢？这个时候可以借助"视觉加工"这种能力，让学生想象自己有一种神奇的能力，可以使劲推棱长为 40 厘米的正方体右侧面，直到推到与中间长方体的右侧面在同一个面上，学生的头脑中就会出现右面的两个侧面合起来其实就是一个长为 65 厘米、宽为 40 厘米的长方形的面。同样道理，左侧的 2 个面也可以用同样的方法处理。然后继续想象，把上面高低不平的 3 个面中的左边和中间的面，都压平至与右边的面一样平（或者把低下去的面拉高，让 3 个面处在同一平面上）。上面 3 个面的面积其实就是长为 120 厘米、宽为 40 厘米的长方形的面积，侧面就是 2 个长为 65 厘米、宽为 40 厘米的长方形的面积。这样一来就能很轻松地计算出"涂红色油漆的面积"。有了这样"视觉加工"的经验，在解决其他的图形与几何类问题时，学生也会加以运用，比如在计算"凹凸"长方形或正方形周长时，也可以利用这样的方法（在这里其实是平移法），自然而然地，学生的空间想象能力就得到了培养与发展。

三、凭借现象本质，建模"画面感"，提升空间想象力

从本质而言，数学是研究数量关系和空间形式的学科，是在不断抽象、概括的模式化过程中发展和丰富的，数学学习只有深入"建模"的意义，才能真正走进数学学习的"心脏"。在日常教学中，如果能培养学生透过现象看本质的能力，培养学生建模"画面感"的能力，将大大提升他们的空间想象力，从而有效解决问题。

比如 2022 年人教版教材五年级下册第 21 页第 5 题，见图 3-23。

⑤ 为迎接"五一"国际劳动节,工人叔叔要在礼堂的四周装上彩灯（地面的四边不装）。已知礼堂长 90 m,宽 55 m,高 22 m,工人叔叔至少需要多长的彩灯线?

图 3-23 2022 年人教版教材五年级下册第 21 页第 5 题

在学生解答后,帮助学生建立解题模型:解决这个问题其实是求 8 条棱长之和,而这 8 条棱长,其实就是 2 条长、2 条宽、4 条高,而"2 条长和 2 条宽的总长度"就是屋顶的周长,最终学生发现解决这个问题只要算"上面（屋顶）的周长＋4 条高"就可以了。至此,学生顺利建立解题模型。接着让学生想象,并抛出问题"解决这个问题时,在你的脑海中出现了怎样的图形?",最终学生建模想象得出的是由 2 条长、2 条宽、4 条高搭成的空心无底的长方体,见图 3-24。

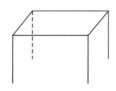

图 3-24 给建筑四周装彩灯的模型

紧接着让学生借助这一模型解题:汪叔叔计划用 5 块玻璃粘成一个无盖鱼缸。如果接缝处内外都要涂上玻璃胶,见图 3-25,那么所涂玻璃胶的长度至少是多少厘米?

图 3-25 做无盖的玻璃鱼缸

显然,拿到这样的题目,每一个学生都需要认真思考一下。这时教师请学生想象鱼缸的样子,正因为有了前期的建模想象,学生知道做这个无盖鱼缸,涂玻璃胶只要涂 8 条棱即可,只有 1 块玻璃做底,那么中间 2 块分别做前、后 2 个面,右边 2 块分别做左、右 2 个面,从而得出这是一个长 60 厘米、宽 30 厘米、高 40 厘米的无盖鱼缸。因为"内外"都要涂玻璃胶,所以先算出 8 条棱长的总和再乘 2 就可以了。这一题看似很复杂,但其实与上一题是一样的,不同的是上一题是"上面的周长＋4 条高",而这一题是"底面的周长＋4 条高"然后再乘 2。可见学生脑海中的模型对学生顺利解决问题起到了积极的作用。

总之,培养学生的空间想象能力,不能成为一种空谈,不要以为有了培养学生空间想象能力的环节,学生的空间想象能力就真的得到了培养,毕竟学生的几何思维发展与学习历程,通常源自一定的直观经验,特别是对于以形象思维为主的小学生来说,给他们一些"画面感",让他们在想象中能有一定的"拐杖"可以借助,这对有效提升空间想象能力是大有益处的,只有落实了这样的环节,学生的空间想象能力才能真正得到培养与发展。

第二节 图形与几何教学实践

基于对比联系 厘清概念本质
——三年级"说周长和面积"整体教学实践与思考

【课前思考】

在 2022 年人教版数学教材的编排中,一直遵循同一知识"螺旋式上升"、不同知识"交替式增长"的原则,因而周长编排在三年级上册,面积编排在三年级下册。而周长和面积是学生容易混淆的一组概念,并且"面"以绝对的优势影响着学生对"周"的认识。面对如此学情,教师应该把周长和面积整合在一起进行教学,用整体性、结构化、进阶式的方法来系统思考和把握教学,实现板块互动、领域融通,促进学生在对比联系中厘清周长和面积的概念本质。但是对周长和面积 2 个单元的内容进行整合,需要从宏观上整体把握知识间的内在联系,从而实现"立体式驾驭教材"。在素养导向的目标下,对于第一节"周长和面积"概念的建立课,需要以终为始通过逆向思考来明晰教学最终要达到的目标。因此在实施教学之前,教师需要精准地知道学生在哪里,也就是明晰学生的认知起步阶段。通过前测了解到学生对周长有一定的生活经验,他们认为周长就是边的长度、一圈的长度,对面积也能借助实物,通过"摸""涂"来说明面积是什么。但是学生对周长和面积的理解不深入,仅仅流于浅表。为突破学生的认知障碍,本课例有效创设情境,通过结构化的任务,借助"说、找、画、比、想"五大板块,设置递进式的学习路径,搭建学习支架,让学生在不断地对比与联系中,形成对周长和面积概念的结构化理解,从而打通从知识到素养的通道,厘清概念本质。

【确定目标】

1.利用具体事物或图形,通过说一说、摸一摸、画一画等方式认识周长和面积,感知周长和面积的联系与区别。

2.经历尺规作图等活动,知道周长有长短;通过观察法、重叠法理解面积有大小。从而进一步理解周长和面积的意义。

3.结合具体情境,感知周长、面积与实际生活的联系,培养学生的量感及推理意识。

【厘清重难点】

教学重点:认识周长和面积,感知周长和面积的联系与区别。
教学难点:发展学生的量感及推理意识。

【教学实践】

一、引学板块:说周长和面积

师:羊村的每一只小羊都有一个花圃,这是喜羊羊的花圃,如图3-26所示。看到这个花圃你们想研究什么?

生1:我想知道围成花圃的栅栏有多长。

生2:我想研究花圃的土地有多大。

师:研究栅栏有多长其实是研究什么?研究土地有多大又是研究什么?

生:栅栏的长度其实就是周长,要知道土地有多大就要知道花圃的面积。

图3-26 花圃

师:你们觉得什么是周长? 什么是面积? 和同桌交流一下。

生1:我觉得周长就是那些边,而面积就是里面的。

生2:我认为周长就是一圈的长度,面积就是面的大小。

生3:我觉得周长就是一周,面积就是里面这一块。

师:大家都很有想法,这节课让我们一起来走进周长和面积的世界,来说一说周长和面积。

设计意图:学生对周长和面积是有一定感知的,但是说不清楚,这里借助学生喜欢的动画情境,让学生在观察花圃时自主研究周长和面积,初步感知数学与生活的联系,为后续进一步探究学习做准备。

二、研学板块:找周长和面积

师:每个同学桌子上都有一个图形,你觉得这个图形的周长在哪里? 面积在哪里?

操作要求:

1.摸一摸这个图形的周长和面积。

2.和你的同桌交流一下。

3.同桌交换,再摸一摸图形的周长和面积。

师:谁能上来指一指你的图形的周长在哪里? 面积在哪里?

生:这个长方形的周长是这里的一圈。

师:从哪里开始呢?

生指着长边的中间位置。

师:这样似乎不是很清楚,大家想想从哪里开始更好?

生:我觉得最好从角那里开始,这样很清楚。

师:我们就按照她说的,手里拿到长方形的同学一起拿出来指,不是长方形的同学请你伸出手来跟着她一起指一指。

师:我们从这个角开始摸,到哪里结束就能说是这个长方形的周长了?

生:从这个角出发沿着边线一直回到起点的地方就是这个长方形的周长。

师:这张长方形纸的面积又在哪里?

生:面积就是这里面的大小。

师:手里还有不同图形的同学,请你也来介绍一下它的周长和面积。

学生上来依次展示正方形、三角形、圆的周长和面积,见图3-27。

图 3-27 正方形、三角形、圆

每一个图形的展示中,教师重点指导周长从起点开始摸最后回到起点,面积就是平面图形整个面的大小。

师:现在你能再来说一说什么是周长,什么是面积吗?

生:周长就是从起点开始绕一圈最后又回到起点,面积就是整个面的大小。

设计意图:在学生对周长和面积有初步感知的基础上,通过动手"摸"长方形、正方形、三角形和圆的周长和面积,学生进一步理解周长是图形一周的长度,且一周需要从起点出发最后又回到起点,面积是整个图形面的大小。

三、深学板块:画周长和面积

师:这些图形的周长和面积在哪里?请在学习单中画一画。

师:你们是怎么画的?

反馈见图 3-28。

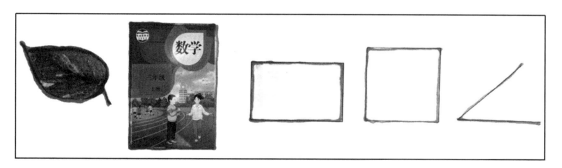

图 3-28 反馈

生 1:周长是图形一周的长度,我从叶子的叶尖开始,画一圈回到叶尖,就是叶子一周的长度,把叶子的里面都涂上黄色,黄色部分就是叶子的面积。

生 2:我是从这个角开始画一圈又回到这个角,这一圈就是书本的周长,里面的大小是它的面积。

生 3:长方形和正方形跟数学书表面一样,都是从一个点出发画一圈回到这个点,这一圈就是它们的周长,里面的面就是它们的面积。

师:角的周长和面积这样画,大家同意吗?

生1：角是画不出周长和面积的，因为它从起点出发回不到起点。

生2：角有一个开口，没有连起来，它是不封闭的，所以没有周长和面积。

师：想一想，怎样的图形是封闭图形？

生：头和尾应该要连起来，也就是从起点出发最后能回到起点的图形。

师：是的，首尾相连的图形是封闭图形，那么首尾不相连的图形就是不封闭图形。

师：在教室里你们还能找到其他物体的周长和面积吗？

小结：像数学书表面、课桌表面、黑板表面的大小就是它们的面积。

师：现在你们能更准确地说一说什么是周长，什么是面积吗？

板书：封闭图形一周的长度，是它的周长。物体的表面或封闭图形的大小，就是它的面积。

师：我们知道了一周的长度是周长，面的大小是面积，那它们之间有联系吗？

小结：周长和面积同时出现在物体表面或封闭图形中，"周"长在面的外面，"面"长在周的里面，有了周长就有了面积，有了面积也就有了周长。

设计意图：本环节在学生先前理解周长和面积的基础上，通过"画、涂"的方式让学生自主迁移出"封闭图形"，其间学生在不断地交流、补充、发现中真正理解和内化周长和面积的意义。

四、固学板块：比较周长和面积

出示图3-29。

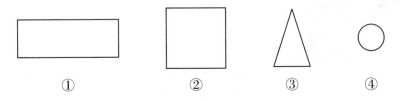

图3-29　4个图形

师：你们知道这4个图形的周长谁最长、谁最短吗？

生1：①号图形的周长是最长的，④号图形的周长是最短的。

生2：我同意④号图形的周长是最短的，但是我觉得②号图形的周长是最长的。

师：大家有不同意见，那怎么办？

生1：我们可以拿尺子量一量这些边的长度。

生 2:但是④号图形的边是弯的,好像不能用尺子量。

师:既然不能用尺子量出来,那么大家有其他办法吗? 小组内先讨论一下吧。

生 1:我们组的想法是观察一下就知道④号图形的周长是最短的,③号图形的周长是第二短的,所以只要比一下①号图形和②号图形的周长就可以了。

生 2:我们可以用一根铁丝把①号图形和②号图形围起来,再拉直铁丝,比一比铁丝的长度就可以知道谁的周长更长了。

生 3:我们也可以把①号图形和②号图形的每一边都画下来拼在一起,看看谁更长,就能比出谁的周长更长了。

师:这些方法都非常棒,我们就采用把①号图形和②号图形的每一边都"搬"下来拼接在一起的方法来比一比,我们准备请圆规来帮忙。

师:我们把圆规的两端对准①号图形一条边的两端,把它"搬"下来,并在这条直线上做好记号。

课件演示,见图 3-30。

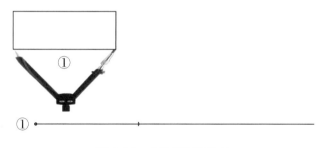

图 3-30 "搬"图形的边

师:你还想搬①号图形的哪条边呢?

3 位学生上来操作,课件演示,见图 3-31。

图 3-31 "搬"图形的边

师:②号图形和③号图形的边你能"搬"下来吗? 请与同桌合作,选好一个图形,用圆规把周长"搬"下来画在直线上。

课件反馈。

师:④号图形能用圆规把边"搬"下来吗?

生:④号图形的边是弯的,不能用圆规把边"搬"下来。

师:你们有好方法吗? 大家讨论一下。

生：我们可以拿一根线先把圆围一圈，再把线拉直，拉直的线的长度就是圆的周长，这样就可以把它的边"搬"下来了。

课件演示，并呈现，见图 3-32。

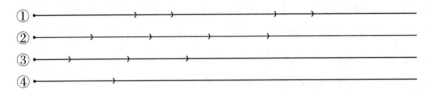

图 3-32 综合呈现

师：请大家仔细观察这幅图，你们有什么想说的？

生 1：每个图形的周长拼接起来其实就是一条线段。

生 2：现在一眼就能看出①号图形的周长最长，④号图形的周长最短。

师：这 4 个图形的面积谁最大，谁最小？

生 1：我觉得面积按照从大到小分别是长方形、正方形、三角形、圆。

生 2：长方形和正方形的面积大小有点难确定。

师：我们可以怎样验证？

生 1：圆的面积一定是最小的，我们可以把圆放在每一个图形里，也就是把 2 个图形重叠起来比一比，如图 3-33 所示。

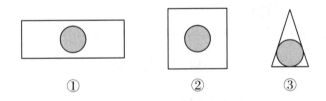

图 3-33 摆放圆

生 2：三角形的面积一定比正方形小，我们也可以用重叠的方法比一比，见图 3-34。

图 3-34 三角形和正方形

生 3：长方形的面积也是比三角形大的，竖着摆比不出，可以通过把三角形横着放来比较，如图 3-35 所示。

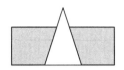

图 3-35　三角形和长方形

生 4：对长方形和正方形进行拼摆，把正方形不重叠的部分剪下来再进行拼摆，最后发现是长方形的面积大，如图 3-36 所示。

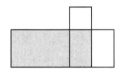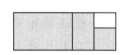

图 3-36　长方形和正方形

师：通过比较这 4 个图形的周长和面积，你们有什么想说的？

生：比周长就是比图形一圈线段的总长度，比面积就是比面的大小。

设计意图：引导学生剥离围绕在长方形、正方形、三角形、圆一周的边线，学生充分想象、估计、比较，直观感受一周的长度；让看不见的"周"变得清晰可见，并渗透化曲为直的方法，让学生充分感受周长由边线累加而成，培养学生的度量意识，发展量感。而在比较面积大小时，借助重叠法，让学生深刻认识面摆、铺的过程，深入理解面积的意义，凸显概念的本质内涵。

五、拓学板块：想周长和面积

出示：有 2 只小蚂蚁从起点出发一起爬，豆豆沿着①号图形的边线爬，点点沿着②号图形的边线爬，最后又回到了起点，谁爬的路线长？见图 3-37。

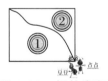

图 3-37　蚂蚁爬行

生 1：我认为豆豆和点点爬的路线一样长。

师：还有不同想法吗？

生 2：我也认为豆豆和点点爬的路线一样长，因为它们都爬了长方形的一条长和一条宽，再加上一条弯弯的路线。

生 3：我们也可以用圆规和线把它们各自爬的路线"搬"下来比一比。

课件演示,如图 3-38 所示。

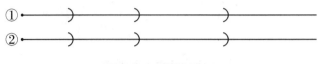

图 3-38 课件演示

师:2 只小蚂蚁爬过的路线一样长,那么这 2 块图形面积的大小又是怎样的?

生:我用观察法看出①号的面积比②号大。

设计意图:再次让学生直面"周"和"面",发现学生已经有效建构了周长和面积的概念,他们在独立思考中发展了空间观念,在验证中再次清晰看到边线剥离的过程,再次感悟周长和面积的区别,其间学生的应用意识和量感也得到培养。

【课后反思】

本节课在对比联系的视角下,通过"说周长和面积""找周长和面积""画周长和面积""比较周长和面积""想周长和面积"五大板块层层推进,学生的学习不断走向深入。

一、对比联系,有效建立认知结构

周长和面积是相连共生的一组概念,其中任何一个概念的学习都无法回避另一个概念的衍生,如果单一学习周长或者面积,容易造成学生概念混淆,也容易让学生形成思维定式。如学周长时就看边,学面积时就看面,当周长和面积一同出现时学生就边、面不分。因此,把周长、面积的意义一同学习,每一个环节都先研究周长、再研究面积,周长和面积虽内涵不同却不分家。这样结构化的教学有利于学生整体认识平面图形,感知平面图形可以从边线的长短和面的大小两方面来研究,在研究两者的区别与联系时,学生有效建构了周长和面积的概念。

二、层层推进,促进思维不断进阶

学生的学习是一个从低阶水平不断迈向高阶水平的过程。课堂教学就是需要突破学生的认知障碍,促进学生的思维不断进阶。学生对周长和面积有模糊的认识,这是学生已有的认知经验,也是学生对周长和面积的认知起步阶段。但是他们容易混淆周长和面积的概念,这是学生学习的困难点、认知的障碍点。为有效突破障碍、促进学生思维进阶,本课例构建了五大板块的学习路径,学生在不断地操作、感悟、体验、猜想、比较、验证中,踩准每一次进阶的"脚踏点",不断感悟原有经验,最终达到概念理解水平。

三、多维联动,有效提升核心素养

在本节课上,借助多次操作,学生自主探究、合作学习,并充分验证,使思维可视可感,灵动深刻。比如借助圆规,让"周"从"面"上剥离出来进行累加,使处于弱势的"周"跳脱出来,让学生充分感悟周长是一维的线,周长的本质是线段的累加。在面的大小比较中,通过 3 次面的拼摆、重叠,比较出长方形和正方形面积的大小,让学生初步感悟面是需要一块块叠加的。这些都是基于度量意识发展学生的量感。学生在"周"和"面"的分分合合中,不仅内化了周长和面积的概念,也增强了量感和空间观念。

整体构建　数中感悟　发展量感
——三年级"数周长和面积"整体教学实践与思考

【课前思考】

数学知识的教学需要立足"类"的建构,去把握数学知识之间"联"的统整。把周长和面积这两个概念整合在一起进行教学,体现数学教学中的元素关联、活动关联和方法关联,并聚焦"变"的实施,在变与不变中整体把握周长和面积的本质内涵,发展量感。教师应创造性地理解和使用教材,积极开发课程资源,既注重教材中同一主题下各部分内容的互相支持,也注重联系以往学过的内容,做到兼顾前后,整合教学。而三年级上册中长方形和正方形周长计算的教学和三年级下册中长方形和正方形面积计算的教学就存在密切联系,两者均涉及"长度单位"或"面积单位"的累积叠加。同时《义务教育数学课程标准(2022 版)》中数学核心素养由原来的 10 个扩增为 11 个,而这一新增的核心素养就是"量感"。量感主要是指对事物的可测量属性及大小关系的直观感知。周长和面积计算的教学正是培养学生量感的重要手段,也能让学生较好地"触类旁通",学会一般的度量方法。基于核心素养的导向目标,在学生已经充分认识周长和面积概念的基础上对周长和面积的计算进行内容的整体建构,为突破学生的认知障碍,有效创设富有童趣的情境,通过结构化的任务,借助"比、数、算、围"四大板块,设置阶梯式的学习路径。学生在不断的知识建构中,学会周长和面积的一般度量方法和计算方法,并通过对比呈现,厘清两者之间的内在联系和区别,打通从知识到素养的通道,培养量感。

【确定目标】

1.在认识周长和面积概念的基础上用"数"的方式感知周长有长短之分,面积有大小之分,学习用算一算的方式感知图形周长和面积的算法。

2.经历量一量、数一数等自主测量、计算周长和面积的探究过程,培养学生良好的量感和空间观念。

3.结合具体情境感受周长和面积与生活的密切联系,并用所学知识解决生活中的实际问题,提升应用能力。

【厘清重难点】

教学重点:学习用"数"的方式感知图形周长和面积的算法。

教学难点:发现周长与面积之间的内在联系与区别,并能利用所学知识解决实际问题。

【教学实践】

一、引学板块:比周长和面积

师:同学们,在羊村里每只羊都有属于自己的一块土地,看到喜羊羊和美羊羊的土地(见图 3-39),你觉得可以比较什么呢? 和同桌商量一下。

图 3-39 喜羊羊和美羊羊的土地

生:这 2 块土地可以比哪块地周长更长,哪块地面积更大。

师:如果比周长,那是比哪里? 如果比面积,又是比哪里呢?

生:比周长就是比那些边的长短,比面积就是比里面的大小。

师:它们的周长谁更长? 面积谁更大呢?

设计意图:基于学生立场是教学必须遵循的规律。本环节用学生熟悉的"羊村"动画情境引入问题,成功激起学生的学习兴趣,并引出周长和面积的比较,对周长和面积的概念进行有效回顾,为顺利开展后续的探究学习做好铺垫。

二、研学板块:数周长和面积

(一)数周长

1.引出方格,明确用段数测量

师:你有办法知道它们的周长吗?

生:可以先用尺子来测量。

师追问:如果没有尺子,你还有别的办法知道它们的周长吗?

生:可以借助数格子法来测量。

师:这个办法非常好,那应该用格子图的哪部分去测量周长呢?

生:可以用格子图一段一段地数出来。

出示图3-40。

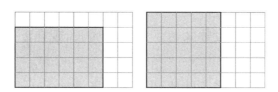

图3-40 格子图

师:现在你能数一数它们各自的周长是多少段吗?

探究活动一:

(1)先独立探究2块土地的周长各是多少段,并记录结果。

(2)完成后小组交流。

(3)小组整理有哪些方法。

2.汇报探究结果

生1:我汇报长方形的周长,先分别数出上下段数和左右段数,再加起来,一共是20段。

生2:我数的结果也是20段,只要数出一条长和一条宽的段数,然后各自乘2,再加起来就可以了。

师:你利用了长方形边的特点,能用算式表示吗?

生2:6×2=12(段),4×2=8(段),12+8=20(段)。

师:大家的方法都很好。那么正方形土地的周长是多少段呢?

生 3:因为正方形每边长度相等,所以只要数出一条边的段数就可以了,5×4＝20(段)。

小结:通过数段数的方法,数出一共有多少这样的段数就可以知道周长是多少段。

师:这 2 块土地哪块周长更长?

生:一样长。

设计意图:用"数"的方式让学生感知周长有长短之分,学生经历量一量、数一数、算一算等活动,自主得出土地的周长,进一步理解、内化周长就是图形一周所包含的所有基本线段的总和,初步培养学生量感和空间观念。

(二)数面积

1.观察方格,理解用面测量

师:这 2 块土地的面积谁更大些呢? 你有什么好办法来比较?

生:还是用格子图来测量。

师:刚刚利用格子图数段数知道了它们的周长,现在要知道它们的面积要用什么测量呢?

生:数一数有多少个小格子就能知道面积了。

探究活动二:

(1)用小格子独立测量 2 块土地的面积分别有几格,并做好记录。

(2)组内交流,并汇总方法。

2.汇报探究方法

生 1:我是一格一格数的,长方形一共是 24 格。

生 2:因为每行都一样,所以只要数每行有几个小正方形,有几行,乘一下就知道了。

师:你能用算式表示吗?

生 2:6×4＝24(格)。

师:这种算法真简便,还有不同想法吗?

生 3:还可以数每列有几个小正方形,有几列,算式还是 6×4＝24(格)。

师:正方形的土地面积又可以怎样得出呢?

生 1:每行有 5 格,有 5 行,可以用 5×5＝25(格)来算。

师:现在你知道谁的土地面积更大些了吗?

生2:因为24<25,所以美羊羊的土地面积更大。

师:想一想,测量周长和面积有什么不同?

小结:周长是一段一段累积的边的总和,面积是一个一个小正方形累积的总和。

设计意图:学生再次经历数一数、算一算的实践探究活动,在多样化的方法体验中,充分感知面积是用一个个小正方形去测量的,是所包含的小正方形个数的总和。最后在与周长测量的比较中,进一步明确周长和面积的区别,同时进一步发展量感和空间观念。

三、深学板块:算周长和面积

师:沸羊羊和暖羊羊也想请同学们来帮忙,算一算它们土地的周长和面积各是多少。见图3-41。

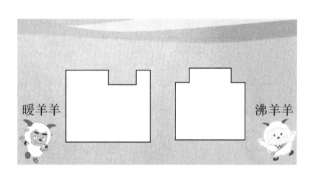

图3-41 沸羊羊和暖羊羊的土地

要求:先独立探究,再小组交流。

汇报,见图3-42。

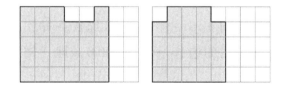

图3-42 格子图

生1:沸羊羊的土地有3部分每一部分都是5段,上面一部分是7段,3×5+7=22(段)。

生2:因为上面一行横着的也有5段,所以一共是4个5段,再加上上面竖着的2段,所以用4×5+2=22(段)来算。

师:沸羊羊这块土地的面积有几格呢?

生1:横着数完整的有4行,每行有5格,再加上第一行有3格,一共是$4 \times 5 + 3 = 23$(格)。

生2:还可以通过把空缺的2块先补上、再减去来计算,$5 \times 5 - 2 = 23$(块)。

生3:我还可以用$3 \times 5 + 2 \times 4 = 23$(块)来算。

师:大家的想法真多,也很棒,那么暖羊羊土地的周长和面积又该怎样算呢?

生1:因为暖羊羊的土地跟沸羊羊的土地一样也是缺了2块,所以算土地的面积跟刚才的方法一样,也是23格。

生2:周长可以用$4 \times 2 + 5 + 7 = 20$(段)来算。

生3:这块地横着的都是5段,竖着的也都是5段,周长可以用$5 \times 4 = 20$(段)来算。

师:我们已经计算了这4块土地的周长和面积,为了方便大家观察,老师给每块地标上序号。请你们仔细观察这些图和数据(见图3-43),你们有什么发现?

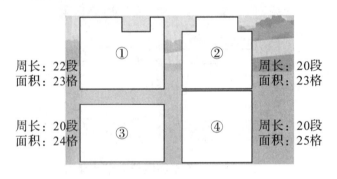

图3-43 周长和面积

生1:我发现有些地周长相等,但是面积不相等。

生2:我发现有些地面积相等,可是周长又不相等。

师:②号和④号2块地面积不一样,为什么周长一样?

生:因为把②号地凹进去的边移一移,就和④号地一样了,所以周长相等,见图3-44。

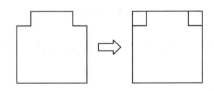

图3-44 移边

设计意图:围绕动画情境让学生熟练借助格子图算出不同形状的图形的周长和面积,他们对周长和面积的表征从"数"进一步抽象到"算",对所学知识进行及时巩固,并优化算法,同时在观察、质疑、思辨中进一步打通周长和面积之间的内在联系,促进思维进阶,进一步发展空间观念。

四、拓学板块:围周长和面积

师:羊村村长把大家叫在一起拍了张集体照,它想给这张照片配上一个长方形的相框和玻璃,只知道相框一周的长度是 26 段,宽是 5 段。

想一想:(1)相框的长有几段?(2)玻璃的面积有几格?

合作探究:

要求:小组合作,先借助钉子板围一围,再写一写。

小组汇报:

生 1:我们围了围,知道了相框的长是 8 段,如图 3-45 所示。

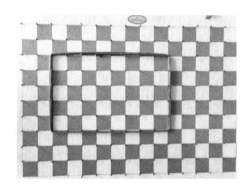

图 3-45　钉子板

师:你们怎么想到是 8 段?

生 2:因为相框一周的长度是 26 段,1 条宽是 5 段,2 条就是 10 段,剩下的 2 条长一共是 16 段,那么 1 条长就是 8 段。

师:能用算式表示吗?

生 3:$5 \times 2 = 10$(段),$26 - 10 = 16$(段),$16 \div 2 = 8$(段)。

师:所需玻璃的面积又是多少格呢?

生 4:因为一行有 8 个小正方形,有 5 行,所以一共是 $8 \times 5 = 40$(格)。

师:如果周长还是 26 段,不考虑长方形,你们还能围出哪些不同的图形呢?

反馈,如图 3-46 所示。

作品①：　　　　　　　　　　　　作品②：

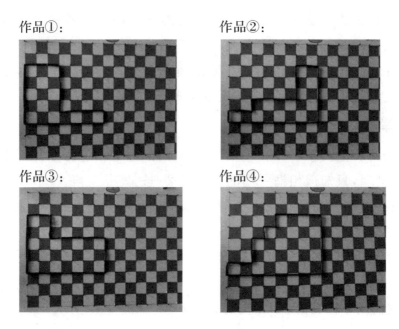

作品③：　　　　　　　　　　　　作品④：

图 3-46　反馈

师：看到大家围成的这些图形，你们有什么想说的？

生：原来周长相同，可以有多种不同的形状，并且它们的面积都不相同。

设计意图：综合利用周长和面积的知识解决围相框及配玻璃的问题，体现了在真实情境中解决实际问题的理念。面对这样有难度的问题，创设了用钉子板围一围的操作性活动，让抽象的周长、面积变得具体化、可视化，并且大大激发了学生的探究兴趣，他们在小组合作交流、讨论中自主解决问题。而最后用 26 段围不是长方形的图形，再次打开了学生思路，有效促进学生思维不断进阶，让学生再次理解与内化周长和面积之间的联系。

【课后反思】

本节课在整体建构的视角下，通过"比周长和面积""数周长和面积""算周长和面积""围周长和面积"四大板块层层推进，促进学生思维不断进阶。

一、情境串联，学用结合激兴趣

数学教学要紧密联系学生的生活实际，从学生的生活经验和已有知识出发，创设生动有趣的情境，为学生提供从事数学活动的机会，激发学生的学习兴趣和探究欲望。本课例结合学生熟悉的动画情境——"羊村"的故事自然切入学习主题，并把整个故事情境有效串联在整堂课的学习中，教学从研究羊村土地的周长和面积展开,到研究为集体照配相框和玻璃,再进行拓展,这样的学习过程对学生有着极大的吸引力,课堂上学生兴致持续高涨,他们的注意力以及学习的积极性始终保持在较高水平,这使得教学效果得到提升。

二、整体构建,聚焦本质引思考

《义务教育数学课程标准(2022年版)》明确指出,要重视单元整体教学设计,体现数学知识之间的内在逻辑关系,以及学习内容与核心素养表现的关联。周长和面积的计算本质都是"计量单位"的累积叠加,且两者在概念上也是一种相生相连的关系,生活中常见的"格子图"是周长和面积计算教学起始课中的"常用工具",因此借助"格子图"打通周长和面积计算的整体教学,可以有效地让学生厘清知识本质,即周长就是一周长度中所包含基本线段个数的总和(也就是单位长度的总和),面积是物体表面所包含的小正方体个数的总和(也就是单位面积的总和)。研究的图形从特殊到一般,但度量的本质并没有发生改变,学生在度量过程中抓住本质,学会测量图形周长和面积的一般方法,并在拓学板块中将周长和面积在"量"上进行学习素材的有效整合,通过对比呈现发现周长和面积中的内在联系和区别,有效促进了学生的深度思考。

三、多元思维,提升素养促发展

学生作为一个独立的个体,由于个性特征、所在环境的不同,他们的思维能力也存在差异。同样的图形,不同的学生会从不同维度,用不同方法进行思考。在数周长和面积的过程中,学生逐步感悟周长是需要一段段叠加的,而面积是需要一块块叠加的,这些都基于度量意识,重在发展学生量感。学生在各种数法的探究中不断发生思维碰撞,从而加深对周长和面积的本质理解。在拓学板块中,借助钉子板的多次实操体验,自主探究、合作学习,并充分验证,实现思维的可视化,使学生的思维得到了有效拓展和不断进阶。学生在数周长和面积的"量"中,不仅掌握了度量的方法,同时也发展了量感和空间观念。

(本设计由南海小学周洁老师供稿)

借助动态想象　实施深度教学

——以"平行四边形和梯形"单元练习为例

在日常教学中,练习课是常见的一种课型,在一线教师的课堂上,我们常常会发现这样一个问题:练习课变成了习题课,整堂课的模式是老师出题,学生练习,然后全班对答案,并一直重复直至下课。这样的课堂教学仅仅流于表面形式,学生习惯于接受性学习,缺少积极参与及情感体验,缺少质疑思辨能力,缺少高阶思维,缺少知识间的有机整合,也缺少对概念和知识的主动建构,久而久之造成学生厌学,而教师又束手无策。怎样改变这一状态?练习课不能只是把知识进行简单重复,而是需要通过练习,让学生形成新的技能、学会新的方法、产生新的思维,让他们练有所获,练有提高,要达到这样的目标,就要实施深度教学。所谓"深度教学",是指在教师的引导下,学生围绕具有挑战性的学习主题或任务,积极参与、体验成功、获得发展的有意义的学习过程。在这个过程中,学生不仅能夯实基础,还能提升素养、发展能力。

一、在变与不变中实施动态想象

在"平行四边形和梯形"的教学中,我们习惯于把三角形和平行四边形分开进行教学,并且呈现的三角形和平行四边形都是静态的,那么怎样才能打通三角形和平行四边形的联系,并让它们"活"起来呢?

动一动:打通平面图形间的变换关系。

出示 4 个点,见图 3-47。

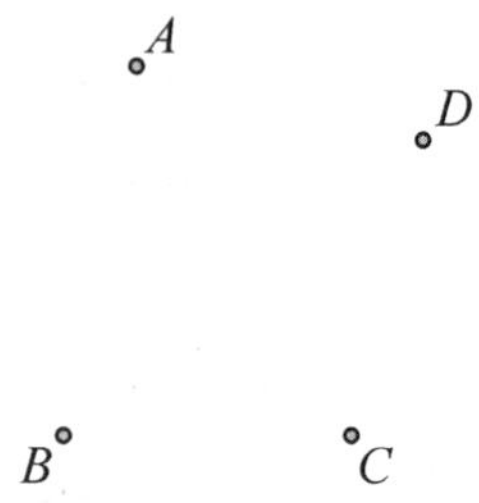

师:你们看到了什么?

师:把这 4 个点连起来,想象一下会是什么图形?

生:平行四边形。

师:大家都认为是平行四边形吗?

出示:背景方格图,见图 3-48。

生:四边形。

师:怎么回事?

生:因为对边没有互相平行。

师:请你们想象,怎样才能变成平行四边形?

生:把 D 点往上移。

师:随便移吗?

生:只能移一点点,且和 A 在同一条水平线上。

移动 D 点,连接 AD 和 CD,见图 3-49。

图 3-47　4 个点

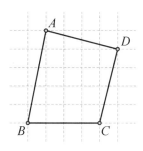

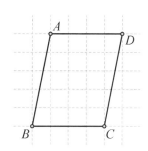

图 3-48　方格图　　　　图 3-49　方格图

师：怎样的四边形是平行四边形？

师：继续想象，点 D 往左移分别会出现什么图形？

生 1：直角梯形，见图 3-50。

师：为什么是梯形？（只有一组对边平行的四边形）

师：怎样的梯形是直角梯形？（有一个角是直角）

生 2：等腰梯形，见图 3-51。

师：怎样的梯形是等腰梯形？（两腰长度相等）

生 3：还可能是三角形、直角梯形、等腰梯形、平行四边形等，见图 3-52。

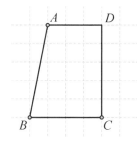

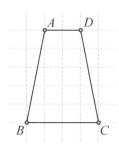

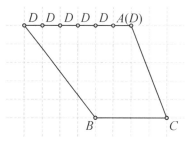

图 3-50　方格图　　　图 3-51　方格图　　　图 3-52　方格图

师：这个点 D 一直在移动，除三角形外怎么都是梯形或平行四边形？

生：因为点 D 在移动的时候总是保持了一组对边平行，当另一组对边不平行时是梯形，当另一组边也平行时是平行四边形。

师：继续想象，如果点 D 继续往左移动，会变成什么图形？

小结：点 D 在这条线上移动的过程中，分别会出现平行四边形、梯形和三角形。

师：在这些变化过程中，什么始终不变？

生：高不变。

师:这不变的高在哪里? 就是 AD 和 BC 间的距离。

设计意图:在图形与几何领域的教学中,教师往往更多关注的是基本图形各自的概念,忽视了基本图形之间的联系与区别;更多关注的是图形静止状态下的知识教学,忽视了图形之间的转化过程的教学。但在上面的教学中,既关注了学生对几何图形知识静态意义上的理解,又通过有效的动态想象,打通图形之间的联系,而且在变与不变中让数学知识的学习过程"活"起来,学生能从形状、特征、方位、变换等多种角度来感知图形、认识图形,从而达到发展学生空间观念的教学目标,促进了深度学习。

二、在动手操作前实施动态想象

在图形与几何领域的教学中,我们总会安排动手操作环节,这样更有利于学生理解算理、定理公式等,但是从培养学生空间观念和想象能力的角度上来说,"动态想象"比"动手操作"更为重要。

分一分:打通平面图形间的分割关系。

出示:在平行四边形中添上一条线段,把它分割成 2 个完全相同的图形,见图 3-53。

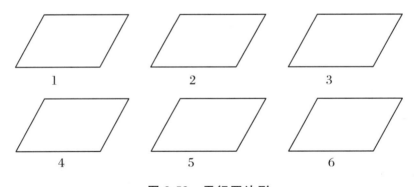

图 3-53　平行四边形

师:请大家先想象一下,你们会怎么画线段,分别会分成什么图形? 想完的同学在练习纸上画一画。

汇报并展示:可以分成 2 个完全相同的三角形、平行四边形或梯形,见图 3-54。

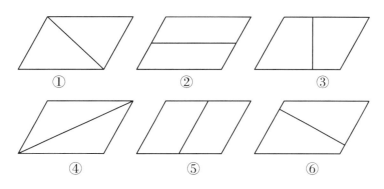

图 3-54　分割平行四边形

师:思考一下,看到这些分割的结果,你们有什么发现?

生 1:1 个平行四边形可以分成 2 个完全相同的三角形、平行四边形或梯形。

生 2:也可以说 2 个完全相同的三角形、平行四边形或梯形可以拼成 1 个平行四边形。

师:既然 2 个完全相同的图形可以拼成 1 个平行四边形,那么其中 1 块的大小与平行四边形的大小有什么关系?

生 3:其中 1 块的大小都是平行四边形大小的一半。

师:继续思考,把平行四边形分成 2 个完全相同的平行四边形或梯形,要分得很仔细,要是量得不准就不是 2 个完全相同的图形了。有没有可能随便画 1 条线段,一定能分成 2 个完全相同的图形?

要求:先自己思考与想象,再小组交流,最后在练习纸上画一画。

反馈:

生:画平行四边形的 2 条对角线,找到对角线的交点,只要过交点画 1 条直线,就可以把 1 个平行四边形分成完成相同的 2 个图形。

展示,如图 3-55 所示:

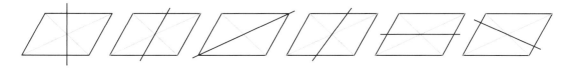

图 3-55　分割平行四边形

设计意图:在上面的案例中,让学生在“动手操作”前先进行仔细观察,合理猜想,再在“动态想象”的基础上“动手操作”。这样做,不但关注了“动手操作”的形式和难度,有效沟通了“动手操作”和“动态想象”的联系,避免了学生操作活动的随意性和虚假性,还有利于学生在操作过程中进行数学化思考。对想象活动进行必要的内化,有利于学生空间观念的有效发展,也促进了深度教学。

三、在思辨中进行动态想象

培养学生的思辨能力是数学课堂教学重要的一环。这是一种典型的主动学习的方式,是一种高级的认识能力,是课堂教学的灵魂。因此在课堂上,教师要营造课堂思辨的氛围,疑问由学生提出,问题由学生解决,知识由学生获取,同时适当引入动态想象。相信这样的教学一定能发展学生的数学思维,提升学生的数学学习能力。

辨一辨:厘清平面图形大小的变化关系。

出示图 3-56。

师:给 2 个相同的梯形各添上了 1 条线段,想一想,平行四边形和正方形谁更大些呢?

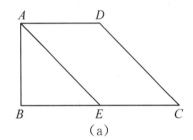 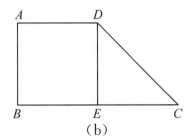

图 3-56 分割梯形

生:一样的。

师:两个图形完全不一样,怎么会大小一样呢?

生 1:可以在图(a)中连接 DE,在图(b)中连接 AE,并分别编上号,会发现①号和④号是一样大的,所以分别去掉①号和④号,剩下的平行四边形和正方形就一样大了,见图 3-57。

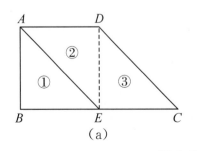 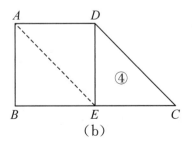

图 3-57 分割梯形

生 2:直角梯形可以分成 3 个相同的直角三角形,平行四边形和正方形都是由 2 个直角三角形组成的,它们的大小是一样的。

师:我们把它们放在格子图中更好说明白,见图 3-58。

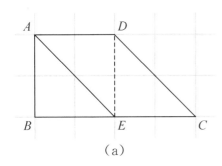 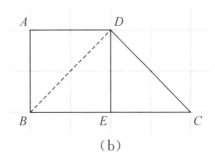

（a）　　　　　　　　　　　　（b）

图 3-58　分割梯形

师:左边的平行四边形还能再大吗? 右边的正方形还能再大吗? 它们还能再小吗? 怎么变小?

小结:通过分一分,大家又有很多发现,这些新发现的知识,对我们以后的学习很有帮助。

设计意图:教师如果从以前的课堂教学主导者地位变为课堂教学的旁观者,任凭学生们进行无序而又低层次的动态想象,甚至还不合时宜地给予帮助,就会使学生的自主探索失去应有的方向,当然也就达不到预期的教学目标。这样做很可能会使学生的思维停留在原来的水平上。因此在上述案例中,教师适时的点拨与引导,给学生的动态想象以借力的"拐杖",真正培养学生的动态想象能力,借助简单的平面图形的分割,实现学生的深度学习。

在图形与几何领域的教学中,培养学生的空间观念是核心素养的基本要求,而动态想象又是提升学生空间观念的有效策略。这就需要学生在学习中能把静态的图形通过动态想象变成动态的图形。一般在教学"平行四边形与梯形"时,我们习惯于把平行四边形和梯形分开进行教学,并且呈现的平行四边形和梯形是静态的。本节课从结构化角度出发,打通平行四边形和梯形的关系,让两者相互沟通联系,不仅让学生明白平行四边形和梯形各自的特点,也清楚两者可以相互变换,随着教学的层层推进,不断深入,学生不断经历"独立思考—展开想象—小组交流—各抒己见—厘清方法—验证结论"的过程,教师适时的点拨,将学生的思维不断引向深入。先让学生自由体验,而后小组交流、达成共识,最后教师对思想方法进行渗透和引导,这种教学方式不仅提升了学生的动态想象能力,也提升了学生的思维品质,真正实现了深度学习。

化静为动 展开想象 提升学力
——"三角形"单元练习教学设计

"三角形"是2022年人教版教材四年级下册第五单元的内容,主要包括三角形的特性、三角形的分类、三角形的内角和等知识点。在这些内容的学习中,学生接触更多的是静态的三角形和分散的各个知识点,在他们的学习中缺少动态想象,缺少各类三角形间的有机联系,缺少对三边关系进一步的辨析与深层次的理解,也缺少自主学习探究的机会。

怎样弥补这些缺憾?笔者试图通过各种练习,从动态的、综合的角度进一步丰富与充实学生对三角形的认识,进一步培养学生的空间观念、思维能力和解决问题的能力,同时形成新的思维、新的方法、新的收获,努力提升学生的数学学习能力。

【教学目标】

1.通过练习,使学生进一步巩固三角形的有关知识,内化知识间的联系。

2.通过练习,进一步培养学生的自主探究能力及问题解决能力。

3.通过练习,培养学生的空间观念及数学思维方式,提升学生的思维品质。

【教学重点】

内化知识间联系。

【教学难点】

提高学生自主学习、探究能力。

【教学过程】

一、连点成线,进一步理解三角形的意义

师:大家看,这里有2个点,把它们连起来会是什么图形?见图3-59。

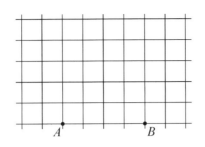

图 3-59　2 个点

生：一条线段。

师：如果再放上 1 个点 C，把它们连起来会是什么图形？

生：三角形。

师：你们是怎么想的？

生：由 3 条线段围成的图形是三角形。

师：老师把点 C 放上去了，大家仔细看。（放在 AB 之间）

生：不是三角形。

师继续放，把点 C 放在 AB 左面或右面。

生：不是三角形。

师：你们想说什么？

生：点 C 不能放在 AB 所在的直线上。

师：从点的角度看，怎样的 3 个点可以构成三角形？

生：不在同一条直线上的 3 个点可以构成三角形。

师：都会形成什么样的三角形呢？

生：直角三角形、锐角三角形、钝角三角形、等边三角形、等腰三角形等。

师：现在有一个任务，请你们选其中一种三角形，去研究 C 点的位置，行吗？

设计意图：给出 2 个点，接着再增加 1 个点，学生都认为可以连成三角形，这是学生通过已有的知识与经验得出的结论。但教师通过引导，让学生发现同一直线上的点 C 不能与点 A、点 B 形成三角形，造成学生思维冲突，让学生自主感悟与体验连点成线，连线成面，进一步巩固"由 3 条线段围成的图形是三角形"这一概念。同时，让学生在思维冲突中进一步体会从点的角度描述三角形的意义，即"不在同一条直线上的 3 个点可以构成三角形"，这是学生在先前的学习中没有接触过的，让学生感悟可以从不同角度描述三角形的意义。

二、动态变化,进一步体验各类三角形的特征与变换

学生画图、交流、汇报。

1.直角三角形

师:你画的是什么三角形?

生1:直角三角形。

师:你把点 C 放在哪里了?请你上来指一指。(生指把点 C 放在点 B 上方)

师:仔细观察一下,还可以把点 C 放在哪里?

生2:点 A 的正上方或正下方。

师:这样的点多吗? 把这些密密麻麻的点连起来会是什么?(一条直线)

师:这条直线和 AB 是什么关系?(互相垂直)

师:点 B 这边呢?(也是同样道理)

见图 3-60。

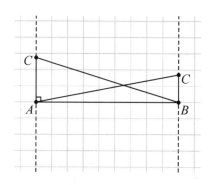

图 3-60　直角三角形

师:要构成直角三角形,点 C 还可以放在哪里?

生1:大家看,三角板上的直角在这里(生边拿教学用三角板边说),所以点 C 放在这里也可以形成一个直角三角形。(见图 3-61)

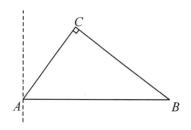

图 3-61　直角三角形

生 2:是的,把三角板翻过来的话直角就在右边了,这样的点 C 左边和右边都会有很多。(见图 3-62)

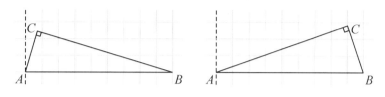

图 3-62　直角三角形

师:大家观察一下,把这些点连起来好像是什么?(一条圆弧)

课件呈现半圆形,并拖动点 C,不断呈现直角三角形。

师:谁能用一句话归纳:点 C 放在哪里都可以构成直角三角形?

生:点 C 只要放在点 A 或点 B 所在的直线上(不包括点 A 和点 B),或者放在圆弧上,都可以构成一个直角三角形。(见图 3-63)

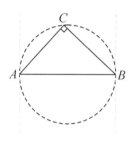

图 3-63　直角三角形

2. 锐角三角形

师:如果要构成锐角三角形,点 C 应该放在哪里?请一位同学借助课件来讲。

生讲点 C 的位置。

师:大家同意吗?为什么?

生:同意,因为三个角都是锐角。

师:点 C 放在哪里都可以构成锐角三角形?

生 1:只要在圆弧的上方或者下方就可以。(课件显示灰色区域)

生 2:只要在灰色的区域都可以。

拖动点 C 在灰色区域的位置移动,显示 $\angle A$、$\angle B$、$\angle C$ 这 3 个角的度数,验证灰色区域部分的点 C 与点 A、点 B 确实可以构成锐角三角形,见图 3-64。

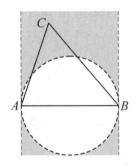

图 3-64　锐角三角形

3.钝角三角形

师:点 *C* 放在哪里都可以构成钝角三角形?

生:点 *C* 在白色区域中都可以。

课件演示。

师:怎样的三角形是钝角三角形?

生:有一个角是钝角的三角形是钝角三角形。

拖动点 *C* 在白色区域的位置移动,显示∠*A*、∠*B*、∠*C* 这 3 个角的度数,验证白色区域中的点 *C* 与点 *A*、点 *B* 确实可以构成钝角三角形,见图 3-65。

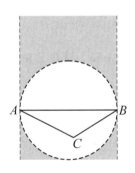

图 3-65　钝角三角形

4.等腰三角形

师:如果要画出等腰三角形,点 *C* 又该放在哪里? 你怎么办?

生:只要找到 *AB* 的中点,过中点作 *AB* 的垂线,垂线上每个不在直线 *AB* 上的点和点 *A*、点 *B* 连起来都是等腰三角形,见图 3-66。

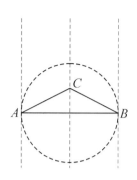

图 3-66 等腰三角形

师:刚才我们把 *AB* 作为等腰三角形的底边,如果把 *AB* 作为等腰三角形的腰的话,还有一条腰可以在哪里?

学生指出,见图 3-67。

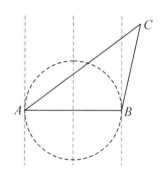

图 3-67 等腰三角形

师:当 *AB* 作腰的时候,另一条腰 *BC* 可以在 *AB* 的上面,也可以在 *AB* 的下面。如果把 *BC* 画在左边,也是同样情况。

5. 等边三角形

师:等边三角形呢? 它有什么要求?(三边相等,每个角都是 60°)

师:等边三角形是众多等腰三角形中特殊的一种,所以我们说等腰三角形和等边三角形的关系是等边三角形是特殊的等腰三角形。

师:同学们,研究了这么多,现在点 *C* 要准备运动了,它跑到一个地方,请你准确说出它是什么三角形,可以吗?(等腰直角三角形、等腰锐角三角形、等腰钝角三角形等)

设计意图:给出固定的 2 个点,通过第三点的运动,让学生进一步感知各类三角形的特征及相互之间的关系,特别是几何画板的有效运用,让静态的点不断运动变化,学生自主感悟出灰色区域部分的点和点 *A*、点 *B* 构成锐角三角形,白色区域部分的点和点 A、点 B 构成钝角三角形,而白色区域和灰色区域交界部分的点和点 A、点 B 构成直角三角形。学生体验了图形之间的变换,体会了图形直观的研究方法。教师在教学中渗透了分类思想、集合思想,同时让各部分独立的知识连成片、结成网,进一步让学生内化对三角形的认识。

三、思维辩证,进一步深化理解三角形三边关系

师:刚才我们研究了用 3 个点构成的三角形的各种情况,现在我们换个形式,如果给你 2 根小棒,能不能构成三角形?

出示:2 根小棒,分别长 12 厘米和 14 厘米。

师:你们有办法拼成一个三角形吗?

生 1:不能。

生 2:能。

师:用什么办法?(剪)怎么剪?(剪长 14 厘米的小棒)为什么?

生:把长 14 厘米的小棒剪成 2 段。

师:为什么不剪长 12 厘米的小棒?

生:因为两边之和必须大于第三边。

师:把长 14 厘米的小棒剪成长整厘米数的 2 段,你们有多少种剪法?请把你们的想法写在练习纸中。

反馈:

生 1:1 厘米、13 厘米,2 厘米、12 厘米,3 厘米、11 厘米,4 厘米、10 厘米,5 厘米、9 厘米,6 厘米、8 厘米,7 厘米、7 厘米。

生 2:剪成 1 厘米和 13 厘米的不可以,因为 2 条短边是 1 厘米和 12 厘米,合起来是 13 厘米,而另一条长边也是 13 厘米。(见图 3-68)

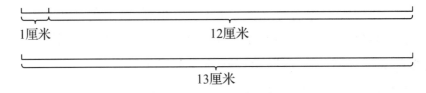

图 3-68 线段图

师:刚才我们把长 14 厘米的小棒剪成长整厘米数的 2 段,还有其他剪法吗?

生:剪成长度是小数的 2 段。

师:这样也会有很多种剪法。如果我们用这么多不同的小段拼三角形,都放在一起,你想想会出现怎样的图形?(见图 3-69)

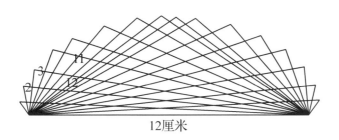

12厘米

图 3-69　拼三角形

师:把这些三角形上面的顶点连起来,你看看像什么? 很像我们国家大剧院的穹顶,美吧?(见图 3-70)

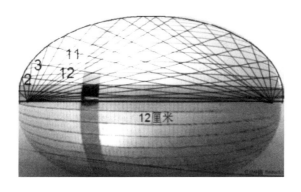

图 3-70　国家大剧院穹顶

设计意图:把 2 根小棒通过剪拼,拼成三角形,并在"剪哪一段""怎么剪""能否拼成"等的不断辨析中,深化对三边关系的认识,同时渗透无限的思想,并联系实际,把众多搭出来的三角形叠放在一起。欣赏国家大剧院穹顶的图片,感受数学的美,体会数学与生活的联系,感受数学的魅力。

四、延伸拓展,进一步探究三角形角的知识

师:刚才我们进一步研究了三角形三边的关系,有一只小瓢虫也在沿着三角形的边爬行,想不想看看?

师:小瓢虫怎么停下来不爬了?

生:因为再爬下去的话,它要爬出这条边了。

师:所以它在思考怎么办?(转身)它转过了哪个角?

师:它怎么又不爬了? 它又要转身了,这次转过的是哪个角?

师:它又转身了,爬到原来的位置。

师:请你们想一想,小瓢虫沿着三角形边缘爬一周,身体一共旋转多少度?见图 3-71。

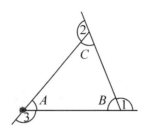

图 3-71 小瓢虫爬行

生 1：360°。

生 2：180°。

师：到底是几度？请大家讨论一下。

生 1：旋转一周就是 360°。

师：请你上来做一做。（小瓢虫爬的时候同学们喊"爬"，学生就原地踏步，要转的时候老师喊"转"）

生：我们发现他旋转一周又回到原来的位置，所以是 360°。

师：还有其他方法吗？

生 2：180°×3－180°＝360°。

师：解释一下，是什么意思？

生 2：因为一个内角和小瓢虫爬过的角合起来是 180°，这样就有 3 个 180°，减去三角形内角和 180°，就是小瓢虫身体旋转的度数。

生 3：把这 3 个角剪下来能拼成一个圆。

师：你真棒，跟老师想到一块儿去了，我们一起看一看。（见图 3-72）

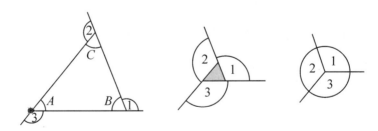

图 3-72 拼图

师：看到这里，你们有什么想说的吗？

生：我确信所有多边形的外角和都是 360°，因为所有的图形剪拼后外角都可以合成一个圆。

设计意图：通过小瓢虫爬三角形的边这样一个富有童趣的情境，在观看小瓢虫爬三角形边缘一周后,让学生猜想小瓢虫转身的角度,在讨论、交流与辨析中,学生利用平角、周角、内角和等知识解决问题,在加深理解原有知识的同时,帮助学生理解多边形的外角和都是360°。这样的教学从模型意识角度拓展了学生对三角形外角和这一新知的认识。

纵观整节课学生的课堂表现,在每个环节中学生注意力都很集中,想象丰富,兴致很高,他们始终积极参与学习。整节课既落实了保底的巩固原有基本知识,又上不封顶,即练习中有知识的适当发展、提高与拓展,在提高认识、形成能力的同时还渗透了数学思想方法,培养了空间想象能力,发展了学习思维,真正体现了练习课的宗旨。

练习中做研究　合作中促提高
——"纸张中的数学问题"实践与思考

【课前思考】

数学学习不应是冰冷的公式记忆和枯燥的数据计算,而应是学生主动参与、积极操作、充分交流、探究发现的趣味横生的主动建构过程。在各种课型的教学中,练习课和复习课不好上,因为常让人有炒冷饭的感觉,学生的学习兴致往往不高,但是练习课和复习课在学生的学习中又占有重要的分量。2022年人教版教材五年级下册编排了"长方体和正方体"的内容,求表面积和体积是其中的一块学习内容,怎样从结构化进阶的角度出发,把表面积和体积的学习有效融合?"用纸张做一个容积最大的无盖纸盒"的综合性练习课就应运而生。本节课围绕"哪个小组能用这张长方形纸做一个容积最大的纸盒"这一富有挑战性、趣味性、研究性的核心问题,让学生主动地、兴致盎然地运用所学知识展开研究,其间既有小组合作的动手实践,又有独立思考、质疑修正的探究过程,学生有所练、有所思、有所得,有效地促进了数学核心素养的形成。

【确定目标】

1.进一步熟练运用长方体表面积和体积知识解决问题。

2.培养动手操作、合作探究的能力,发展学生空间观念。

3.通过猜测验证、数据分析、归纳推理,培养和提高学生分析问题、解决问题的能力,积累数学活动经验,促进学生数学素养的发展。

【厘清重难点】

教学重点:用长方体的表面积和体积知识解决实际问题。

教学难点:体会表面积、容积与长方形纸四个角剪去的小正方形的边长之间的关系与变化规律。

【教学实践】

一、开门见山直奔主题

师:今天这节课老师和大家一起来研究纸张中的数学问题,大家看这是一张长方形纸,长 30 厘米,宽 16 厘米,根据这些信息,你们能提出哪些数学问题?

生:它的周长和面积各是多少?

板书:周长=92 厘米　　面积=480 平方厘米

师:能不能把这张纸简单处理一下,做成一个长方体?

生:在 4 个角剪去 4 个相同的小正方形,再折成纸盒。

师:大家想一想,你们能想象出他说的纸盒吗?

课件动态演示纸张折成纸盒的过程,如 3-73 所示。

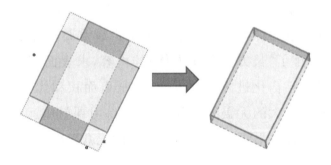

图 3-73　折纸盒

师:今天这节课我们就来研究这样的无盖纸盒。

设计意图:数学化地观察问题、分析问题、表达问题是数学核心素养的要义。课始,老师引导学生用数学的眼光看这张纸,基于平面的角度可以研究它的周长和面积,从立体角度看可以研究怎样把它折成一个无盖的纸盒。在从平面到立体的转化过程中,促使学生通过动态想象,把二维的面与三维的体有效连接并对应起来,学生的空间观念和想象能力得到培养,思维也充分得到扩展。

二、探究纸盒最大容积

师:老师已经给每个组发了一张这样的长方形纸,请大家既动脑又动手,4人小组合作完成任务。

出示合作任务:

1.用这张纸做成一个容积最大的纸盒。(纸张的厚度和接缝忽略不计)

2.完成后准备小组汇报。(说说是怎么想的、怎么做的)

组织汇报:

生1:我们剪去边长为1厘米的小正方形,做成的纸盒容积是 $28 \times 14 \times 1 = 392$(立方厘米)。我们想尽量让纸盒的底面大一些。

生2:我们剪去边长为2厘米的小正方形,做成的纸盒容积是 $26 \times 12 \times 2 = 624$(立方厘米)。比第一组的容积大,因为求容积时还要乘高,第一组的高太小了。

生3:我们的容积更大,剪去边长为3厘米的小正方形,做成的纸盒容积是 $24 \times 10 \times 3 = 720$(立方厘米)。

师:还有没有比他们的容积更大的?

生:没有了。

师:第三组是一下子就发现剪去边长是3厘米的小正方形可以使容积最大吗?

生3:我们把所有情况都算过了,才发现剪去边长是3厘米的小正方形后折成的纸盒容积是最大的。

师:把你们的计算过程给大家汇报一下。(见表3-3)

表3-3 剪去不同边长后得到的纸盒的容积

剪去的小正方形的边长/厘米	长/厘米	宽/厘米	高/厘米	容积/立方厘米
1	28	14	1	$28 \times 14 \times 1 = 392$
2	26	12	2	$26 \times 12 \times 2 = 624$
3	24	10	3	$24 \times 10 \times 3 = 720$
4	22	8	4	$22 \times 8 \times 4 = 704$
5	20	6	5	$20 \times 6 \times 5 = 600$
6	18	4	6	$18 \times 4 \times 6 = 432$
7	16	2	7	$16 \times 2 \times 7 = 224$

师:怎么不再往下剪了?

生3：当剪去边长是8厘米的小正方形的时候，宽剪光了，做不成纸盒。

师：看来，刚才问题的解决揭示了一个策略：寻找最大值不能只计算一种情况，得把多种情况进行比较。

板书：把多种情况进行比较

师：刚才大家在研究的时候都是剪去边长为整厘米数的小正方形，为什么这样剪？

生：因为边长是整厘米数比较好算。

师：对，从简单的情形入手是研究问题常用的方法。

板书：从简单的情形入手进行研究

师：这些不同规格的纸盒的容积你们都是怎么计算的？

板书：$V = (30 - 2a) \times (16 - 2a) \times a$

师：看着我们用剪去边长为整厘米数的小正方形的纸做成的不同形状的纸盒和它们的容积数据，你们有什么想说的吗？（见图3-74）

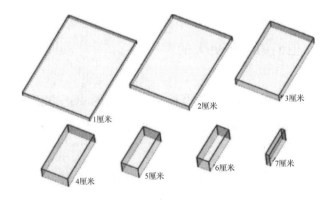

图3-74 不同形状的纸盒

生：随着剪去的小正方形的边长不断增大，纸盒的容积由小变大再变小。

师：请大家用手势来表示这些数据的变化。

师：数学上有一种办法能让我们把数据的变化看得更清楚，是什么呀？

生：画统计图。

师：对，老师把剪去的小正方形的边长（1—8厘米）作为横轴，做成的纸盒的容积作为纵轴，我们把刚才研究过的7组数据画上去，再把所有的点连起来（见图3-75）。你们有什么想说的？

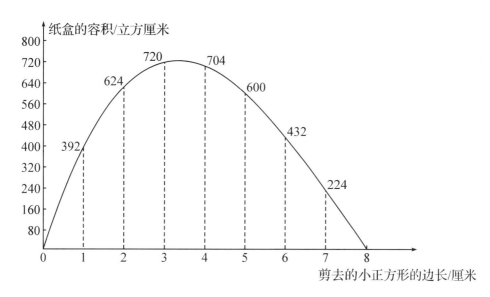

图 3-75　剪去的小正方形的边长和纸盒的容积统计图

生：剪去的小正方形的边长与做成的纸盒的容积关系的曲线图像过山车的轨道，非常直观形象。

师：对，数学上常用这种关系图来研究量与量之间的变化规律，非常有用。

师：目前我们发现当剪去的小正方形边长为 3 厘米时纸盒容积是最大的。请你们想一想，有没有可能用这张纸做出一个容积更大的纸盒？

生：有，我觉得应该可以剪去边长为小数的小正方形。

师：你们觉得边长可以是几呢？

生 1：我觉得剪去的小正方形边长为 3 厘米左右，我试了 2.9 厘米，发现比 3 厘米容积小，那应该再试试 3.1 厘米到 3.9 厘米之间。因为我发现剪去的小正方形边长为 3 厘米时纸盒的容积比 4 厘米时纸盒的容积大。

生 2：我觉得整幅图中数据的变化就像坐过山车一样好玩，可能是剪去的小正方形边长为 3.5 厘米的时候纸盒的容积最大。

师：好像有道理，我们来试试看。（课件中的几何画板展示，剪去的小正方形的边长从 3.1 厘米试到 3.4 厘米，发现当剪去的小正方形边长为 3.3 厘米时纸盒的容积最大，边长为 3.4 厘米时容积开始变小，见图 3-76）

剪去的小正方形的边长：

$$a = \boxed{3.30}$$

V=长×宽×高
= （30−2a）×（16−2a）×a
= （30−2×3.30）×（16−2×3.30）×3.30
=23.40×9.40×3.30
=725.868（立方厘米）

数轴
取整
曲线
验证
拖动

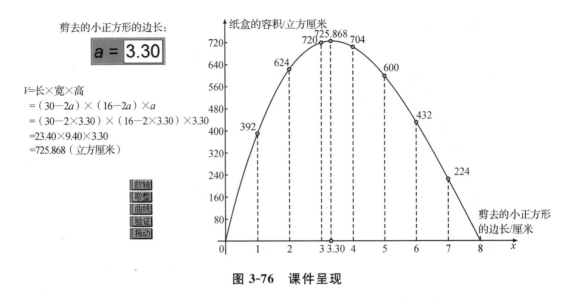

图 3-76 课件呈现

师：剪去的小正方形边长为3.3厘米时容积最大吗？还有其他想法吗？

生：我们应该再试试剪去的小正方形边长是两位小数，可能做出的纸盒容积会更大。

师：想试试在哪个范围内的两位小数？

生：比 3.3 厘米大，比 3.4 厘米小。比如 3.31 厘米、3.32 厘米……

师：我们也来试几个。（课件中的几何画板演示，剪去的小正方体的边长从 3.31 厘米试到 3.34 厘米，发现当剪去的小正方形边长为 3.33 厘米时容积最大，边长为 3.34 厘米时容积开始变小）

师：我们已经把剪去的小正方形的边长从最初的精确到个位即整厘米数到精确到了十分位一位小数、再到精确到百分位两位小数，目前得出剪去的小正方形的边长为 3.33 厘米的时候纸盒的容积最大。你们还有什么猜想？

生 1：那精确度还可以再提高呀，可能是 3.333…厘米的时候容积最大。

生 2：是 3.$\dot{3}$ 厘米的时候纸盒的容积是最大的。

师：同学们真有想法，确实就在这幅图中有一个最高点，也就是纸盒的最大容积，以这个最高点为分界线，同学们想一下，最高点以前和以后剪去的小正方形的边长与纸盒的容积分别是怎么变化的？

生：最高点以前，剪去的小正方形的边长增大容积也增大，最高点以后，剪去的小正方形的边长增大容积反而减小。

师：这样的问题我们以后会在初中、高中进一步研究。（课件演示单调上升区间和单调下降区间的动画）

设计意图:学生在课堂上积极、主动地参与学习是有效教学的前提和保证,引入环节后,教师及时地抛出怎样做出一个容积最大的纸盒这一富有挑战性、趣味性、探究性的核心问题,无疑是点燃学生学习激情的良方,驱动、激励着学生全身心投入学习探究之中。同时,教师留足时间和空间放手让学生去操作、计算、思考。在接下来的学习交流过程中,学生不仅在组内、也在组与组之间不断受到启发,初步发现当剪去的小正方形边长是 3 厘米时,纸盒的容积是最大的。然后通过教师适时的引导、点拨,层层推进,"迫使"学生不断打破原有的认知,逐渐提高小数区间精度,最终体会到剪去的小正方形边长为 3.333⋯ 厘米时,纸盒的容积最大。整个学习过程跌宕起伏,学生经历了猜测、验证、失败,经历了组内同伴间的相异构想、组与组间不同答案的碰撞,经历了教师引导、启发下的"柳暗花明",这些都是最真实、最宝贵的学习资源。整个过程中学生积累了丰富的数学活动经验,培养了归纳推理、数据分析、精度提高、区间逼近、函数分段变化等诸多数学学科素养。

三、探究纸盒表面积的变化规律

师:这个纸盒除了研究它的容积,还可以研究什么?

生:还可以研究表面积。

师:请你们想一想,随着剪去的小正方形边长的增大,表面积会不会跟刚才研究的体积一样有变化规律可循? 和同桌交流一下意见。

生 1:我觉得表面积会越来越小,因为原来长方形纸的总面积是 480 平方厘米,剪去的小正方形的边长越来越大,剩下的面积就越来越小,也就是表面积越来越小。

生 2:我也是这样觉得的,因为纸张的面积是 480 平方厘米,剪去的 4 个小正方形的面积是 $4a^2$,所以纸盒的表面积是"$480-4a^2$",随着 a 越来越大,剩下的面积就越来越小,也就是纸盒的表面积越来越小。

师:这位同学提出了计算长方形纸盒表面积的另一种算法,大家能理解吗?以前,长方体无盖物体的表面积是怎么算的?

生:能理解。以前用"长×宽+长×高×2+宽×高×2"计算长方体无盖物体的表面积。

师:你觉得这里哪种方法算起来比较方便?

小结:平时,无盖的立体物体的表面积是按照公式计算的,但在把纸折成纸盒的情况下,用"纸张的面积减剪去的小正方形的面积"这种方法计算更方便,所以要灵活选用算法。

师:刚才2位同学的猜测是纸盒的表面积会越来越小,请大家用公式"480—$4a^2$"来算一算这7种情况。

学生汇报,如表3-4所示。

表3-4　剪去不同边长的正方形后得到的纸盒的表面积

剪去的小正方形的边长/厘米	长/厘米	宽/厘米	高/厘米	表面积/平方厘米
1	28	14	1	476
2	26	12	2	464
3	24	10	3	444
4	22	8	4	416
5	20	6	5	380
6	18	4	6	336
7	16	2	7	284

师:看着这些表面积的数据,你们有什么想说的?

生:随着剪去的小正方形的边长不断增大,纸盒的表面积真的越来越小了。

师:确实如此,我们把这些数据用条形统计图来呈现,并把最高部分用一条线连起来,表面积的变化规律就看得更明显了。(见图3-77)

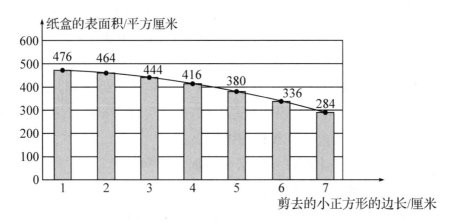

图3-77　剪去的小正方形的边长与纸盒的表面积的统计图

设计意图:深入探究达成深度学习。不言而喻,当今数学课堂应基于学生核心素养的发展,因此课堂呼唤"理解而不是灌输、深层次而不是浅表层"的深度学习。这一环节教师在学生已有的探究基础上自然地引出"纸盒的表面积会随着剪去的小正方形的边长增加而发生怎样的变化?"这一问题,让学生在用表面积公式"$ab+2ah+2bh$"与用"$480-4a^2$"来算纸盒表面积的对比中,体会具体问题优选算法的灵活、便捷之妙处。同时通过数据图表的直观呈现,清楚地看到表面积随剪去的小正方形边长的增大呈变小的趋势,使学生的数据分析能力、数学表达能力得到进一步培养。

四、对比中体会表面积和容积的变化规律

师:我们用这样的一张纸,4 个角剪去相同的小正方形后折成纸盒,研究了纸盒的容积和表面积的变化规律。看着这 2 幅图,你们有什么想说的?(见图 3-78)

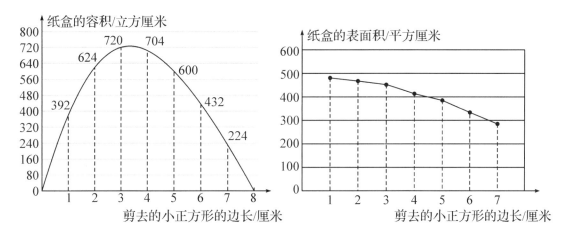

图 3-78　剪去的小正方形的边长与纸盒的容积、表面积的统计图

师:你们能不能来解释一下这样变化的原因?

生 1:因为剪去的面积越大,剩下的面积肯定越小,所以纸盒的表面积越来越小。

生 2:在算容积时,剪去的小正方形的边长越大,长和宽剩下的是变小了,但高却越来越大,因为体积是长、宽、高 3 个数之积,或者说是底面积和高 2 个数之积,因此不能光考虑哪一个数最大,3 个数中每个数的变化都能引起积的变化,要使它们组合起来的乘积最大,容积才最大,超过了这个最大值面积反而会慢慢变小,所以体积的变化规律是像图这样的。

设计意图:观察对比,理性分析提升素养。在已有探究结果的基础上,在课堂结束阶段,教师适时地引导学生对容积与表面积 2 种数据的变化规律进行比较,让学生透过现象看清规律后面的本质,更深一步地理解容积和表面积计算过

程中所需的数据、变量及其组合与变化。初步理解"纸盒表面积＝480－$4a^2$"，算式中只有 a 一个变量，当 a 这个量越来越大的时候，减数 $4a^2$ 就越大，差就越来越小。而"容积＝长×宽×高＝$(30－2a)×(16－2a)×a$"，a 的变化会引起长、宽、高 3 个变量的改变，当 3 个数据正好达到某一组合时，积才可能最大。所以随着剪去的小正方形的边长 a 变化时，容积变化的规律更复杂。在这一对比过程中，学生初步体会到计算表面积、容积的代数式中的变量可以决定和解释它们各自的变化现象。学生的抽象能力、数据分析能力、逻辑推理能力进一步得到提升。

基于模型理解　促进深度学习

——"长方体表面涂色问题"教学实践与思考

【课前思考】

1. 拓展内容

2022 年人教版教材五年级下册第三单元编排的内容是"长方体和正方体"，在这单元后面编排了"探索图形"，见图 3-79，主要是研究用棱长为 1 厘米的小正方体拼成棱长为 2 厘米、3 厘米、4 厘米等的大正方体后，再给每个大正方体的表面分别涂上颜色，求三面、两面、一面涂色以及没有涂色的小正方体分别有多少个。学生通过小组合作、实验操作、研究探讨后找到规律解决问题：即三面涂色的小正方体是 8 个；两面涂色的小正方体都在棱上，它的个数跟棱长有关，即（棱长－2）×12；一面涂色的小正方体都在每个面的最中间，既跟棱有关，又跟面有关，即（棱长－2）^{2}×6；而没有涂色的小正方体都在大正方体内部，是棱长减去 2 的差的 3 次方，即（棱长－2）^{3}。学完这节课后，有学生不禁会问，如果是把大长方体表面涂上颜色，再切成一个个相同的小正方体，那么它们的涂色部分又会出现怎样的情况？是否跟大正方体表面涂色的规律是一致的？基于这样的学情，本节拓展课，主要研究长方体表面涂色问题，旨在顺应学情，让学生基于原有学习经验，通过迁移、比较、操作、抽象等，发现并理解其中蕴含的规律，积累探索简单数学规律的经验，感悟数学思想方法，发展数学思维能力、抽象能力和空间想象能力。

2. 教学策略

为帮助学生有效理解所学内容,本节课教学的每一个环节始终需要贯穿"独立思考—有效猜想—小组合作—验证结论"这样四步,目的是让每一个学生积极参与到问题的探究中,并落实"在小组合作前先独立思考、在动手操作先展开想象、在验证结论中可视可感"的理念,培养学生自主探究、合作学习、空间想象以及解决问题的能力。在教学中遵循从知识覆盖型的教学到大概念统领型的教学,也就是以"模型"为解决问题的突破口,凸显基于学生已有的认知经验,把碎片化的知识进行结构化教学的理念,通过正方体表面涂色问题与长方体表面涂色问题的联结与区别,帮助学生进行知识之间的联系与转化,理解数学的通性、通法与解题技巧,促进学生迁移能力的形成,以深度探究促进意义理解。

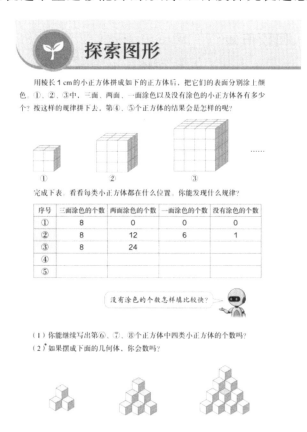

图 3-79 2022 年人教版教材五年级下册第 44 页内容

【确定目标】

1. 通过探究长方体表面涂色的问题,观察并发现一面、两面、三面涂色和没有涂色的小正方体的位置特点,以及它们的个数与长方体长、宽、高之间的关系。

2.经历观察、想象、比较、推理、抽象、反思等探究的过程,积累探究规律的活动经验,培养空间观念和推理意识,促进高阶思维能力的形成。

3.体会数学与实际生活的联系,获得成功发现数学规律的愉悦体验,激发学习数学的兴趣。

【厘清重难点】

教学重点:探索长方体表面涂色的规律。

教学难点:发展空间观念、推理意识。

【教学实践】

一、连接生活、回顾旧知

师:同学们,生活中我们经常会看到物体的表面涂有颜色,上节课我们还研究了正方体表面涂色的问题,你们还知道哪些知识?

生:有些小正方体只有一面涂上颜色,有些会有两面涂上颜色,有些会有三面涂上颜色,还有一些躲在中间,那么一面也不会涂上颜色。

师:研究了正方体表面涂色的问题,你们还想研究什么?

生:如果是给长方体表面涂上颜色,结果会一样吗?

设计意图:物体表面涂色是生活中常见的一种现象,本课一开始从和学生看似聊家常的讨论中,把数学和生活场景有效对接,在回顾正方体表面涂色的问题时,学生自然想到研究长方体表面涂色的问题,激发学生学习的兴趣和探究欲望。

二、联结生成,提升迁移能力

出示:一个表面涂色的长方体,长、宽、高都是整厘米数,把它切割成若干个棱长为1厘米的小正方体。

$4 \times 5 \times 6$ 的长方体,将其表面涂成红色,那么切成 $1 \times 1 \times 1$ 的小正方体后其中一面、两面、三面涂色以及没有涂色的小正方体各有几块?

要求:

1.先自己独立思考想象。

2.小组讨论交流:一面、两面、三面涂成红色的小正方体分别会出现在长方体的什么位置?

反馈:请一个小组上台展示。

生1:我们根据正方体表面涂色的学习结果,认为:三面涂成红色的一定出现在 8 个顶点的位置;两面涂成红色的一定出现在棱上,但是要除去顶点的位置;一面涂成红色的一定出现在每个面上,但是要除去每条棱上的小正方体;没有涂色的是躲在长方体内部的。

师:想一想,真的是这样吗?让我们一起来验证他们组的结论是否正确。

生2:在正方体中三面涂色的小正方体都在顶点的位置,一共有 8 个,而长方体和正方体一样都有 8 个顶点,所以在这个长方体中三面涂色的小正方体也有 8 个。

生3:在正方体表面涂色的问题中,两面涂色的小正方体都在棱上,可以用 $(n-2) \times 12$ 来计算。现在要计算的是一个被切割成 $4 \times 5 \times 6$ 的长方体,长方体的长、宽、高分别是 4、5、6,所以一共有 $(4-2) \times 4 + (5-2) \times 4 + (6-2) \times 4 = 36$ 个小正方体。

生4:在研究正方体表面涂色时,我们知道在每个面中间位置的小正方体都露出 1 个面,一面涂色的块数与面和棱有关,可以用 $(n-2)^2 \times 6$ 来计算。但是在 $4 \times 5 \times 6$ 的长方体中,前面和后面涂色的小正方体个数一样,上面和下面涂色的小正方体个数一样,左面和右面涂色的小正方体个数也一样,所以可以用 $(4-2) \times (5-2) \times 2 + (5-2) \times (6-2) \times 2 + (4-2) \times (6-2) \times 2 = 52$ 个来计算。

师:刚才他们组说没有涂色的小正方体一定是躲在长方体内部的,你们还有补充吗?

生:躲在内部的小正方体的每一个面都不能露出来被别人看到。

师:这样的小正方体有几个呢?你们有什么办法知道?

生:我们是用小正方体的总个数减去三面、两面、一面涂色的小正方体的总个数,那么剩下来的就是没有涂色的小正方体的个数。

课件演示:将 $3 \times 3 \times 3$、$4 \times 4 \times 4$、$5 \times 5 \times 5$、$6 \times 6 \times 6$ 的正方体分别剥离掉 3 面、2 面、1 面涂色的小正方体的过程,见图 3-80。

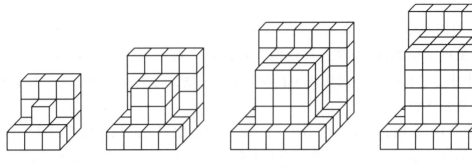

图 3-80　课件演示

师:通过观察,你们有什么新的发现?

生1:我发现在正方体中没有涂色的小正方体的个数都是$(n-2)^3$个。

生2:既然在正方体中没有涂色的小正方体的个数是$(n-2)^3$个,说明个数跟长、宽、高都是有关系的,那么在这个长方体中没有涂色的小正方体的个数为$(4-2)×(5-2)×(6-2)=24$(个)。

师:想一想,同样是研究三面涂色、两面涂色、一面涂色和没有涂色的小正方体的个数,长方体和正方体中表面涂色的小正方体个数有什么联系与区别?

设计意图:学生的学习一定是建立在已有知识、经验的基础上的。研究长方体表面涂色的问题,学生很自然就联系到了已有的学习正方体表面涂色的经验,并利用计算正方体表面涂色的小正方体个数的方法,自主迁移出长方体表面涂色的小正方体个数计算的方法,并在问题解决的过程中进一步明确三面涂色的小正方体在顶点处,两面涂色的小正方体跟棱长有关,一面涂色的小正方体跟棱和面有关,没有涂色的小正方体跟长、宽、高三者都有关。最后找两者的区别与联系,让学生的抽象概括能力得到提升,模型意识与结构化思维也得到培养。

三、对比联系,内化认知结构

出示:如果存在五面涂色的小正方体,那么这样的小正方体最多有几个?

要求:先独立思考,再小组交流,最后动手操作。

生:如果有五面涂色的小正方体,一定只能出现在两端,并且只能摆成一行,如果有两行或者更多行的话,就不可能出现五面涂色的小正方体,因为会被遮住的。

师:请大家想象一下,他说的有没有道理?

课件演示,见图 3-81。

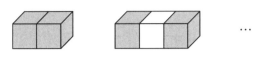

图 3-81　课件演示

小结:每个小正方体都有 6 个面,如果有 5 个面被涂色,那么这个小正方体只有 1 个面与其他小正方体重合,所以只能在长方体两端,而且长方体只能由一排小正方体组成,所以最多只有 2 个小正方体五面涂色。

师:如果摆的是一个正方体,有没有可能找到五面涂色的小正方体?

生:找不到的,因为要摆成一个正方体至少需要 8 个小正方体,那么就会出现 2 行、2 列、2 层,不符合单独一行的要求,所以是不可能的。

师:刚刚在解决长方体涂色问题时,我们能利用正方体表面涂色的办法来解决,但在这题中找不到两者通用的方法,所以我们还是需要根据不同的问题采用不同的方法。

设计意图:找长方体中五面涂色的小正方体,这个学习经验无法从已有的正方体表面涂色问题中迁移,学生在独立思考、交流分享和动手操作后得出结果,完整经历了问题解决的过程,最后的问题摆出的正方体中有没有可能找到五面涂色的小正方体,让学生的思维再次聚焦到正方体的特征上来,同时进一步得出五面涂色的小正方体,一定出现在只有一行的长方体中。这样的学习方式让学生的空间想象能力与思维能力不断得到培养。

四、拓展抽象,促进思维进阶

出示:如果其中两面涂色的小正方体恰有 4 个,那么大长方体的长、宽、高各是多少厘米?

要求:

1.先独立思考,把想法画成草图。

2.小组交流,每人说说自己的思考方法。

3.小组合作拼图,验证思考过程。

反馈:(同时课件演示)

生 1:在解决长方体涂色问题时,我们知道在棱上除去两端(顶点)的小正方体外,其余都是两面涂色,现在题中告诉我们两面涂色的小正方体只有 4 个,那么只能是一个 3×2×2 的大长方体,也就是一个长 3 厘米,宽和高都是 2 厘米的长方体(见图3-82)。

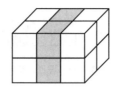

图 3-82 课件演示

生2：两面涂色的小正方体除出现在棱上外，还可以出现在中间，只是这个长方体只能是一层的，这样就可以保证每个面上除棱上的小正方体外，其余的小正方体都只露出上下2个面，可以把这样的小正方体放2行、2列，再在它们的周围围上小正方体，可以形成一个4×4×1的长方体(见图3-83)。

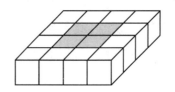

图 3-83 课件演示

生3：根据刚才说的这个长方体是一层的，那么还可以把2个面涂色的4个小正方体摆成一行，然后在它们的四周围上一圈小正方体，所以还可以是一个6×3×1的长方体(见图3-84)。

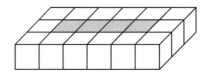

图 3-84 课件演示

要解决这个问题，学生依旧无法从正方体表面涂色的学习经验中直接迁移出解决问题的模型，但是他们已经具备了图形表面涂色问题的思考方法并且能够创新应用，重点抓住"两面涂色的正方体恰有4个"这个关键信息，再次经历独立思考、交流合作与动手操作的过程，在同伴分享的各种方法中，他们的思路不断被打开，问题解决的模型不断清晰，思维不断进阶，并且空间想象能力、抽象能力也再次得到培养。

【课后反思】

这是一堂对思维含量有较高要求的拓展课。整节课就是研究一类题目,它考查的是学生综合运用长方体、正方体知识的能力,学生不仅需要具备最基本的长方体、正方体表面积和体积的相关知识,还需要具备空间想象能力和思维能力,同时学生还需要具有动手操作的能力、合作解决问题的能力、知识迁移的能力等。在教学中培养学生的思辨能力是数学课堂教学的灵魂,而在图形与几何的教学中,发展学生空间观念又是课堂教学的重要任务,而本堂课的学习又同时兼具对抽象思维与空间想象能力的要求,对学生的思维和空间想象能力都极具挑战性。因此在课堂上,教师积极营造课堂表述和辩论的氛围,疑问由学生提出,问题由学生解决,知识由学生获取,同时适时引入动态想象对操作活动进行验证,由此来发展学生思维,提升数学学习能力。

1.有效联结促进深度学习发生

数学深度学习是学生在有深层学习动机的状态下,通过亲身体验获得高阶思维,进而达成对数学知识内核的深度理解,并将已有知识迁移到新情景中实现数学问题的解决。在本节课的学习中,通过与学生在"探索图形"中习得的正方体表面涂色问题的知识的有效联结,构建了数学深度学习的"问题—活动"的实践模式,课堂上以问题为引领,学生不断迁移应用,找出正方体涂色问题与长方体涂色问题的通性与区别,在对比与联系中解决了一个个问题。教师完全放手让学生自主探究学习,他们先独立思考,展开想象,再在小组合作交流中各抒己见,这样的学习路径体现了学习的亲历性,不断促进学生思维进阶,达到高阶水平。同时教师适时点拨,并通过富有启发性的思想方法的渗透和引导,让学生的思考与想象得到修正,不仅提升了他们的模型意识和动态想象能力,同时也促进了他们结构化思维的形成,真正实现深度教学。

2.基于理解提升思维品质

数学理解是构成学生有意义的学习的基础,是学生解决问题和数学思考的基础。学生通过对数学知识、技能、概念、原理的理解与掌握,发展和提高他们的数学能力,教师上课是为了促进学生的数学理解,激发学生的数学思维,发展学生的数学核心素养。李士锜教授认为,数学理解是指新的知识结构被原有的认知网络接纳,与原先的知识结合在一起形成的新认知结构的过程。这种认知结构被称作"图式"。在此基础上,英国数学教育家斯根普把理解定义为:对象被纳入合适的图式之中。顾泠沅教授将数学目标划分为 3 个水平：记忆性理解水平、解释性理解水平和探究性理解水平。真正的理解意味着从记忆性理解到解释性理解，并努力达到探究性理解的水平。其中记忆性理解是一种知识的输入，解释性理解是知识的输出，而探究性理解则是对知识的创新。在理解的基础上，我们可以制订数学学科能力框架，见图 3-85，在能力框架的指引下，本节课开始的时候让学生回忆正方体表面涂色的问题就是帮助学生识别与回忆已学知识，学生根据已有的解决模型，通过计算与操作、解释与交流不断进行分析概括与推理验证，逐渐解决一个个问题。在问题的解决过程中，学生综合运用所学知识，不断猜想、发现，再探究、建模，这样的学习过程经历了"学习理解—实践应用—创新迁移"的过程，而学生的思维也从信息输入到基于理解后的初级输出再到思维不断进阶后的高级输出，实现了理解和应用的层次由低阶不断向高阶发展。

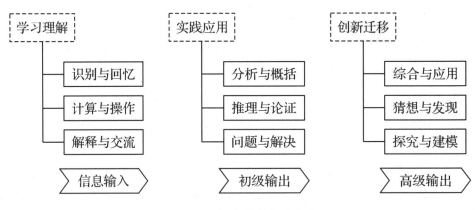

图 3-85　数学学科能力框架

3.借助动态想象提升空间观念

本节课的学习始终注重对学生空间观念的培养，每一个环节的教学都先让学生独立思考展开想象，再借助动态想象，如先让学生画草图使想象可视化，然后在小组内交流分享自己想法，在此基础上再进行操作活动。学生在"动手操作"前先进行独立思考，合理猜想，再在"动态想象"的基础上"动手操作"验证想象。此外，在学生"动态想象"的基础上，通过课件演示来验证学生的想象，建立"文字—想象—图式"的教学路径，借助数形结合为学生搭建了一座数学知识抽象性与学生思维形象性之间的桥梁，促进学生的理解与想象，并内化为认知结构，让学生的思维可视可感，激发学生学习的积极性和主动性。这样的学习方式，不仅关注了"动手操作"的形式和难度，有效联通了"动手操作"和"动态想象",避免了学生操作活动的随意性和虚假性,还促进了学生在操作过程中进行数学化思考,对想象活动进行必要的内化,同时有效促进了学生空间观念的发展,提高了学生的探究能力和创新思维能力。

探图形变化奥秘之旅　享优秀传统文化之美
——"小小设计师"教学设计

【课前思考】

　　小学阶段的"图形的运动"涉及平移、旋转、轴对称、放大(缩小)等知识。2022年人教版教材二年级下册第70页编排了"小小设计师"的内容,这是在学生已经学习了平移、旋转和轴对称图形的基础上进行学习的。"图形的运动"是图形与几何领域的重要内容,相关知识的学习,有助于学生发展数学的眼光,感受数学之美,提升空间观念和几何直观。数学教学要紧密联系学生的生活实际,从学生的生活经验和已有知识出发,创设生动有趣的情境,为学生提供参与数学活动的机会,激发学生学习的兴趣和探究欲望。而在生活中"图形的运动"应用场景大量存在,我们随处可见通过平移、旋转或者是轴对称而形成的图形、建筑等。基于学生已有的学习经验,让学生在动手操作的过程中进一步掌握平移、旋转和轴对称的本质特征,增强空间观念,感受图形的对称美,感悟优秀传统文化的博大精深,在此基础上提升学生探索新知的积极性、能动性,并体现数学的美和数学强大的应用性是本节课要达成的目标。让学生通过这节课的学习能更多感受数学的美,并喜欢数学。

【确定目标】

　　1.能辨认生活中的图案是由一个图形通过平移、旋转得到的,感受图形运动之美。

　　2.经历观察、操作及合作交流的过程,获得用图形的运动设计图案的基本方法,在想象图形运动的过程中发展空间观念。

　　3.进一步感受轴对称、平移和旋转在生活中的应用,感受优秀传统文化,体会数学的美及数学学习的价值。

【厘清重难点】

教学重点:利用图形的运动设计图案。

教学难点:培养空间想象能力。

一、谈话引入,明确学习内容

师:今天我们继续学习图形的变换,你们知道图形有哪些变换方式吗?

板书:平移、旋转

二、创造图形,厘清平移与旋转的特点

师:观察这幅图,你们发现了什么?（出示图 3-86）

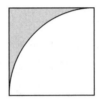

图 3-86　图形

生 1:我发现它的轮廓是个正方形。

生 2:我发现它里面是圆的一部分。

师:现在有 4 个这样的图形,你能拼成怎样的图形?

请 2 位学生在黑板上拼,学生作品见图 3-87。

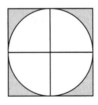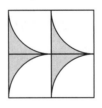

图 3-87　拼图形

师:你是怎么拼的?

生 1:我拼的圆形,左上部分是通过平移得到的,左下、右上和右下部分都是通过旋转得到的。

生 2:我拼的这幅图,左上和右上部分都是通过旋转得到的,左下和右下部分都是通过平移得到的。

师:还有其他拼法吗?

反馈,见图 3-88。

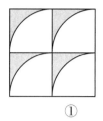 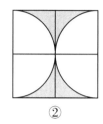 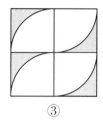 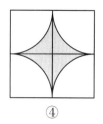

①　　　　　　②　　　　　　③　　　　　　④

图 3-88　反馈

师:这些图形又是通过怎样的变换得到的?同桌相互说说。

反馈:

生 1:①号图形都是通过平移得到的。

师:平移有什么特点?

生 1:图形平移后方向不变。

生 2:④号全部是通过旋转得到的。

生 3:不对,它的右下部分是通过平移得到的,另外 3 块是通过旋转得到的。

生 4:②号右上部分是通过平移得到的,其余 3 块是通过旋转得到的。

生 5:③号左边 2 块是通过平移得到的,右边 2 块是通过旋转得到的。

师:旋转有什么特点?

生:图形旋转后会改变方向。

小结:一个基本的图形经过平移、旋转后能创造出漂亮的图案。

出示图 3-89:

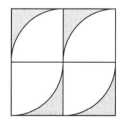

图 3-89　图形

师:这个图形又是通过怎样的变换得到的?

生 1:上面 2 块是通过平移得到的,下面 2 块是通过旋转得到的。

师:大家同意吗?

课件演示:把原来的图形平移下来放在这个图形的上面。

师:你们有什么想说的吗?

生1:太大了。

生2:这幅图中的图片不是由原来的图形变换得到的,因为它比原来的图形要大。

师:平移和旋转又有什么共同的要求?

生:图形平移和旋转后它们的大小是不变的。

设计意图:平移与旋转的特点,学生看似知道,其实不然。本环节通过具体、形象的图形变换,使枯燥的平移与旋转,在图形的变换中变得形象生动。在研究用4块图形拼成的新图形中,学生通过观察每一块图形的变换过程,产生视觉的强烈冲突,进一步感悟平移与旋转的特点,并体会到平移与旋转是不改变图形大小的,这样的方式比老师强加、告知给学生好得多,学生的体会也更深刻。

三、摆拼图形,体会图形间的关联与转换

师:有4个 ,你能通过平移与旋转创造出我们学习过的平面图形吗?

要求:

1.每人自己独立拼平面图形。

2.小组交流大家拼出的平面图形是否相同。

反馈:

生:在我们学过的平面图形中,除了圆拼不出,其他都可以。

师:你们是怎样拼的?请一个小组的同学到黑板上展示拼的过程。

课件展示拼出的图形,见图3-90。

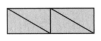 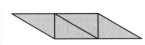 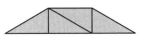

图3-90 课件展示

师:有一个同学拼出了这样的图形(见图3-91),能否剪一刀再通过旋转或平移让它变成我们认识的平面图形?

图3-91 图形

师：看来有困难，4人小组讨论看看。

生1：横着剪一刀，把三角形旋转上去就变成长方形了（见图3-92）。

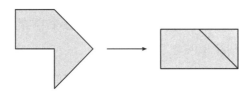

图3-92 剪拼图形

生2：斜着剪一刀，把三角形旋转下来变成正方形（见图3-93）。

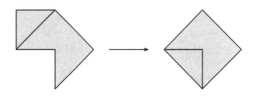

图3-93 剪拼图形

设计意图：本环节有效利用4个完全相同的直角三角形，通过能否剪一刀再通过旋转或平移拼成学过的平面图形这一核心问题，学生在层层递进中厘清思路。这一过程，学生有独立思考、想象的空间，又有小组间合作探究、交流思辨等活动，他们经历了"自主探究—小组合作—完善认知—动态想象"的全过程，其间学生学习的思维也不断进阶。

四、判断图形对称情况，培养空间想象能力

师：刚才我们拼出了这5个平面图形（见图3-94），如果不考虑中间拼接的缝，哪些是轴对称图形？分别有几条对称轴？

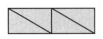 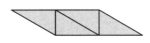 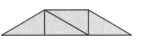

图3-94 平面图形

生 1:长方形有 2 条对称轴,正方形有 4 条对称轴。

生 2:梯形和三角形也是轴对称图形,各有 1 条对称轴。

生 3:平行四边形也有 1 条对称轴,是斜着的。

生 4:平行四边形不是轴对称图形。

师:老师这里有一个和它一样的平行四边形,你来折一折。

学生折后发现两部分不能完全重合。

师:轴对称图形有怎样的特点?

生:对折后两部分能完全重合。

师:大家都同意正方形有 4 条对称轴,下面每个图的轮廓都是正方形,是不是都有 4 条对称轴?(见图 3-95)

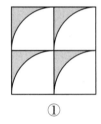 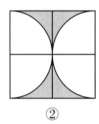 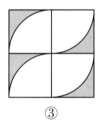 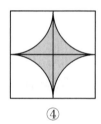

①　　　　　　②　　　　　　③　　　　　　④

图 3-95

生 1:①号图形有 2 条对称轴,分别是横着的和竖着的。

生 2:横着折和竖着折里面的图形不能完全重合,①号不是轴对称图形。

课件演示:横着折和竖着折里面的图形不能完全重合。

生 3:①号图形是轴对称图形,只有斜着的 1 条对称轴(见图 3-96)。

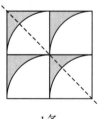

1条

图 3-96　画对称轴

生 4:②号图形也是轴对称图形,有 2 条对称轴(见图 3-97)。

228

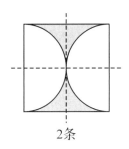

2条

图 3-97 画对称轴

生 5：③号图形不是轴对称图形，不管怎么折，图形都不能完全重合。

生 6：④号图形有 4 条对称轴（见图 3-98）。

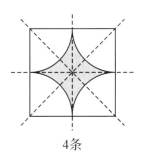

4条

图 3-98 画对称轴

设计意图：对已学过的平面图形的对称轴，学生都掌握得比较好。但是，判断后面 4 个图形是不是轴对称图形，对学生来说是一种挑战，比如①号图形，很多学生认为上下对折或左右对折后两部分可以完全重合，究其原因还在于这些学生空间想象能力弱，但是配合课件演示，让学生直观感知这样对折后两部分不能完全重合，而斜着的 1 条对称轴的呈现，让学生认识到这是一个轴对称图形，同时也为判断后面 3 幅图是不是轴对称图形做了有效铺垫，在这个过程中，学生的空间想象能力也得到进一步的培养与提升。

五、欣赏图片，感受优秀传统文化

师：人们很早就用图形的变换，创造出各种图形美化生活，让我们一起来欣赏吧。

1.风筝,见图3-99。

图3-99 风筝

生:这是风筝,是轴对称图形。

师:谁知道关于风筝的知识呢?

录音播放:风筝起源于中国,唐宋时期,由于造纸业的发展,风筝改由纸糊,很快在民间流传,成为人们玩乐的工具。

2.剪纸,见图3-100。

图3-100 剪纸

生:这是剪纸,是轴对称图形。

师:你们知道剪纸的知识吗?

录音播放:剪纸是一种镂空艺术,是流行的传统艺术,有着悠久的历史,在民间广泛流传,被人们用于纳福迎祥等。

3.京剧脸谱,见图3-101。

图3-101 京剧脸谱

生:这是脸谱,是轴对称图形。

师:是的,脸谱是画在脸上的,所以我们说它的轮廓是轴对称图形。关于脸谱你们知道些什么?

录音播放:京剧脸谱,是一种具有中国文化特色的特殊化妆方法,是我国传统文化的标识之一。

4.蓝印花布,见图3-102。

图 3-102　蓝印发布

师:这是蓝印花布,在这些花布中你看到了哪些图形的变换?

录音播放:蓝印花布是中国传统的工艺印染品,距今已有1300年历史。简单、原始的蓝白2色,创造了绚丽多姿的蓝白艺术世界。

师:我们研究的轴对称图形是一种平面图形,生活中还有很多建筑或物品也利用了对称美,比如中国结的轮廓、树叶的轮廓、天坛的轮廓等都是轴对称图形(见图3-103)。

图 3-103　轴对称

设计意图:大自然是美丽的,我们国家的很多文化艺术源远流长,比如剪纸、京剧脸谱、风筝、蓝印花布等,而细细琢磨,它们的魅力很多来自数学中的平移、旋转以及轴对称图形。正是借助这样的方式,学以致用,学生进一步感受到平移和旋转在生活中的广泛应用,了解轴对称图形,感受数学的美,体会数学学习的价值,感受优秀传统文化中相关的数学知识,激发热爱祖国的情怀。

六、创造图形,感受图形变换的魅力

师:请你来做一回小小设计师,将树叶平移或旋转,在格子图中绘制你喜欢的图案(见图3-104)。

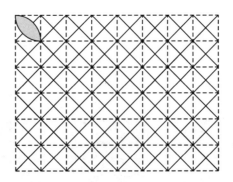

图 3-104　格子图

纵观整节课的教学,简洁、明了又多变,课上只用了 3 组材料,几个看似简单的图形,把抽象的数学与具体的操作有效连接起来,从平移、旋转的角度,带领学生发现美,感受美,创造美。而有效的材料又组成了丰富的学习素材,学生通过拼、摆、想象,自主或合作创造图形,感受图形的运动方式和特点,继而进一步认识平移与旋转。在这些过程中,学生始终处于积极的学习状态,他们脸上洋溢着笑容,无论是在观察、操作、讨论还是在欣赏图片的过程中,他们的空间想象能力不断得到培养,同时也感受到数学不再是简单、乏味的代名词,而是有趣、有意义且富有魅力的学科。

第四章　统计与概率领域

第一节　统计与概率教学概述

在大数据时代,统计与概率几乎被应用于所有领域,宏观到国家现代化治理,微观到个人日常生活,每个人需要自己选择、采信来自各种渠道的数据,作出推断,把握机会。因此,学会收集、整理、分析、利用数据信息,作出合理决策已成为大数据时代每个公民的必备常识与基本素养。在我国数学教育发展历程中,统计与概率领域起步较晚,直至 2001 年《全日制义务教育数学课程标准(实验稿)》颁布,统计与概率才被纳入中小学四大数学学习领域之一,成为一个完整的数学知识领域。2011 年,《义务教育数学课程标准(2011 年版)》解决了统计与概率缺乏知识层次性的问题,并将"数据分析观念"纳入数学核心素养,统计与概率得到进一步的重视。《普通高中数学课程标准(2017 年版)》也将统计与概率领域的"数据分析素养"确定为数学学科核心素养之一。2022 年,《义务教育数学课程标准(2022 年版)》把小学阶段的统计与概率划分成 3 个主题:"数据分类""数据的收集、整理与表达"和"随机现象发生的可能性"。这些内容分布在 3 个学段,由浅入深、相互联系。其中第一学段学习数据分类,第二学段学习数据的收集、整理与表达,第三学段除学习数据的收集、整理与表达外,还学习随机现象发生的可能性。在实际应用中,统计和概率是密不可分的两部分内容,"统计"是对已发生的事件进行数据的收集、整理与分析,而"概率"则是指随机事件发生的可能性。学生在学习过程中,要了解统计与概率的基础知识,体验数据分析的过程,形成数据意识,发展统计思维。

2022 年人教版教材统计与概率内容编排结构及思考

在《义务教育数学课程标准(2022 年版)》颁布之前,2022 年人教版数学教材中的统计与概率包含了"统计"与"概率"2 块内容,分布在 9 册教材中,其中每个新授内容都是独立的一个单元,从一年级下册开始,到六年级上册结束,并在六年级下册的"整理和复习"单元的第三板块编排了总复习,具体安排见表 4-1。

表 4-1　2022 年人教版教材统计与概率内容编排结构表

分册	单元	单元标题	例题	素材选择	做一做题目数量	习题数量
一年级下册	第三单元	"分类与整理"	例1:按给定标准分类计数	不同颜色与形状的气球	1	8
			例2:自选标准分类	大人与孩子		
二年级下册	第一单元	"数据收集和整理"	例1:用调查法收集数据、初步了解统计图	制作班牌	1	7
			例2:用写"正"字的方法记录数据	讲故事大赛		
三年级下册	第三单元	"复式统计表"	例1:复式统计表	统计本班同学最喜欢的运动项目	2	3
四年级上册	第七单元	"条形统计图"	例1:认识统计图(1格代表1个单位)	统计天气情况	3	7
			例2:认识统计图(1格代表2个单位)	统计同学最喜欢的一种早餐		
			例3:认识统计图(1格代表5个单位)	统计路口机动车通过的辆数		
四年级下册	第八单元	"平均数与条形统计图"	例1:平均数的意义与求法	环保小队收集的空水瓶	2	12
			例2:计算并比较两组数据的平均数	男生和女生踢毽子比赛		
			例3:复式条形统计图	统计某地区城乡人口数		

续　表

分册	单元	单元标题	例题	素材选择	做一做题目数量	习题数量
五年级上册	第四单元	"可能性"	例1:事件发生的确定性与不确定性	3名同学抽签表演节目	3	11
			例2:简单试验可能发生的结果,感受可能性有大小	摸棋子游戏		
			例3:根据可能性大小进行推测	摸球游戏		
五年级下册	第七单元	"折线统计图"	例1:单式折线统计图	统计全国总人口数	3	7
			例2:复式折线统计图	统计全国出生人口数与死亡人口数的变化情况		
六年级上册	第七单元	"扇形统计图"	例1:扇形统计图	统计同学最喜欢的运动项目	2	8
			例2:根据数据选择合适的统计图	校园内树木总量变化情况及各种树林所占百分比情况		
六年级下册	第六单元	"整理和复习"				10

一、统计与概率内容的一致性与阶段性

由梳理可知,2022年人教版教材每个年级至少有一个单元涉及统计与概率的内容,一至三年级各有一册涉及相关内容,四至六年级每一册教材都涉及相关内容,并且教材将"分类与整理"作为学生学习统计的首个单元,"问题→分类标准→分类类目"的建构过程,旨在帮助学生联系生活实际初步感知分类的思想和方法,知道分类是根据一定的标准,对事物进行有序划分。在学生初步具有"分类"思想后,再"对数据进行收集和整理"。统计表、统计图、统计量以及概率都根据学生年龄特点及认知规律螺旋式编排,虽然每一册学习的内容不同,但是都围绕数据意识这个核心素养,体现了学习的一致性。同时,不同年级学生学习的要求又各有所侧重,体现学习的阶段性,并且以四年级作为分界点,四年级以前都是在培养学生统计的基本意识——分类意识、数据意识,锻炼学生基本的统计能

力——分类能力、收集和整理数据的能力,四年级开始学习表征数据的图表工具,要求学生会画统计图表,会简单地看图,能简单地从图表里面提取信息,并根据数据进行判断和预测。

二、统计与概率内容分开编排

在 2022 年人教版教材中,"统计"与"概率"的内容是分开编排的,"统计"通过 7 个单元来完成学习,而"概率"仅集中安排 1 个单元进行学习,并且统计图表相关内容比重较大,从表 4-1 中发现,除六年级下册的"整理和复习"外,统计与概率新授课一共安排了 18 个例题,而统计表、统计图编排了 10 个例题。每一种统计图表的例题安排都非常细致,约占例题总数的 55.6%,而"概率(可能性)"只编排了 3 个例题,仅占约 16.7%。在新授课的教学中,两者在内容编排中没有交叉,但在总复习中,教材并未将统计和概率进行严格划分,题目是混合编排的。

史宁中等人指出,统计学和概率学都研究随机现象,但概率学的研究需要建立数学模型进行严格的计算,而统计学的研究则需要通过较多的数据进行推断,它的研究要借助概率学的结果。也就是说,两者之间实质上存在一种辩证关系。曹培英指出:小学阶段的统计与概率的教学更重视二者之间的关系。史宁中指出:通过数据分析体验随机性,一方面对于同样的事情,每次收集到的数据可能不同,另一方面只要有足够的数据,就可能从中发现规律。由此不难看出,数据随机性的内涵主要包括 2 个方面,一方面是不确定性,另一方面是足够多的数据蕴含的规律性。确实,统计与概率作为一个领域的学习内容,在教学中要突破统计与概率的界限,让统计回归"随机"本色。例如由 3 个苹果推断 1 箱苹果的重量,可以组织学生先想象再动手操作进行验证,让学生体会"任意摸出"及每次摸出的 3 个苹果的重量有差异,据此可以帮助学生充分感悟统计数据的随机性。又如在单式折线统计图的教学中,要根据兰兰的身高预判明年订校服的数据,可以先让学生依据题目中兰兰的生长趋势进行推断,再出示与"预测结果"截然相反的"真实情况",制造学生的认知冲突,让学生理解统计中的不确定性。又如在测量 1 分钟跳绳的数据中,会发现不同的个体跳绳的个数不相同,同一个人每次跳绳的个数也不尽相同,由此让学生感知 1 分钟跳绳的个数是一个随机量,收集到的数据具有随机性。通过这样的教学,打通统计与概率两者之间的本质联系,基于数据素养让统计与概率有一定的关联。

三、统计与概率内容基于现实情境

弗赖登塔尔认为数学教育的特征可以概括为 3 个词:现实、数学化及再创造。其中"现实"是指数学来源于现实,存在于现实,并且应用于现实;"数学化"是从一个实际问题出发,将实际问题转换为数学问题,再由具体的数学问题到抽象的数学概念,由解决问题到推广应用的整个教学过程。对数学本身的数学化,就是对数学知识的深化,包括形式化、结构化等;对客观现实的数学化,形成了数学概念、运算法则、定理,以及为解决实际问题构造的数学模型等。纵观整个小学阶段统计与概率领域的学习,不同学段的学习内容都始终聚焦现实问题,通过对现实生活中的数据加以收集、整理、描述与分析,对事件发生可能性作出判断,为学生提供可探究、可分析、可推测的事实,便于学生用数学的眼光分析事物,看待事物,去发展数据意识和应用意识。正因为统计与概率的研究对象主要是数据,无论是数据的收集、分析还是推断,都无法脱离现实背景,一旦脱离现实背景,就彻底失去了统计的意义。比如新授课的 18 个例题的情境,"分类与整理"单元中,按给定标准分类计数是采用不同颜色与形状的气球为素材展开教学的,这里没有具体情境,但是这样的素材贴近学生的生活实际,在另外的 17 个例题中都有相关情境,基本采用"数学与日常生活"这一类情境,其中 11 个情境跟学生的学习生活直接相关,比如制作班牌、讲故事大赛、男生和女生踢毽子比赛、3名同学抽签表演节目、摸棋子游戏以及统计同学最喜欢的运动项目等。还有关于天气、路口机动车、城乡人口统计、全国人口相关统计等的情境,这些情境素材注重内容的时代性,贴近学生的生活实际,是学生有能力感受到的现实,即遵循学生的学习认知规律和数学的连续性特点,联系学生的生活现实,让学生感受到数学就在身边,体会到数学思想方法如何使生活中的问题得到简洁的表达与有效的解决,激发学生的学习兴趣与好奇心。

四、统计与概率习题内容丰富

罗列教材中的做一做与习题的数量,一共有 90 题,跟例题的教学一样,这些习题都有现实背景,原因在于统计活动的应用性和现实性需要背景知识的融入。这里的"背景"可以理解成"问题情境",这些情境大多数跟学生的学习生活息息相关,比如学生最喜欢的季节、水果、课外活动等,学生参与的各类比赛,如唱歌、跳绳等,学生的身高、体重、体质健康、运动、上学方式、睡眠时间、作息时间等。

还有跟自然有关的内容,如空气质量、天气情况。当然也有紧扣时代主题的相关素材,如人口统计、生产总值、宽带用户、网民人口、各类物品销售情况等等。概率相关单元中的问题情境全部都属于数学游戏,例如摸球、抛硬币、抽卡片、投骰子等,带有其特定的"概率"意义。在很多习题的最后又会有如下的问题,如你能提出什么问题,你有什么建议,你有什么发现,你还能得到哪些信息,等等,这些问题的回答要基于问题情境以及相关数据进行判断和决策,因此"数据+背景知识"构成了由分析和解释到判断和决策的逻辑链条。同时,相比于数与代数、图形与几何、综合与实践三大领域的学习内容,统计与概率领域的习题对认知水平的要求相对较低,学生学习的难度不大。

五、统计与概率内容的主要变化

随着课改的进一步推进,在《义务教育数学课程标准(2022 年版)》中,小学阶段"统计与概率"的内容编排有了变化,其中"统计"包括"数据分类""数据的收集、整理与表达"2 个主题,"概率"只有"随机现象发生的可能性"1 个主题,并且进一步阐述了各学段"统计与概率"的内容要求、学业要求和教学提示。其中,学习内容有 2 个变化。一是把小学阶段的"分类"调整为"数据分类",指出"数据分类"的本质是根据信息对事物进行分类,更加凸显数据意识的培养。二是将原来数与代数领域中的"百分数"内容移到统计与概率领域,并明确提出百分数是 2 个数量倍数关系的表达,既可以表达确定数据,也可以表达随机数据,其中,用百分数描述 2 个确定数据之间的倍数关系则为百分数的数学意义,而描述 2 个随机数据之间的倍数关系则使百分数有了统计意义。在教学中,教师要引导学生了解百分数可以对随机数据进行刻画和描述,认识到百分数可以帮助人们作出判断和预测,从而凸显百分数的统计意义,具体见图 4-1。在 2022 年人教版教材中,百分数分六年级上册"百分数(一)"和六年级下册"百分数(二)"2 个单元进行编排,六年级上册主要编排百分数的认识以及用百分数解决一般性问题,关于百分数的具体应用(包括折扣、成数、税率、利率等百分数的特殊应用)编排在六年级下册,这样统计量包括了平均数与百分数 2 个内容,学生解决百分数的问题时会感觉有一定难度,他们除了要掌握一般性的数量关系以外,更需要理解很多"数学之外"的知识,如税务知识、金融知识等,但是这块内容属于数与代数领域,更多教的是一种数学概念,是分数知识应用的一种拓展,而课程标准内容调整后,百分数是统计与概率领域的一类统计量,《义务教育数学课程标准(2022 年版)》在学业要求中建议利用现实问题中的随机数据引入百分数的学习,帮助学生了解百分数的统计意义,了解利用百分数可以认识现实世界中的随机现象,作出判断、制订标准。同时,引导学生了解扇形统计图可以更好地表达和理解百分数,体会百分数中部分与整体的关系。因此,我们不仅要认识到课程标准结构化调整的独特价值和重要意义,还要按照课程标准的要求开展教学实践探索,进而更大程度地发挥百分数这一统计量的育人功能,促进学生核心素养的发展。

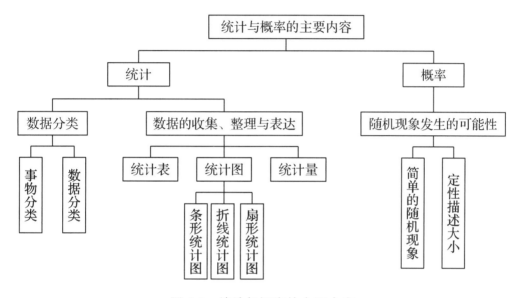

图 4-1　统计与概率的主要内容

数据意识:统计与概率教学的核心诉求

统计与概率领域的教学包括"统计"与"概率"2 块内容。其中"统计"属于统计学范畴,"概率"属于概率学的范畴。那么什么是统计学,什么是概率学呢?统计学是通过数据来提取信息进行分析的科学,统计需要跟数据打交道,需要针对一个重要内容有效收集数据、合理组织数据并清楚展示,最重要的是能根据数据推断结论。概率学的研究对象是随机事件,即那些在一定条件下可能发生也可能不发生的事件。随机现象与决定性现象相对,后者是在一定条件下必然会发生某一结果的现象,随机现象则表现为在基本条件不变的情况下,每一次试验或观察前都不能确定会出现哪种结果,呈现出偶然性。典型的随机试验包括掷骰子、扔硬币、抽扑克牌以及轮盘游戏等。有了对统计学与概率学的认识,再看《义务教育数学课程标准(2022 年版)》中的 3 个学习主题表达的要求,"数据分类"

的本质是根据信息对事物进行分类。学生经历从事物分类到数据分类的过程，感悟如何根据事物的不同属性确定标准，依据标准区分事物，形成不同的类。在学习统计图表时，学生将进一步认识数据的分类，从中感悟对事物共性的抽象过程，不仅为统计学习，也为数学的学习奠定基础。"数据的收集、整理与表达"包括数据的收集，用统计图表、平均数、百分数表达数据。在学习过程中，让学生初步感受现实生活中存在大量数据，其中蕴含着有价值的信息，利用统计图表和统计量可以呈现和刻画这些信息，形成初步的数据意识。"随机现象发生的可能性"是通过试验、游戏等活动，让学生了解简单的随机现象，感受并定性描述随机现象发生可能性的大小，感悟数据的随机性，形成数据意识。纵观这些要求，全部与数据有关，正如史宁中教授所说，义务教育阶段统计教学的关键是使学生愿意"亲近"数据，能想到用数据，能从数据中提取信息。

一、以数据为核心贯穿小初高阶段教学

统计与概率领域的核心素养从 2001 年《全日制义务教育数学课程标准（实验稿）》中的"统计观念"到 2011 年《义务教育数学课程标准（2011 年版）》中的"数据分析观念"，再到 2022 年《义务教育数学课程标准（2022 年版）》中的"数据意识"，三者虽有差异，但其中不变的是对统计活动过程性和整体性的追求，并且知识背景、随机思想、数据类型贯穿全局，凸显为以数据为核心的一致性的表达，见图 4-2。

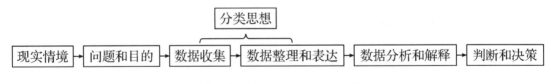

图 4-2 统计活动过程结构示意图

《义务教育数学课程标准（2022 年版）》中指出：数学观念主要是指对数据的意义和随机性有比较清晰的认识。知道数据蕴含着信息，需要根据问题的背景和所要研究的问题确定数据收集、整理和分析的方法；知道可以用定量的方法描述随机现象的变化趋势及随机事件发生的可能性大小。形成数据观念有助于理解和表达生活中随机现象发生的规律，感知大数据时代数据分析的重要性，养成重证据、讲道理的科学态度。小学阶段的"统计与概率"有 3 个主题，初中阶段则有"抽样与数据分析"和"随机事件的概率"2 个主题，到了高中将学习计数原理、概率、统计的相关知识，这些内容具有一致性与阶段性，表现为核心素养上的一

致性与进阶性。小学阶段的"数据意识",主要是指对数据的意义和随机性的感悟,知道同一组数据可以用不同方式表达,需要根据问题的背景选择适合的方式;初中阶段的"数据观念",主要是指对数据的意义和随机性有比较清晰的认识,知道数据蕴含着信息,需要根据问题的背景和所要研究的问题确定数据收集、整理和分析的方法,知道可以用定量的方法描述随机现象的变化趋势;高中阶段的"数据分析",则主要是指收集和整理数据,获取数据,运用数学方法对数据进行整理、分析和推断,理解和处理数据,获得和解释结论,概括并形成能力。上述这些都属于会用数学的语言表达现实世界,同样是用数据表达现实世界,小学以意识为主,侧重基于经验的感悟;初中以观念为主,侧重基于概念的理解;高中则更注重对数据本质内涵的理解。其中意识和观念都是对事物的认识,意识基于直观感觉,观念基于明确概念,而分析则是根据数据揭示出规律和关联,进一步挖掘数据中的价值和信息。小学、初中、高中的"数据意识""数据观念""数据分析"都体现为理解数据的意义和价值,会用数据分析结果并进行解释与预测,形成数学的表达与交流能力,发展应用意识与实践能力,体现了学习螺旋上升的进程,也促进学生的学习不断进阶。小学、初中、高中的核心素养表现见表4-2。

表 4-2 小学、初中、高中的核心素养表现

核心素养	小学	初中	高中
会用数学的眼光观察现实世界	符合意识 数感 量感	抽象能力	数学抽象
	空间观念 几何直观 创新意识	空间观念 几何直观 创新意识	直观想象
会用数学的语言表达现实世界	运算能力 推理意识	运算能力 推理能力	数学运算 逻辑推理
会用数学的思维思考现实世界	数据意识 模型意识 应用意识	数据观念 模型观念 应用意识	数据分析 数学建模

二、借助多种学习活动培养数据意识

现代社会充满了大量的数据,作为一个现代人必须具备一定的收集数据、分析数据,并作出合理决策的能力,在小学数学中这种能力即为"数据意识",它是在从事统计活动的过程中体现出来的一种意识和习惯,其核心是通过数据分析解决问题,而这种能力需要在课堂教学中培养。比如在新授课的教学中进行培养,以"折线统计图"教学为例,首先引入校园跳绳小达人比赛的情境,引出丽丽和佳佳 2 名同学一周中 1 分钟跳绳成绩的统计图(见图 4-3、4-4),学生分析选派谁去参加比赛更好,并说明理由。

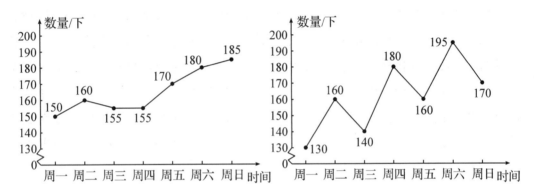

图 4-3　丽丽一周中 1 分钟跳绳成绩统计图　　图 4-4　佳佳一周中 1 分钟跳绳成绩统计图

经过独立思考分析,再与同伴交流,学生一致认为应该选丽丽参加比赛,因为佳佳的跳绳成绩一直忽上忽下很不稳定,而丽丽的跳绳成绩稳中有升,并且从周四开始成绩越来越好。这样的结论是学生基于数据作出的合理分析,他们能根据数据进行合理判断,可见初步具有数据意识。于是老师进一步说:"离比赛还有一段时间,2 名同学继续练习,练习了一段时间后的统计图见图 4-5、4-6,你们认为现在派谁去比赛好?"

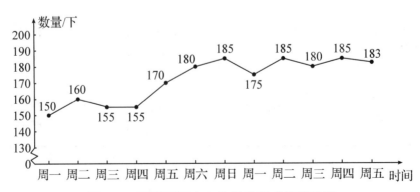

图 4-5　丽丽两周中 1 分钟跳绳成绩统计图

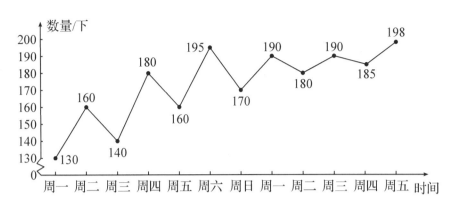

图 4-6 佳佳两周中 1 分钟跳绳成绩统计图

学生再次基于数据进行分析交流和讨论,最终认为派佳佳去比赛更好,因为丽丽在后面的练习中,最好的成绩是 185 下,并且还有下降的趋势,而佳佳后面 5 天的成绩已经比较稳定而且越练越好,有 2 次 190 下,最后一次还达到了 198 下。由此学生感悟到,随着时间的变化,2 个人跳绳的成绩也会有所变化,需要根据实际数据作出合理的选择与判断。学生不仅体会到数学与生活的联系,体会到数据的随机性,也感受到数据分析的重要意义。

又如在练习中进行数据意识的培养,以"复式条形统计图"教学为例,在新授课的教学后呈现如下习题:(1)你觉得哪个直条表示的是电视机?哪个直条表示的是空调?为什么?(见图 4-7)(2)如果你是这家商场的经理,2025 年你准备如何进货?(3)如果再增加一组数据,复式条形统计图有哪些地方需要修改?增加的内容可能是什么?(见图 4-8)

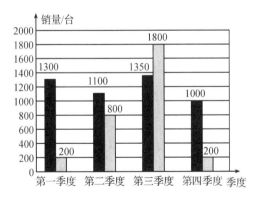

图 4-7 某商场 2024 年度空调和电视机销售情况统计图

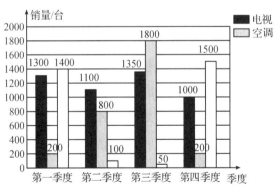

图 4-8 某商场 2024 年度空调和电视机销售情况统计图

在图 4-7 中,复式条形统计图并没有给出图例,要解决第一个问题,必须基于数据进行分析。学生通过观察分析,再结合生活经验,知道第三季度是天气最热的时候,这时人们会大量使用空调,由此得出得出销量是 1800 台的是空调,即统计图中灰色的直条表示的是空调,那么黑色的直条表示的是电视机。为了能明确表示统计的内容,还需要在统计图中标出图例,便于大家能一目了然地看懂统计图,于是在统计图中再标上图例。要回答第二个问题,即如何进货,学生要再次认真观察统计图,发现电视机不受季节影响,每个季度销量都比较均衡,大概在 1200 台左右,而空调受季节影响很大,第一季度和第四季度销量很小,但是到了第二季度天气慢慢热起来的时候,空调的需求量慢慢增加,到第三季度需求量最大,所以在进货中可以参考这些数据进行合理推测,从而更好地备货,以满足市场需求。在第三个问题中,见图 4-8,学生再次聚焦复式条形统计图,这种统计图不仅可以表示 2 个项目,还可以表示多个项目。这时不仅要修改图例,还需要进一步修改标题,同时根据先前的学习经验,学生发现这次统计新增的内容第一季度和第四季度的销量特别多,而第二季度和第三季度很少,由此他们推测可能是取暖器、热水袋、足浴桶等这些天气冷的时候需要用的物品。这样的统计分析,学生自动把数据与现实结合,进行合情合理的分析与推测,并且意识到通过统计、分析数据,可以判断未来的趋势,从而作出合理决策,更好地解决问题。在教学中沿用的"直观—感悟—理性分析—推断和预测"的步骤,正是不断提高学生数据分析能力的有效路径。

三、以统计思维为抓手发展核心素养

史宁中教授认为,在统计研究中,首先遇到的问题是如何获取"好"的数据。所谓"好"的数据,是指那些能更加客观地反映实际背景的数据。义务教育阶段处理的主要是用数来表达的数据,当然这些数都是有实际背景的,脱离实际背景的单纯的数的研究是数与代数的内容,而不是统计的内容。数据信息不仅仅只局限于数字,表格、文字、图像等等信息都能被称为数据。也就是说,只要蕴含一定的信息,无论是什么表现形式,都是数据,统计就是帮助人们从这些数据中提取信息,培养统计思维。什么是统计思维?统计思维是人们自觉运用数据对客观事物的数量特征和发展规律进行描述、分析、判断和推理的一种思维方式,近年来越来越受到重视,从各家学者的观点可以看出,统计思维着重在抽象层次的批判、评价、思考或推理,不仅强调统计量的初步认知和统计图表的制作,还强调从获得的数据中抽取出统计信息,并提出想法、评判和推论的能力。统计思维是

培养数据意识的基础,将统计思维的特性作为统计教学的关注点,能更好培养学生的统计思维,而统计思维渗透在教材的具体内容之中,是统计内容区别于其他传统数学内容非常重要的一个方面,体现了统计内容自身所独有的意义和价值。在教学中如果不注重统计思维的本质属性,就会出现"为统计而统计""为教学而教学"的现象,因而教师要注重对学生统计思维的培养。如在六年级统计与概率的复习中,可以呈现如下习题:

在一次体质健康测试中,六(1)班同学 1 分钟仰卧起坐的成绩如下(单位:个):

女生:45、52、55、52、46、52、30、51、47、72、33、33、44、59、50、71、51、34、35、46、17。

男生:59、45、50、60、37、34、36、60、57、63、48、57、42、38、43、38、55、31。

这些数据看上去太乱了,体育老师想了解这些同学 1 分钟仰卧起坐成绩的总体情况,请你帮助进行整理。要求:(1)将上面的数据用你喜欢的方式进行整理;(2)将整理的结果用自己喜欢的统计图表表示出来;(3)请解释这样表示的意义或优点,并根据数据作出合理的分析。可参考六年级学生 1 分钟仰卧起坐达标要求进行解释(见表 4-3)。

表 4-3　六年级学生 1 分钟仰卧起坐等级(单位:个)

年级	等级			
	优秀	良好	合格	不合格
六年级	45 及以上	39—44	19—38	18 及以下

题中的 3 个问题分别考查学生的数据整理能力、数据表征能力以及数据表达能力,通过这样 3 个维度结构化的表达,培养学生的统计思维。要解决这 3 个问题,学生首先要有数据分类的意识,即把这些数据分为 4 类,分别是 45 个及以上为优秀,39—44 个为良好,19—38 个为合格,18 个及以下为不合格,同时把数据分男生和女生 2 类,需要用到复式。在解决第一个问题时,学生要理解,把数据分类进行整理需要用到复式统计表;在解决第二个问题时,需要考虑统计图,学生能想到学过的复式条形统计图和复式折线统计图,再对比问题情境得出应该使用复式条形统计图,这需要学生具有数据表征能力,看他们能否画出一个完整、正确的复式条形统计图,并且需要在统计图中根据统计结果作出"以一当几"的判断;在解决第三个问题时,学生能说出观察复式条形统计图,不仅能看出每

一个数据段男女生的人数,也能看出男女生仰卧起坐的总体成绩以及区别,也就是说这样的处理能一目了然看清楚数据,并基于数据进行分析。在这其中学生能根据问题情境的需要有目的性地选择统计图表,加深对数据表征方法的理解程度并进行有效表达。学生是否具有统计思维,可以通过统计思维测评的评分标准进行评价,具体见表 4-4。

表 4-4　学生统计思维测评的评分标准

题目	评 分 标 准			
第一题	水平 1:完全不会整理数据	水平 2:知道要分段整理数据,但不能正确分段	水平 3:能正确分段,但整理的数据不完整或不完全正确	水平 4:分类整理的数据完整且正确
第二题	水平 1:不知道要用统计图表表征数据	水平 2:知道要用统计图表表示,但是表示不正确	水平 3:统计图表的画法部分正确(能正确地表示一部分数据或能表示数据但统计图表不规范、不完整)	水平 4:统计图表的画法完全正确(能完整正确地表征数据)
第三题	水平 1:完全不知道这样表示的优点或意义	水平 2:知道用统计图比用杂乱的数据表示更好,但说不清楚理由	水平 3:能适当解释但不完整,能对数据稍加分析	水平 4:能用自己的观点合理解释这样表示的意义或者优点,并能根据数据作出进一步的分析与建议

数据意识的培养,需要以实际问题为载体,学生在合作交流、探究解决问题的过程中建立数据分析模型,并从概率、统计出发,认识、理解和描述现实世界。上述对学生统计思维水平层级的划分,正是基于学生对数据内涵的理解,并由此作出对行为表现的能力测评。不同的学生根据收集到的数据信息,整理、分析数据并提取信息的能力是有差异的,而面对同样的数据有多种分析方法,需要根据问题的情境选择合适的统计图表进行表征时,每个个体的表现也不尽相同。而教师要帮助学生理解并根据数据作出的相关判断,需要帮助学生理解数据的随机性,并逐步形成对数据进行筛选、判断、分析和决策的能力,同时打通统计与概率的一致性,帮助学生形成和发展数据意识,有效培养统计思维。

总之,从"数据意识"(小学)到"数据观念"(初中)再到"数据分析"(高中)是一个学生对数据及其意义加深认识、拓宽视野、形成稳定理解的发展过程。学生对所收集的大量数据资料进行整理、概括,寻找数据的分布特征,利用研究对象的内容和实质,逐渐养成不盲从、不偏激、不主观,重证据、讲事实的分析问题必备的品格,这样的学习路径也体现统计与概率内容的结构化教学,形成学生对数据本质理解的思维进阶之路。

第二节　统计与概率教学实践

聚焦统计意义　培养数据意识
——"平均数的认识"教学实践与思考

【课前思考】

平均数是统计与概率领域的一项重要统计量,其教育价值在于培养数据素养。《义务教育数学课程标准(2022 年版)》对平均数的学业要求表述如下:知道用平均数可以刻画一组数据的集中趋势,知道平均数的统计意义;知道平均数是介于最大数与最小数之间的数;能用平均数解决有关的简单实际问题,形成初步的数据意识和应用意识。基于这样的学业要求,对平均数的理解主要包括算法水平、概念水平和统计水平 3 个层次。其中算法水平主要表现为利用"求和均分""移多补少"等方法计算出一组数据的平均值;概念水平主要表现为知道平均数代表一组数据的整体水平,且容易受极端数据影响;统计水平主要表现为体会平均数作为"代表"的合理性,能对事件作出预测和判断。可见平均数具有描述统计和推断统计的作用,它既可以用来描述一组数据的平均水平或整体水平,同时又具有推断、预测功能。在前测中发现,给出一组数据,如果明确要求求平均数,学生的正确率很高,但是如果给出一组数据,让学生选取这组数据的代表时,绝大多数学生偏向于选最大值、中间数、出现次数多的数(众数),而对于不在数据中的平均数选用的比例较低,并且对平均数易受极端数据影响的敏感性感悟不深。从中可见,学生对平均数的算法理解优于概念理解和统计意义理解,即学生已初步达到应有的算法水平,但统计水平较弱。基于此,平均数的认识教学要引导学生在熟悉的情境中理解平均数所具有的代表性,通过对多种数据类型的不同"代表量"的比较辨析,体会平均数作为一组数据的代表的合理性,帮助学生从实际情境中感悟平均数的统计特性,掌握运用统计量来分析数据并作出预测和决策的能力,从而理解平均数的代表性,培养数据意识。

【确定目标】

1. 知道用平均数可以刻画一组数据的集中趋势,理解平均数的意义,会用求和均分、移多补少等方法求平均数。

2. 经历求平均数的探索过程,感悟平均数代表一组数据整体水平的合理性,体会平均数的代表性、敏感性等特点。

3. 能运用平均数解决一些简单的实际问题,体会平均数在生活中的应用,感受数学与生活的联系,形成初步的数据意识和应用意识。

【厘清重难点】

教学重点:理解平均数的意义,探索并掌握求平均数的方法。

教学难点:感悟平均数的统计意义和作用,形成初步的数据意识和应用意识。

【教学实践】

一、创设情境,感悟平均数

师:四(1)班的同学进行了 1 分钟套圈比赛,请观察统计表,你们觉得哪个成绩能代表男生队套圈的水平?

课件出示,见表 4-5:

表 4-5 男生队 1 分钟套圈情况统计表

姓名	套中个数/个
李磊	10
王皓	6
谢东	7
朱佳	11
孙亮	6

生 1:我选 11 个,因为 11 个是男生队中套得最多的。

生 2:我选 6 个,因为有 2 位同学都套中了 6 个。

生 3:我觉得可以选 10 个,因为它不是最大的,也不是最小的。

师:对这 3 位同学的想法你们有什么看法吗?

生 4:我觉得这 3 个数据都不好,套 11 个的只有 1 位同学,其他同学都没有套到 11 个,这个数据太大了,不能代表男生队的水平。

生 5:选 6 个也不好,因为还有 3 位同学套得都比 6 多。选一个中间的数比较好,所以我觉得应该选 7 个。

生 6:选 10 个也不好,虽然它不是最大的也不是最小的,可是它是第二大的,也不合理,所以我也觉得还是选 7 个比较好。

师:听了这 3 位同学的建议,大家又有什么想说的?

生 7:从一组数中选一个数代表大家套圈的水平,不能选最大的和最小的,而要选中间的数。

师:同学们分析得很有道理,从这 5 个数中选取中等的数来代表整体水平,这样比较平均,相对合理。

设计意图:通过实际情境引入教学,让学生选能代表男生队套圈水平的数,学生在交流分析中逐步感悟到选最大的或最小的都不能代表这个队伍套圈的水平,而是要选一个中间数才能代表整体水平。这样的感悟体验为平均数的教学做好有效铺垫。

二、多维联系,认识平均数

师:这是女生队套圈比赛的成绩(见表 4-6)。你们觉得哪个成绩能代表女生队的套圈水平?

表 4-6　女生队 1 分钟套圈情况统计表

姓名	套中个数/个
李倩倩	6
王羽	9
杨诗涵	7
张玲玲	6

生 1:因为 9>7>6,所以我觉得 7 个能代表女生的套圈水平。

生 2:因为 7 是中间的数,所以我也觉得是 7 个。

生 3:可以从 9 个中拿 2 个,给 2 个 6 个各 1 个,那么 2 个 6 个就也变成了 2 个 7 个,所以用 7 个表示女生套圈的平均水平是最好的。

师:他的这种说法有没有更清楚的表达方式?

生4:可以用统计图来表示,在统计图上可以移多补少,这样看起来会更清楚。

师:我们一起来看一看(见图4-6)。

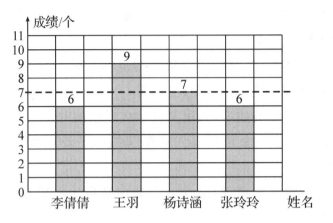

图4-6 女生队1分钟套圈情况统计图

生4:我是通过计算得到的,(6+9+7+6)÷4=7(个),这个7个是女生组的平均数,所以用7个表示最合理了。

师:同学们说的这4种方法你们看明白了吗?谁能来说一说。

生1:第一种和第二种这2种方法其实是一样的,都是选了这组数的中间数来代表女生队的水平。

生2:第三种是通过移多补少把每个数都变成一样大,第四种是通过计算平均数,其实也是把大的数匀一点给小的数,意思是差不多的。

师:大家有没有听清楚他说的这个"匀"字,他想表达什么?

生1:我觉得"匀"的意思应该是均匀,就是当数大小不相同的时候,把多的给少的一些,让每个数都一样大。

生2:我觉得其实就是平均,让大家都变得一样。

师:大家很有想法,也说得很有道理。现在大家一致认为用7个代表女生的套圈水平比较合理,那么这个7个和杨诗涵同学套中的7个表示的意思一样吗?4人小组交流一下。

反馈:

生1:我觉得这2个7个表示的意思是不一样的,第二个7个表示的是真实的杨诗涵同学套中的个数,而第一个7个是移多补少后得到的数,也就是一个平均数。

师:相同的数据含义不同,一个代表个人的成绩,是一个真实的数据,另一个代表一组数据的整体水平,是算出来的、虚拟的,所以在图表中,我们常常借助一条这样的虚线表示一组数据的平均水平,也就是一组数的平均数。

设计意图:本环节基于学生已有的用中间数代表一组数的经验基础,进一步让学生寻找代表女生队套圈水平的数。学生有通过给数排序找代表量的,有通过去除最大、最小数找到代表量的,也有通过移多补少找到代表量的。这时直观呈现条形统计图,把抽象的移多补少在统计图中变得可视可感,直观呈现移多补少的操作方法与思考过程。还有同学直接通过求平均数找到了这组数的代表量。最后在 2 个 7 个的比较中,学生感受到平均数是一个虚拟的、计算出来的数,但是它能够代表一组数的整体水平。学生体会到了平均数的意义以及代表性。整个学习活动中,学生运用已有的学习经验,能够通过计算求出一组数据的平均数,还能够通过直观操作理解移多补少的含义,切实感受每个队员套中个数变得一样多的过程,从而明确平均数的意义,并且通过对比体会 2 种求平均数的方法在本质上的一致性。

三、对比联系,理解平均数

师:现在你们觉得男生队套得准一些还是女生队套得准一些?

生 1:可以比他们一共套中的个数,男生队是 $10+6+7+11+6=40$(个),女生队是 $6+9+7+6=28$(个),应该是男生套得准一些。

生 2:我觉得看男生队套得准一些还是女生队套得准一些其实就是看男生队和女生队的整体水平,不能比他们的套圈总数,因为男生有 5 个,女生只有 4 个,因此比总数是不公平的,应该比他们的平均数。男生队的平均数是 $40÷5=8$(个),女生队的平均数是 $28÷4=7$(个),所以是男生队套得准一些。

师:男生队中没有一个人套中的个数是 8 个,为什么可以用 8 个来表示?

生 2:这个 8 个代表的是男生队的平均水平。

师:现在有 2 种观点,你们赞同哪一种?

生 3:应该选平均数,因为如果比总数的话一般是人多的组总数多,人少的组总数少,这样不公平。而平均数是把多的匀给少的以后每个人得到的数,这样不用管人多人少,是最合理的。

师:确实,平均数能比较好地反映一组数据的总体情况,我们用平均数就能很容易也很公平地判断哪个队套得准了。谁能完整地来算一下男生队和女生队套圈的平均数?

板书:男生队是(10＋6＋7＋11＋6)÷5＝8(个),女生队是(6＋9＋7＋6)÷4＝7(个)。

师:请同学们再仔细观察,每组中的平均数与整组数比一下,有什么特点?

生:平均数比最大的数小,比最小的数大。

小结:平均数具有虚拟性的特点,它可能就在这组数中,也可能不出现在这组数中,代表了这一组数据的平均水平。

设计意图:本环节通过抛出"你觉得男生队套得准一些还是女生队套得准一些"这个问题,把学生的视线聚焦到研究平均数的意义上来。在研究中,学生自主感悟到如果比总数,男生和女生人数不一样就不公平,这种学习材料的设计也是为学生自主研究平均数,理解平均数而有意为之,于是学生的视线自然而然都聚焦到了比较每组数据的平均数上,他们自主得出平均数的计算方法,再通过研究平均数的特点,进一步理解平均数的意义,它是一个虚拟数,可能出现在这组数中,也可能不出现在这组数中,需要通过计算得到,能反映一组数据的平均水平。这样的比较研究,让学生对平均数的理解更深刻。

四、感知特点,理解平均数

师:刚刚我们已经知道了男生队套得比女生队准一些,如果女生队要提高套圈成绩,可以怎么办?

生1:可以提高每个人的成绩。

生2:也可以提高一个人的成绩,比如提高李倩倩的成绩。

师:李倩倩的成绩提高多少女生队的平均成绩就会跟男生队的一样了?

生:男生队比女生队平均多套进1个,女生队只要总数提高4个,这样她们的平均成绩也会提高1个。所以只要李倩倩套进10个圈就可以了。

师:能列式计算吗?

生:(10＋9＋7＋6)÷4＝8(个)。

师:如果李倩倩还是套进6个圈,女生队又增加了一个同学,可是这个同学发挥失常一个也没有套进,这时她们队的平均成绩是多少个?

生1:不影响它们的平均成绩,还是7个。

生2:我反对,新增加的这个同学套进了0个圈,女生队的总数还是28,但是人变成了5人,应该是(6＋9＋7＋6＋0)÷5,但得不到整数了。

师:老师请计算器帮忙算一下,是5.6个。看到这里你们有什么想说的?

生 1：套圈的个数应该是整数，这里是小数，应该用 6 个来表示。

生 2：因为 5.6 个是女生队套圈的平均数，并不是每个人真正套中的个数，说明女生队套进的个数比 5 个多一些，应该是可以的。

师：女生队如果还是 4 个人参加比赛，但是王羽请假了没来，其他 3 个人套中的个数没有变，那么你觉得女生队的平均成绩是下降了还是提高了？

生：肯定下降了，因为王羽是 4 个人中成绩最好的，去掉了最高成绩，另外 3 个人的平均成绩肯定低了。

师：真的是这样吗？谁来算一算。

生：(6＋7＋6)÷3 是 6 个多一点，原来是 7 个，平均成绩真的下降了。

师：刚刚我们通过提高李倩倩一个人的套中个数，增加一个人但是没有套中，或者去掉王羽的套圈成绩这些情况，发现平均数都变得不一样的，看到这样的结果你们有什么想说的？

生：一个人的成绩会影响整组数的平均数。

师：看来平均数与每一个数据的大小都有关系，并且最容易受到最大值和最小值的影响。

设计意图：本环节继续利用套圈情境，通过改变一个数据(可以增加，也可以减少)将女生队的数据进行变化，由此引发学生发现平均数的变化，同时对平均数与具体每个人的套圈个数进行区别。当平均数不是整数的时候，引导学生进一步感悟平均数是计算后的虚拟数据而不是每个人套圈的真实数据，加深学生对平均数虚拟性特点的认识，同时让学生感受到极端数据对平均数的影响，由此促进学生对平均数的意义和特点产生更深刻的理解。

五、解决问题,培养统计思维

师：在校园独舞比赛活动中，评委对 2 位选手的独舞进行了评分(见表 4-7)。

表 4-7　评委对 2 位独舞选手的评分表

评委	A	B	C	D	E	F
1 号选手的分数	96	97	95	72	100	98
2 号选手的分数	93	96	92	94	95	100

师：请大家比较 2 位选手的得分。你们有什么发现？跟同桌交流一下。

生 1：我通过计算平均得分发现，1 号选手的平均得分是 93 分，二号选手的平均得分是 95 分，所以我认为是 2 号选手跳得更好。

生2:1号选手有5个评委给出的分数都很高,基本都比2号选手高,但是有一个评委只给出了72分,严重拉低了他的平均得分。

生3:刚刚我们知道平均得分容易受极端数据的影响,就是这个72分影响了1号选手的成绩,这样不太公平了。

生4:我在电视中看比赛项目时发现,有时会去掉最高分和最低分,然后再算平均得分。

师:你说得很有道理,每个评委的欣赏角度不同,给同一位选手打出的分数也就不同。为避免这种情况,在一些比赛节目中确实会在去掉一个最高分和一个最低分后进行评分。请大家再算一下吧。

板书:

直接算平均得分   去掉极端数据算平均得分

(96+97+95+72+100+98)÷6=93(分)   (96+97+95+98)÷4=96.5(分)

(93+96+92+94+95+100)÷6=95(分)   (93+96+94+95)÷4=94.5(分)

　　　　　　2号赢　　　　　　　　　　　　　　　　　　1号赢

师:直接计算时1号选手的平均得分是93分,去掉极端数据后平均得分是98分。可见平均数是非常敏感的,很细小的变化都能影响平均数的大小。因此在解决实际问题时,要根据实际情境,剔除一些极端数据,使最后的结果更加符合实际,更能代表数据的真实情况。

师:请同学们继续看,你能介绍一下这张统计表中的平均数吗?

出示表4-8。

表4-8　某景区2023年和2024年"五一"小长假5天游客数量统计表

年份	平均每天接待游客数量/万人
2023年	9.56
2024年	11.23

生1:2023年平均每天接待游客数量是9.56万人,2024年是11.23万人,2024年的游客量大。

生2:这2个数据都是"五一"期间5天游客的总人数除以5得到的。

生3:平均数9.56万人或者11.23万人,并不是说每天都是一样的,而是有些天可能会比平均数大,有些天可能会比平均数小。

师:2024年的平均数比2023年的大,是不是说明2024年"五一"期间每天的游客数量都比 2023 年的多?

生:不一定,虽然平均数是 2024 年的大,但是也有可能 2023 年"五一"期间某一天的游客数量比 2024 年"五一"期间的某一天多。

师:对的。虽然总体上 2024 年"五一"期间的平均游客数量比 2023 年的多,但是平均数只代表一组数据的整体情况,并不是每天的实际人数。

设计意图:本环节继前一个环节,通过校园独舞比赛评分的实际情境,学生发现有 72 这个极端数据在,同样的一组数据,2 种不同的算法得出的结果完全不同,让学生再次体会平均数的敏感性。而比较 2 个年份游客数量的平均数,不仅巩固了平均数的计算方法,同时学生也学会根据平均数对每天游客的实际情况作出判断,再次理解平均数只是一组数据的平均水平,而非实际数据,从而提升统计思维和数据意识。

【课后反思】

一、创设真实情境,激发学习热情

根据情境性学习理论,学习内容的选择应该与其对应的现实实践活动具有一定的同构性,且教学情境贵在自然贴切,能引发学生求知的热情、探究的积极性,让学生产生共鸣。本节课的教学始终围绕学生熟悉的活动情境展开,教学从找代表男生队水平的代表数、找代表女生队水平的代表数、比较两队的套圈成绩、女生队增加或减少相关数据,到独舞比赛,再到"五一"期间游客数量的平均数,层层推进。这样的教学素材正符合《义务教育数学课程标准(2022 年版)》所倡导的引入统计量的学习应该以解决现实问题为出发点的要求。整堂课在明晰平均数教学要点的基础上,以解决现实问题为目的逐层推进,不断引发学生积极思考、交流讨论。学生基于数据,利用观察、猜测、计算、推理、验证等方法分析问题、解决问题,促进了学生对于平均数统计意义及应用的普遍性理解,从而能够解决真实情境中的实际问题,学以致用的理念得以有效落实,整堂课学生的学习兴趣也高涨不退。

二、指向核心素养,培养数据意识

平均数是小学阶段学生认识的第一个统计量,也是学生后续认识各类统计量的重要基础。从运算角度来看,求平均数难度不大,但从统计角度来看,理解平均数在数据分析中的价值有一定难度。本节课的教学从统计与数据分析整体关联的角度,结合学生熟悉的问题情境,从找男生队套圈水平的代表数开始,让学生观察、思考的内容始终聚焦在数据上,让学生对平均数的理解自然融入数据分析的过程中,突出了平均数作为统计量的数学本质,学生能够体会"平均数代表一组数据的整体水平"。再通过女生队增加一个学生套圈,以及增加一个套中0个圈的学生,让学生感悟到虽然总数不变,但是增加了一个人平均数就会减小。最后分析2位学生独舞比赛的成绩以及分析2个年份中游客数量的平均数,始终把平均数的认识和学生经历的统计过程及生活经验联系起来,学生基于数据,深刻体会平均数与每一个数据密切相关,且每一个数据的变化都会对平均数产生影响,而极端数据对平均数的影响更为明显,从而感悟与内化平均数的代表性和虚拟性,促进了学生数据意识的形成和发展。

三、依托整体关联,助力思维进阶

平均数的教学,是在学生学习了简单的数据收集和整理的基础上进行的,后续学生将进一步认识百分数等统计量。平均数的认识也是学生从数到数据的分析和表达的进阶关键点。整堂课的教学基于学生立场,以感悟平均数的代表性为目标引领,课上用结构化的素材,在现实情境中促进教学环环相扣、层层递进,学生想到用数据解决问题,产生选择一个数做代表的需求,理解用一组数据的整体水平表达事物更合理,能利用移多补少的方法计算一组数据的平均数,明确平均数介于最大数和最小数之间。他们抓住了平均数的本质特征,理解平均数的代表性、虚拟性、敏感性,解决了生活中与平均数有关的实际问题。这样的教学,使得学生的数学学习更有结构性、整体性和挑战性,学生对平均数的认识也从"算法水平"逐步过渡到"概念水平",最终达到"统计水平"。整个学习过程不但促进学生素养进阶,也促进思维进阶。

透过现象看本质　聚焦数据促思维

——"可能性"教学实践与思考

【课前思考】

在 2022 年人教版教材中,"可能性"编排在五年级上册,主要通过掷硬币、摸球等游戏活动和现实生活,引导学生关注随机现象,了解随机现象发生的可能性有大有小,并对随机现象作定性描述。这个单元的内容是学生第一次接触可能性,为后续理解事件发生的公平性以及数据的随机性打下基础。在初中,学生将进一步学习随机事件的概率。阅读教材，无论是例题还是习题，都带有游戏、操作的成分，如抽签、摸棋子、玩转盘等。从表象上看，小学阶段对随机现象以及可能性大小的判断是极其简单的，学生既有生活经验的支撑，也有已经学习的"分类"和"调查与记录"的知识以及一定的调查经验作铺垫，他们已经能够用简单的方法收集和整理数据。同时又有数学直觉的支撑，学生一般都能根据具体事件用上"可能、一定、不可能"进行表述，并能判断事件发生的可能性大小，但是学生能作出判断不见得真正理解了问题，也不见得落实了数据意识的培养。细细体会，"可能性"的教学要关注 3 个问题：一是怎样让学生切实感悟随机数据的特点，理解简单随机事件发生的可能性的大小，能用数据说话；二是怎样把可能性从生活经验过渡到数学思维，如果总是用生活中的可能性或者游戏化活动来展开教学，那么学生的学习容易只停留在表面，学与不学区别不大，《义务教育数学课程标准（2022 年版）》要体现的"感受数据的随机性，发展数据意识"无法有效落实；三是怎样从"数与代数""空间与图形"学习中积累的确定性思维，转向"可能性"学习中的不确定思维，帮助学生初步形成统计观念和随机思想，让他们学会辩证地看待世界。这些都是"可能性"教学要注重的内容。基于此，教学需要从数据意识出发，从整体上进行建构，帮助学生更深入地认识简单的随机现象，感悟随机观念，促进智慧增长，提升数据意识。

【确定目标】

1.初步体验事情发生的确定性和不确定性，能列出简单的随机现象中可能产生的结果，能正确判断简单随机事件发生的可能性的大小。

2.经历观察、操作、交流等活动，初步感受数学问题中的可能性，能应用有关可能性的知识解决一些简单的实际问题，形成初步的随机意识。

3.培养学生的猜想意识、表达能力以及初步的判断和推理能力，发展数学思维能力。

【厘清重难点】

教学重点:体验事情发生的确定性和不确定性，并能作出判断。

教学难点:感受随机现象，发展数据意识。

【教学实践】

一、激趣导入,感悟可能性

师:同学们,你们玩过小骰子吗?

生1:我在下飞行棋的时候玩过。

生2:我在和哥哥做游戏的时候玩过。

生3:我在口算练习的时候玩过。

师:看来大家对小骰子都不陌生,就像刚刚同学们说的,小骰子还能够练习口算呢。现在请同桌2人来做游戏,一人拿红色的骰子,一人拿绿色的骰子,要求2人同时抛出,一共玩10次,请大家记录每次抛出的点数之和。

师:结合刚刚大家玩的游戏,这里有13和1这2个数,你们有什么想说的?

生1:我们2人抛的骰子中没有抛出和是13和1的。

生2:2个骰子不可能抛出这2个和的,因为每一个骰子都只有数字1—6,抛2个骰子,和最小是1+1=2,最大是6+6=12。

生3:我也认为一定不会抛出点数之和是这2个数的。

师:大家有没有听到他们刚刚说了哪几个词?

生:不可能、一定。

师:像这样在一定条件下,只有一种结果发生的情况,在数学里叫作确定事件,通常用"一定"或"不可能"来描述。

师:你能用"一定"或"不可能"来说一句话吗?

生1:今天是星期二,明天不可能是星期六。

生2:3×4一定是12。

生3:这单元数学考试我不可能考不及格。

(全体学生大笑)

师:你很自信,看来你的数学成绩很棒。

生4:一年四季一定是按照春、夏、秋、冬的顺序排序的。

师:同学们真厉害,你们举的例子有日期、季节、计算以及自己的学习生活,看来"一定"和"不可能"事件有很多很多。请大家继续看,这里有2和12这2个数,你们刚刚的点数之和里有它们吗?

生1:我们抛出的点数之和只有1次是12,但没有抛出2。

生2:我们都没有抛出过2和12。

生 3:我们的和有 2,运气很好,出现了 2 次。

师:大家抛出的点数之和是 12 和 2 的情况多吗?

生:不多。

师:如果大家再抛一次,你们能用上 12 和 2 来说一句话吗?

生:再抛一次,我们的点数之和可能出现 12 或 2。

师:同时抛 2 个骰子,和会出现哪些数?

生:我觉得和在 2 到 12 之间都有可能。

师:这次大家听到了哪个词语?

生:可能。

师:和你的同桌用"可能"来说一句话。

反馈:

生 1:如果一个盒子里有红、黄、蓝 3 种颜色的玻璃球,每次摸出一个,可能摸出红色、黄色或蓝色的玻璃球。

生 2:同学们体育课后回教室,第一个走进教室的可能是男生也可能是女生。

生 3:两位数加两位数的和可能是两位数,也可能是三位数。

师:谁能来分析一下他说的这句话?

生:我可以举例来说明。如果两位数分别是 13 和 25,那么 13+25=38,结果是两位数;如果是 57 和 83,那么 57+83=140,结果就是三位数。所以是都有可能的。

师:刚刚同学们举的例子中答案有好几种情况,像这样在一定条件下事先无法预测结果,可能有多种结果产生的现象,在数学里叫作"不确定事件"或"随机事件",常用"可能"来描述。

设计意图:骰子是学生非常熟悉的一种玩具,他们在各种游戏中几乎都玩过,课上让学生和同桌做抛骰子求和的游戏,一下子抓住了孩子的兴趣点。他们一开始是没有目的地玩,但是随着 1 和 13、2 和 12 的出现,学生的视角从游戏活动转向数学思考,他们通过 2 个骰子和的最大数和最小数感悟"一定"和"不可能",又从抛出过但是次数比较少的和中感悟得出了"可能"。这时教学留白,让学生自己用上"一定""不可能""可能"来说话,学生结合自己的学习及生活经验举出各种例子,比如考试不可能不及格,第一个进教室的可能是男生也可能是女生,这样的例子学生听着非常亲切。同时学生又有基于数学本身的例子,比如两位数加两位数和可能是两位数也可能是三位数。学生理解了"一定""不可能""可能"在确定事件与不确定事件中的应用。这样的学习让数学中的可能性增加了逻辑性,而这样的逻辑性建立在学生数学活动经验的基础之上。

二、自主探究,体验可能性的大小

出示:扑克牌红桃 4、红桃 5、红桃 6、红桃 7。

师:把这 4 张牌打乱后反扣在桌面上,任选 1 张,结果有几种?

生:结果有 4 种,可能是红桃 4、红桃 5、红桃 6 或红桃 7。

师:摸出哪个数的可能性大?

生:这里一共有 4 张牌,每个数各一张牌,摸出每张牌的可能性都是 $\frac{1}{4}$,所以可能性一样大。

师:现在把红桃 7 换成黑桃 7,摸出哪一种花色的可能性更大呢?

出示:扑克牌红桃 4、红桃 5、红桃 6、黑桃 7。

生:4 张牌中有 3 张都是红桃,红桃占了多数,而黑桃只有一张,所以摸到红桃的可能性会更大一些。

师:现在从这 4 张牌中去掉一张黑桃 7,从红桃 4、红桃 5、红桃 6 这 3 张牌中,任意抽取 2 张组成一个两位数,这些两位数是奇数的可能性大一些,还是偶数的可能性大一些?

生:一共可以组成 6 个两位数,分别是 45、46、54、56、64、65。其中奇数有 2 个,偶数有 4 个。因此,偶数的可能性大。

师:看来可能性是有大小的,你们能不能也来举几个关于可能性大小的例子? 先同桌互相说一说。

生 1:比如把一个圆做成大转盘,平均分成 8 份,其中红色涂 4 份,黄色涂 1 份,蓝色涂 3 份,转动大转盘,那么指针落在黄色的可能性最小,落在红色的可能性最大。

生 2:比如在一些数中要让 2 出现的可能性最大,5 出现的可能性最小,我可以写 2、2、2、2、2、1、1、5。

生 3:在 1 至 100 的数中,出现奇数和偶数的可能性是一样大的。

生 4:在除数相同时 2 个数相除有余数的可能性大。

师:这句话对吗? 该怎么解释,4 人小组相互交流一下。

生 1:比如 13÷4＝3……1,14÷4＝3……2,15÷4＝3……3,16÷4＝4,这里

有余数的除法出现 3 次,没有余数只出现 1 次。

生 2:继续除下去也是一样的,$17 \div 4 = 4 \cdots\cdots 1$,$18 \div 4 = 4 \cdots\cdots 2$,$19 \div 4 = 4 \cdots\cdots 3$,$20 \div 4 = 4$。

师:大家现在理解他说的这句话的意思了吗? 确实,通过举例子来说明这个想法非常好,让大家一目了然。

师:通过刚才的学习你们有什么想分享的?

生 1:我知道了可能性是有大小的。

生 2:我知道关于可能性大小的事情有很多,不仅在数学上有,在生活中也有,比如很多超市搞抽奖活动就是用大转盘来进行的。

设计意图:本环节旨在让学生的认知从初步感受到深入理解,通过思辨说理,进一步体会随机性,感悟数据分析的过程。学习材料选用学生熟悉的扑克牌,从摸出花色的可能性相同到替换一张牌后,出现红桃的可能性大、出现黑桃的可能性小,再让学生从 3 张牌中选 2 张分析组成的数是偶数的可能性大还是奇数的可能性大,从中让学生感悟事件发生的可能性以及可能性的大小。紧接着再次留白,让学生自己举例子,这对学生的思维有很大的挑战性,学生经过 4 人小组交流讨论,举出了很多聚焦数学本质的例子。每一个题目都用数据说话,这样有结构的、递进的问题推动学生整体建构随机观念和可能性大小,对可能性大小的认识从关注现象到关注本质,从数据知识到推理意识,促进学生从知识、思维到观念、智慧的发展。

三、操作体验,感悟数据的价值

师:接着刚才所说的可能性的大小在生活中有很多的应用,请大家看一个视频(播放足球赛事以抛硬币决定谁先开球的视频)。看了这个视频,你们想到了什么问题?

生 1:为什么用抛硬币来决定谁先开球?

生 2:这样做公平吗? 正面朝上和反面朝上的可能性都是 $\frac{1}{2}$ 吗?

生 3:怎样说明用抛硬币来决定谁先开球是比较公平的?

师:是呀,怎么来说明呢? 让我们一起来操作一下。

要求:(1)每个小组进行 20 次抛硬币实验;(2)抛之前先预测正面朝上和反面朝上的次数;(3)记录操作结果。

(学生实验)

师:你们猜测的结果和实际抛出的结果相同吗?

(很多小组都说不相同)

师:为什么猜不准?

生:因为抛出正面朝上和反面朝上都有可能。

师:如果前几次抛的结果都是正面,下一次抛又会有几种结果?

生:下一次抛的结果也不能确定,有可能是正面朝上,也有可能是反面朝上,有时能猜准,有时猜不准。

师:你们各组操作后具体情况是怎样的?请汇报一下。

汇报:

组1:正面朝上12次,反面朝上8次。组2:正面朝上15次,反面朝上5次。

组3:正面朝上13次,反面朝上7次。组4:正面朝上8次,反面朝上12次。

组5:正面朝上11次,反面朝上9次。组6:正面朝上11次,反面朝上9次。

组7:正面朝上11次,反面朝上9次。组8:正面朝上6次,反面朝上14次。

师:请大家算算8个组一共抛出几次正面,几次反面?

生:正面朝上有87次,反面朝上有73次。

师:数据会说话,你觉得它们说了些什么?

生1:有时正面朝上的次数多,有时反面朝上的次数多。

生2:每一次抛硬币可能正面朝上,也可能反面朝上。

生3:我们抛了160次,正面朝上和反面朝上的可能性不是刚好都是$\frac{1}{2}$。

师:试想一下,如果我们增加抛的次数,结果可能会是什么样的?

呈现表4-9。

表4-9 科学家的实验研究数据

实验者	抛币次数/次	正面朝上次数/次	反面朝上次数/次
德·摩根	4092	2048	2044
蒲丰	4040	2048	1992
费勒	10000	4979	5021
皮尔逊	24000	12012	11988
罗曼诺夫斯基	80640	39699	40941

师:观察这张表,你们发现什么?

生1:我觉得随着数据增多,硬币正面朝上和反面朝上的可能性越来越接近。

生2:我知道为了得出正确结论,实验的次数越多越好。

师:确实,随着实验数据的增加,硬币正面朝上或反面朝上的次数非常接近,且这种趋势非常稳定。

设计意图:本环节通过足球比赛中使用抛硬币决定谁来开球的方法,引导学生从可能性的角度感受游戏规则的公平性,并对现象背后的缘由进行探究。学生经历了一次完整的科学实验过程,从操作,到收集、整理数据,再到运用数据进行合情推理,最后对数据进行反思。他们在预测、操作、观察、分析等活动中,始终紧紧围绕数据,逐步感悟到数据有用,数据会说话,数据中蕴含着规律,并在科学家的实验研究数据带来的冲击中,领悟概率的本质,理解随机事件的不确定性和多样性。这种带着问题进行探究的实际操作,促进学生以灵动的思维、科学的方法去追根溯源,帮助学生从实践中认识到概率学习的重要性和应用性,从而从整体上建构"可能性"的相关知识,促进学生智慧增长,感悟数据的价值,同时培育了严谨的科学态度与理性精神,促进数据意识的生成。

四、学以致用,探究输赢的缘由

师:一开始我们同时抛2个骰子,知道和从2到12都有可能,一共有11种。现在老师把这些和分成2组,第一组是5、6、7、8、9,第二组是2、3、4、10、11、12,抛出相同的和的次数多的就赢。想一想:你们觉得哪一组和会赢?

生:应该是和的种类多的第二组会赢。

师:2个骰子相加一共有多少种组合方式?请以小组为单位进行合作学习,完成2个骰子的点数组合表,来验证你们的猜测。

反馈见表4-10。

表4-10 同时抛2个骰子点数之和汇总表

	1	2	3	4	5	6
1	1+1	1+2	1+3	1+4	1+5	1+6
2	2+1	2+2	2+3	2+4	2+5	2+6
3	3+1	3+2	3+3	3+4	3+5	3+6
4	4+1	4+2	4+3	4+4	4+5	4+6
5	5+1	5+2	5+3	5+4	5+5	5+6
6	6+1	6+2	6+3	6+4	6+5	6+6

师:看到这张大家整理的表格你们有什么想说?

生1:斜着看,分别是和是2到12的算式,其中和是7的出现的次数最多。

生2:和是2和12的最少,各一次,中间的和出现得多,两边的少。

生3:我发现第一组好像赢了。

师:可能吗?明明是第二组和的种类多呀。怎样把这张表格整理一下让我们能够一目了然?

生:可以像条形统计图一样,把得数一样的算式叠在一起,看哪些和的算式叠得高就能比出输赢了。

师:你想表达的意思是这样吗?(出示图4-7)

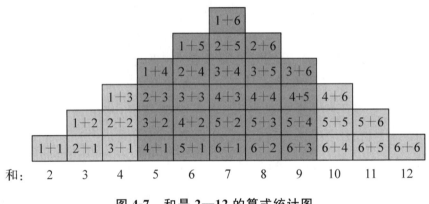

图 4-7　和是 2—12 的算式统计图

师:看这幅图,你们又有什么想说的?

生1:真的是第一组赢了,因为和是5、6、7、8、9的算式一共有4+5+6+5+4=24(个),和是2、3、4、10、11、12的算式一共有1+2+3+3+2+1=12(个)。

生2:一开始我以为第一组一定输了,看来和的种类多的不一定是赢家,5个和出现的次数竟然是6个和的次数的2倍。

师:请大家继续思考,为何最初认为获胜可能性更大的反而输了呢?

小结:这11个和出现的可能性并不相同,赢的可能性与随机性有关,不能仅凭和的种类的多少来判断,还要考虑可能发生的次数。

设计意图:本环节的学习,再次借助第一环节中2个骰子同时抛求和的经验,把和分成数量不同的2组,学生自然认为和的种类多的那组数一定赢。为得到这样的结论,他们深入探究,不仅得出了2个骰子相加和的所有组合方式,并且能够想到用列举的方式进行统计,其间他们积极思考,大胆追问质疑,最后又通过计算、整理发现一开始的主观判断与实际结果截然相反。这样的认知冲突促进学生进一步反思背后隐藏的原因,感受到探索随机现象需要有科学的思维与缜密的分析,深入感悟"可能性",初步形成随机观念,同时为所有可能发生的情况进行判断和预测积累了丰富经验,提高了判断能力和理性思维能力。从而从深度、广度和高度上进一步发展学生的数据意识和思辨式思维能力。

【课后反思】

一、实验让数据更真实

可能性的教学是培养学生提升数据意识的重要内容。数据的随机性在现实生活的各个领域随处可见,如天气预报、股票市场、旅游人数、实验结果等情境中的数据都具有随机性,但是数据随机性的概念相对抽象,学生理解有一定难度,这就需要在课上通过真实的例子和学生动手实验来建立对随机性的认知,从而更好理解现象和事件的不确定性与变化性。比如一开始让同桌 2 人同时抛骰子计算点数之和,学生通过实验发现点数之和的范围在 2—12 之间,感受数据的随机性,然后进一步思考数据之所以在这个范围的原因。在抛硬币的游戏中,学生通过观看足球赛事以抛硬币决定谁先开球的视频,感受到这样的规则是公平的,因为每抛一次硬币,正面朝上和反面朝上的可能性都是 $\frac{1}{2}$。但是在每个小组抛 20 次的实验中,他们发现硬币正面朝上和反面朝上的概率并没有正好都是 $\frac{1}{2}$,再次体验数据的随机性。紧接着在观察科学家大量实验的数据后,逐渐理解抛的次数越多,正面朝上和反面朝上的可能性都越来越接近 $\frac{1}{2}$,从而理解足球赛事中抛硬币决定谁先开球的公平性。这种亲身经历和体验式学习,让学生对数据随机性的印象更加深刻,并逐步从不确定的视角观察现实世界,在真实的数据中培养了实事求是的科学精神,同时加深对数据意义和数据随机性的感悟。

二、思辨让数学思维更深刻

在现实生活中,关于可能性的事件随处可见,但是数学中的可能性还是关于"数"的。数学课学习的可能性不能只研究生活中的随机现象,而是要有数学思考,要带有浓浓的"数学味"。本节课无论是第一个环节中通过抛 2 个骰子让学生体验"可能""不可能""一定"的随机现象,还是通过抽牌研究可能性的大小,通过抛硬币研究公平性,又或是研究和的种数少反而赢的缘由,很多数据的得出都要基于计算。比如计算 2 个骰子的点数之和,能不重复、不遗漏地写出两位数,再进行奇偶性大小的判断。还要根据得出的数据进行分析,比如抽牌中根据牌面分析可能性的大小,根据和是 5、6、7、8、9 的 24 个算式以及和是 2、3、4、10、11、12 的 12 个算式分析输赢的原因,这些都需要数学的思维能力。而学生自己举的例子也不仅仅局限于生活实际,也能用通过数学思考用数据说话,比如在大转盘上涂不同颜色来设计可能性的大小,用有余数的除法来说明在除数相同时,有余数的可能性比没有余数的可能性大,等等。这样的思辨、交流与讨论,让更多的可能发生,让学生对随机现象的感悟与数学紧密结合。学生不仅理解了随机事件的可能性,并在观察、思考、推理中发展思辨能力及思维能力,学习也真正发生。

三、数据让核心素养更落地

在大数据时代,数据意识是一个人综合素养的表现之一,它也在小学数学教育中有重要的地位与价值。数据意识是一种对数据的意义和随机性的感悟,它涉及对数据的收集、分析,以及利用数据作出判断和决策的能力。这种意识不局限于特定的领域或行业,而是普遍存在于各个领域中,能帮助人们更好地理解和应对现实生活中的问题。数据意识的形成需要经历一个过程,包括认识到数据的价值、理解数据的多样性、学会从多种途径采集数据,以及具备统计意识,等等。因此,数学教学既要让学生经历实实在在的实验过程,又要在实证的基础上展开思辨,从而实现感性与理性的对接,引导学生从传统的“计算型”思维转向“数据驱动型”思维,逐步形成数据意识。本节课教学的核心就是用数据说话,让数据说话,学生基于得到的数据进行分析与解释,通过合理猜想、客观实验、理性分析,从整体上对随机事件有了认识与把握。特别是其中认为抛硬币正面朝上和反面朝上的可能性都是 $\frac{1}{2}$,但实际学生在 20 次抛硬币实验中得到的结果并不是这样的,以及掷骰子中和的种数少的反而赢,等等,让学生对实验结果的形成过程获得更丰富的直观感受,并在此过程中形成对数据随机性的初步感悟,同时基于客观数据进行观察、比较、辨析、运用、质疑,在实证与思辨的过程中使得对数据意义和随机性的感悟从“肤浅的知道”走向“深刻的理解”,最终形成用数据说话的习惯,发展数据意识。

参考文献

[1] 中华人民共和国教育部.义务教育数学课程标准(2022年版)[M].北京:北京师范大学出版社,2022.

[2] 曾亮,杜琳.以"结构化教学"为核心的小学数学课程图谱[M].上海:上海教育出版社,2022.

[3] 汪培新.核心素养与小学数学[M].北京:科学出版社,2019.

[4] 王建波.中美澳三国初中数学教材统计内容的比较研究[M].上海:上海教育出版社,2016.

[5] 孔凡哲,曾峥.数学学习心理学[M].北京:北京大学出版社,2009.

[6] 鲍建生,周超.数学学习的心理基础与过程[M].上海:上海教育出版社,2009.

[7] 马云鹏.聚焦核心概念 落实核心素养——《义务教育数学课程标准(2022年版)》内容结构化分析[J].课程·教材·教法,2022(6):35-44.

[8] 阳海林.让学生在结构化教学中感悟运算的一致性——以"分数除以整数"教学为例[J].江苏教育,2023(27):16-19.

[9] 徐国明.结构化知识研究:内涵、价值与创建策略[J].中小学教师培训,2021(1):47-50.

[10] 朱俊华,吴玉国.小学数学结构化学习评价内涵、模型和实践策略[J].中小学教师培训,2020(9):53-58.

[11] 徐文彬.结构化视角下小学数学知识内容及其学与教[J].江苏教育,2022(33):22-24.

[12] 邵文川.结构化教学,让学习深度发生[J].小学数学教育,2020(9):10-11.

[13] 章骏.从知识走向思维:小学数学结构化教学的"破与立"[J].中小学课堂教学研究,2024(1):13-19.

[14] 赵晓敏.学习进阶理论视域下的小学数学教学[J].江西教育,2021

(33):74-75.

[15] 周珊珊,陈国.思维进阶式模型建构的概念教学策略探索[J].生物学教学,2023,48(2):25-28.

[16] 牛延凯.度量单位的本质理解与教学一致性分析[J].小学数学教育,2023(7):13-14,51.

[17] 冯爱明.观察操作 想象推理 表达交流——小学生空间观念培养策略[J].福建基础教育研究,2021(6):74-75.

[18] 梁静,张丹.核心素养导向下小学数学主题解读(四)——统计与概率[J].小学数学教师,2023(11):4-6,45.

[19] 宋煜阳,陈金波.基于数据意识进阶的"平均数"单元整体教学[J].新教师,2023(7):38-41.

[20] 李雪梅.整体建构,助长智慧——《可能性》教学与思考[J].教学视界,2024(7):42-44.

[21] 杨春燕.在实证与思辨中让"数据"说话——以"可能性"教学为例[J].小学数学教育,2023(24):19-21.

[22] 徐斌.新课标"统计与概率"结构化分析与教学建议[J].小学教学设计,2023(29):4-7.

[23] 张立芳.基于学习进阶的小初力学核心概念衔接研究[D].长春:长春师范大学,2023.

[24] 符美玲.基于学习进阶的小学数学课堂评价任务设计研究[D].昆明:云南师范大学,2021.

[25] 温晶.中美小学数学教科书中"统计与概率"编写特点的比较研究——以沪教版和 My Math 版为例[D].上海:上海师范大学,2023.

[26] 蒋苏杰.我国小学"统计与概率"教材内容的分析与比较——基于统计活动过程的视角[D].南京:南京师范大学,2021.

[27] 程玉华.小学生统计思维培养的效果与策略研究[D]重庆:西南大学,2021.

[28] 张华.儿童发展、学习进阶与课程创生——《义务教育课程方案和课程标准(2022 年版)》内在追求[J].中国教育学刊,2022(5):9-16.

后 记

2022 年 4 月,随着义务教育课程方案和课程标准(2022 年版)的颁布,老师们的学习热潮掀起了,其间有马云鹏、吴正宪、唐彩斌等多位专家对《义务教育数学课程标准(2022 年版)》进行了分版块解读,各级、各类杂志也刊登了很多与新课标相关的文章,老师们也通过教研组的活动以及自主学习认识新课标、了解新课标。浸润在这样的学习氛围中,大家对义务教育课程方案和课程标准(2022 年版)的理解愈来愈清晰,立德树人、核心素养、课程结构、课程内容、跨学科学习、真实情境、学段衔接、学习进阶、"教—学—评"一致性等不断呈现在眼前。

关于课程内容的结构化以及进阶式的要求,我在前期的教学中有一定的研究。在 2018 年的时候,我主要是以一个单元内容的整合为契机进行思考,试图掌握单元整体教学的理念,我分两步进行:第一步,梳理特定单元知识内容并进行交流汇报;第二步,对整合后的某一关键课例进行课堂教学及研讨。比如对人教版小学数学教材的数的运算领域进行梳理与整合,对六年级上册第四单元"比"的内容进行整合与实践,等等。当时的研究虽有单元整合的思考,但没有从结构化视角进行整体规划和设计。时间来到了 2020 年,针对前期缺少单元结构化整体思考的问题,我做了进一步的跟进研究,除了教材内容外,还增加了拓展性的内容,同时根据 SOLO 分类评价理论,设计与分析学生的思维层级,主要基于单元内容的结构化重组实现让学生深度学习,这也是学习进阶的内容,像乘法口诀单元整体教学、商的近似数整合教学、平行四边形与梯形单元练习、长方体表面涂色问题等。我还对单册"核心问题与能力训练"进行结构化梳理,形成系列的课后练习单,并针对学生的练习情况分析学生的水平层级。

基于前期的研究积累,2023 年我申报的课题"联结·生成·迁移:小学数学结构化进阶式教学设计与实施研究"获浙江省教育科学规划 2023 年度一般规划课题立项,课题研究的是在素养导向的目标下以终为始,从学习结果开始逆向思考,即学习目标如何体现思维进阶,并找到学生发生学习困难、认知障碍的各个节点,根据其构建学习路径,搭建学习支架,促使学生清晰地理解各个不同类型知识点之间的关系,让学生构建有结构的、完整的认知系统,促进他们的思维进阶。在这里有三个关键词,即联结、生成、迁移,分别来自三个理论：首先是"联结理论"，它是一种研究"由经验引起的变化是如何发生的"的学习理论，而数学中的联结是数学学习的真实情境与学生已有的生活经验的对接，能连接旧知并引发思考；其次是"生成学习理论"，它最基本的观点是学习发生于学习者对新信息进行适当认知加工的过程中，即学生的学习是一个内在的建构和生成的过程，要把不同的知识点系统、有序、指向性明确地组成知识架构；最后是"认知结构迁移理论"，该理论认为学生学习新知识时，认知结构可利用性高、可辨别性大、稳定性强，就能促进学生对新知识的学习迁移，也就是迁移是一种学习对另一种学习的影响。在这里联结是起点，无联结、不学习，联结是学习的重要环节；生成是关键，学习者能够对知识进行融会贯通，他们不再是知识的被动接受者，而是能够发挥主观能动性进行学习的个体；而迁移则是一种能力，是教学中"教是为了不教"所要达到的目的。学生通过联结，将孤立的就像沙粒的知识，聚沙成塔，形成稳固的知识晶体，并在构建自己的认知体系中促进深度学习的发生。

随着教学实践的不断推进，慢慢累积了很多素材，在资料的不断整理中，我就有了把它整理成书稿的想法，而这个整理的过程也像这本书的名字一样，它是一个结构化进阶式的过程。在整理的过程中，我对原先的教学实践有了进一步的认识，就如约翰·贝曼所说，写作就像在黑暗中摸索：你写下你知道的，然后照亮你找到的。确实，随着对书稿内容的不断整理和修改，我对新课标、新理念、新课堂有了更多的、更深入的思考与理解。

2022年出版的《商的近似数教学研究》这本书，是从上位数学知识研究、课程标准（教学大纲）研究、教材研究、学生起点研究、教学设计研究等角度对一节课进行研究，更侧重于从理论、比较的视角展开研究，在这本书的后记中我曾写到：书稿的撰写是一个慢工出细活的过程，其间有迷茫、有困惑、有顿悟、有欣喜……确实，写作不是一件容易的事情，好在有之前书稿的撰写经历。这本书则更加侧重于在理念指导下的教学实践，其中的很多课例都是在不断地教学实践后形成的，很感谢师傅钱金铎特级教师、苏明杰特级教师的帮助与指导，同时特别感谢浙江工商大学出版社编辑们的一次次审稿、指导与修正。

卡尔·乌韦说，写作是孤独的炼金术，通过寂静和专注，把普通金属变成金。虽然书稿的形成并没能像卡尔·乌韦所说那样是把普通金属变成了金，但是在当前的教育背景下，课改的最后一公里一定是发生在课堂上的，期待这本书稿的面世！让我们在教学改革的浪潮中一起探索，共同前行！

黄伟红

2024年3月于舟山